互联网时代中华优秀传统文化传播的大学使命与实践

The University's Mission and Practice in the Dissemination of Excellent Chinese Traditional Culture in the Internet Age

迟海波 著

中国社会科学出版社

图书在版编目(CIP)数据

互联网时代中华优秀传统文化传播的大学使命与实践 / 迟海波著 . —北京：中国社会科学出版社，2023.12
ISBN 978-7-5227-2754-7

Ⅰ.①互⋯ Ⅱ.①迟⋯ Ⅲ.①中华文化—网络传播—研究 Ⅳ.①G125

中国国家版本馆 CIP 数据核字(2023)第 224852 号

出 版 人	赵剑英
责任编辑	黄　山
责任校对	贾宇峰
责任印制	李寡寡

出　　版	中国社会科学出版社
社　　址	北京鼓楼西大街甲 158 号
邮　　编	100720
网　　址	http://www.csspw.cn
发 行 部	010-84083685
门 市 部	010-84029450
经　　销	新华书店及其他书店

印　　刷	北京君升印刷有限公司
装　　订	廊坊市广阳区广增装订厂
版　　次	2023 年 12 月第 1 版
印　　次	2023 年 12 月第 1 次印刷

开　　本	710×1000　1/16
印　　张	13.25
字　　数	230 千字
定　　价	78.00 元

凡购买中国社会科学出版社图书，如有质量问题请与本社营销中心联系调换
电话：010-84083683
版权所有　侵权必究

国家社科基金后期资助项目
出版说明

后期资助项目是国家社科基金设立的一类重要项目，旨在鼓励广大社科研究者潜心治学，支持基础研究多出优秀成果。它是经过严格评审，从接近完成的科研成果中遴选立项的。为扩大后期资助项目的影响，更好地推动学术发展，促进成果转化，全国哲学社会科学工作办公室按照"统一设计、统一标识、统一版式、形成系列"的总体要求，组织出版国家社科基金后期资助项目成果。

全国哲学社会科学工作办公室

序　言

"文化兴则国运兴，文化强则民族强，没有高度的文化自信和文化繁荣兴盛，就没有中华民族的伟大复兴。"① 因为"文化自信，是更基础、更广泛、更深厚的自信。"②，因此，"坚定中国特色社会主义道路自信、理论自信、制度自信，说到底是要坚定文化自信，文化自信是更基本、更深沉、更持久的力量。"③ 那么，当代中国的文化何以能够自信？因为这种文化自信是建立在中华文明五千年历史传承基础之上的，"中华优秀传统文化是中华文明的智慧结晶和精华所在，是中华民族的根和魂，是我们在世界文化激荡中站稳脚跟的根基。"④ 上述四段话都是习近平总书记关于文化的阐释，也是《互联网时代中华优秀传统文化传播的大学使命与实践》出版的立意根据。

中华优秀传统文化如此之重要，那么，在互联网技术飞速发展的新时代，中华优秀传统文化必然拥有崭新的认知方式。面对这样鼓舞人心的新形势，思维敏锐、朝气蓬勃、富有创新精神、代表中国未来的当代大学生，既可以是受众主体，也可以成为传播主体。面对大学生和社会对传统文化需求和接受方式的多样性变化，当代大学理应要紧贴实际、主动适应、转变思维，成为引领中华优秀传统文化传播的先锋队和主力军，不断推进中华优秀传统文化的创造性转化和创新性发展。因此，新时代中国大学面临一项光荣使命——如何以网络传播中华优秀传统文化，借助网络无孔不入的穿透力使中华优秀传统文化有效涵养当代中国

---

① 《决胜全面建成小康社会　夺取新时代中国特色社会主义伟大胜利——在中国共产党第十九次全国代表大会上的报告》，《人民日报》2017年10月28日第1版。
② 《习近平主持召开哲学社会科学工作座谈会强调　结合中国特色社会主义伟大实践　加快构建中国特色哲学社会科学》，《人民日报》2016年5月18日第1版。
③ 《习近平主持召开哲学社会科学工作座谈会强调　结合中国特色社会主义伟大实践　加快构建中国特色哲学社会科学》，《人民日报》2016年5月18日第1版。
④ 《习近平主持召开文艺工作座谈会强调　坚持以人民为中心的创作导向　创作更多无愧于时代的优秀作品》，《人民日报》2014年10月15日第1版。

大学生，并飞入寻常百姓家——这是个具有重要理论价值和现实意义的课题。

迟海波教授敏锐地抓住了这个课题，并进行了深入研究，现在以《互联网时代中华优秀传统文化传播的大学使命与实践》为成果呈现给广大读者。

作者迟海波教授，既是一位高校的领导者，也是一位对中华优秀传统文化孜孜不倦的深耕者；他长期从事文化传播理论与实践研究，特别是在大学传播中华优秀传统文化的研究方面，取得了丰富的成果。他的这本新著坚持正确的政治方向，既有理论分析又有实践探索；既能为读者解惑答疑，又能给读者继续深入思考以启迪，是一本有意义、有价值的好书。

作为一位大学的主要校领导，在繁忙的工作之余能坐住"冷板凳"和同事们实实在在地投入理论研究，以学术理论支撑党的意识形态工作，执着探索，不懈追求，努力实现政治性和学理性相统一、价值性和知识性相统一、理论性和实践性相统一，自觉承担起为中国共产党治国理政服务的文化使命，难能可贵。

是为序。

张国祚

中国文化软实力研究中心主任

2022 年 9 月

目 录

绪 论 ……………………………………………………………（1）

第一章 中华优秀传统文化网络传播的战略意义 …………（16）
  第一节 文化多样性与中国传统文化发展 …………………（16）
  第二节 互联网时代中华优秀传统文化传播的战略定位 ……（25）
  第三节 互联网时代大学文化建设的使命任务 ………………（36）

第二章 文化网络传播的国际比较与传播机理分析 …………（46）
  第一节 国际社会文化传播的实践与启示 ……………………（46）
  第二节 文化网络传播的特点分析 ……………………………（58）
  第三节 文化网络传播的规律与机制 …………………………（72）

第三章 大学在中华优秀传统文化网络传播方面的发展现状 ……（82）
  第一节 大学在中华优秀传统文化网络传播方面的
        体系构建 ……………………………………………（82）
  第二节 大学在中华优秀传统文化网络传播方面的
        发展成效 ……………………………………………（99）
  第三节 大学在中华优秀传统文化网络传播
        过程中面临的挑战 …………………………………（111）

第四章 大学在中华优秀传统文化网络传播中的理念重塑 ……（123）
  第一节 国际化的传播视野 ……………………………………（123）
  第二节 融媒体的传播理念 ……………………………………（128）
  第三节 生活化的传播设计 ……………………………………（135）
  第四节 文化育人的传播思想 …………………………………（140）
  第五节 创新开放的传播思维 …………………………………（145）

第五章 大学推动中华优秀传统文化网络传播的实现机制……（152）
 第一节 构建战略协作机制……………………………………（152）
 第二节 完善传播工作体制……………………………………（155）
 第三节 构建网络话语体系……………………………………（160）
 第四节 打造传播阵地平台……………………………………（165）
 第五节 加强传播队伍建设……………………………………（170）

第六章 中华优秀传统文化网络传播案例解析与创意设计……（174）
 第一节 优秀传统文化与大学实践……………………………（174）
 第二节 传统文化数字化传播案例解析………………………（182）
 第三节 基于新媒体传播的创意设计…………………………（188）

参考文献……………………………………………………………（195）

后　记……………………………………………………………（203）

绪　　论

当今世界正处在大发展大变革的时代，正历经"百年未有之大变局"的特殊历史时期。伴随着经济全球化和科学技术的不断发展，各种思想文化的交流与互动不断加深。国与国之间的竞争不仅体现在经济和军事实力方面，更体现在文化的软实力上。随着文化在综合国力竞争中的地位和作用不断凸显，文化软实力作为综合国力的重要组成部分，已经成为国与国之间竞争的焦点力量，成为决定一个民族和国家兴衰成败的关键因素。历史和现实都表明，谁拥有了文化发展的强大实力，谁就有机会在激烈的国际竞争中掌握主动权。加快推进文化大发展、大繁荣，增强文化软实力，迎接时代竞争的挑战，已成为世界各国的积极选择。

中国改革开放40多年来，经济上取得了举世瞩目的成就，经济发展总量世界第二的成绩令我们自豪。尽管我们经济实力不断壮大，但我们还要清醒地认识到，世界强国的崛起，不仅仅是政治、经济、军事的强大，还必然要伴随着文化的强大。基于对历史规律、世界发展态势、中国发展现实的深刻认识，中国共产党顺应时代要求，确定了文化强国的伟大战略目标，一幅波澜壮阔的奋斗画卷正在全面展开。

大学置身伟大的奋斗历程，不应是过客，更不应是看客，而应当成为历史重任的主动肩负者、历史潮流的积极引领者，其中一个根本的原因是大学与文化有着与生俱来的天然关系。无论我们对大学的本质怎样去追问，怎样去解说，归根结底，大学的本质都是文化的本质。大学不仅是文化的创造地和辐射源，更是文化传承的引领者。从这个意义上说，大学是文化得以发展的坚实基础，这是大学在建设文化强国进程中不可或缺、不可替代的逻辑所在。建设文化强国，复兴中华文化是大学文化建设的天然使命。新时代中国大学肩负着文化传承与创新的历史责任，特别是面对中国传统文化，大学要主动承担起整理、梳理、选择、批判、弘扬、转化、传播、发展的历史重任，积极主动地用传统文化中优秀的元素浸润现代文化，推动文化强国伟大目标的实现。

同时，新时代中国大学又赶上了一个特殊的文化时代，那就是互联网信息技术推动文化大交融大碰撞的时代。在这个时代里，人类前所未有地迎来了文化激荡的岁月，文化问题层出不穷。如何解决这些问题，不仅成为人类必须面对的历史现实，也成为大学不可回避的客观实际。从这个角度出发，更多的文化学者开始研究大学的文化自觉、文化启蒙、文化传承与文化创新，以期更好地发挥大学的文化作用。

笔者多年来关注并研究这些文化问题，特别主张结合具体领域，针对具体问题，融入创新实践，引领文化发展。从这个意义上说，大学人不仅仅要研究文化问题本身，还要研究如何践行文化责任和使命，真正达到破解难题、解决实际问题的目的。在这样的思想指引下，我和我的团队确定了"互联网时代中华优秀传统文化传播的大学使命与实践"的研究选题，初衷是为推动中华优秀传统文化创造性转化和创新性发展做一些学术探索和实践研究，目的是进一步明确互联网时代大学在中华优秀传统文化传播过程中应该担负的使命，并期望大学利用好互联网这一便利工具，借船出海，将中华优秀传统文化广泛传播并发扬光大，为社会发展、文化繁荣和人类进步做出大学应有的贡献。

从本研究的立意出发，这既是一项理论研究，又是一项实践探索，是兼具理论特色和实践特点的应用研究。我们认为该项研究必须明晰几个基本问题。

一　坚定中华优秀传统文化传承的历史自信

一个国家、一个民族的文化发展不可避免地要面对自己的过往。过往的一切对这个国家和民族走什么样的文化道路都有着深刻的影响。理性、自觉的民族都会高度重视自己的过往，都会立足于自己的过往，选择一条充满民族文化特色的发展道路。这个过往，就是他的传统文化。历史是一条割不断的、长长的河流，绝不可能随意地把过去、现在和未来截断分开，而是过去、现在和未来汇集交融，浩浩荡荡，奔涌向前。只有对传统文化有这样的基本认识，才会有起码的文化自觉。

（一）传统文化的理性剖析

传统文化到底是什么？是儿时故事里的神奇传说，还是老人絮絮叨叨的古怪讲究？是泛黄的书籍，还是老旧的瓷瓶？它究竟在哪里？如果只是考古堆里埋藏的古物、博物馆陈列收藏的古玩、古籍中记载的陈年旧闻，传统文化还有意义吗？传统虽为过往，却并不会因时光流逝而变得冰冷，它印刻在每个现代人的心灵深处，融汇于社会的运行方式和人际互动中，蕴含在社会制度、道德约束、民风习俗以及一切物质和精神产品之中。任何一个民族和国家都不可能置身于传统文化氛围之外而完全"现代化"。历史每前进一步，都受传统的影响，当然，这种影响从价值上说有积极的，也有消极的，总之是不可简单挥之即去的。

传统文化是指一个民族在长期的历史过程中发展和确立的具有稳定样态的文化。它包括这个民族的思想观念、思维方式、价值取向、道德情操、生活方式、礼仪制度、风俗习惯、宗教信仰、文学艺术、教育科技等诸多层面广泛的内容。马克思认为："人们创造自己的历史，但是他们并不是随心所欲地创造，并不是在他们自己选定的条件下创造，而是在自己直接碰到的、既定的、从过去继承下来的条件下创造。"[①] 传统文化，就是我们"直接碰到的既定的、从过去继承下来的条件"，会影响人们的过去、现在和将来的文化传统。传统文化并不仅仅是"过去存在过的一切"，而是一个动态的物质和精神传动，产生于过去、融通于现在、通达于未来的一种发展趋向和存在样态，是时刻影响、支配人们思想行为的东西。没有传统文化，就没有今日的文化发展。

要想珍惜现在，就必须把握过往，通习过去。当我们站在传统与现代的交汇处探索未来时，我们透过历史轨迹，一定要看一看我们从何处来，身处何地，要走向哪里。只有这样，我们才不会迷失方向，走好未来的路。一句话，要通习过去，把握现实，迎接未来。

对于中华民族而言，她所创造的灿烂文化世所共知。这个伟大的民族凝聚了深厚的历史智慧与价值理想，书写了无数人类美好的诗篇，为人类的进步和世界发展做出了巨大的文化贡献。中国传统文化有着强大的生命力，深刻地影响着中华民族，也影响着全世界。当今时代，是中西方文化碰撞交融最为激烈的时代。我们站在新时代，正在展望中华民族文化伟大复兴的美好未来，认真研究我们的传统文化，发展自己的民族文化，保持对自身文化的高度认同，不仅是文化自觉的基本要求，更是文化自信的基本要求。只有这样，我们才有可能在世界范围内通过参与文化的交流与对话，充分展示中国文化的风采。

（二）传统文化的痛点反思

中华文化坚韧不拔、自强不息，虽历经沧桑、屡遭磨难，却依然薪火相传、连绵不断，文化的延续性从未中断。我们一直为自己的文化感到骄傲和

[①] 马克思，恩格斯：《马克思恩格斯选集》（第一卷），北京：人民出版社，1995，第585页。

自豪。但是，曾几何时，我们的传统文化却遭遇了一段令人辛酸的阵痛。

历史地看，鸦片战争以来，我们所经历的痛苦不仅仅是枪炮带来的痛苦，某种意义上说也是文化碰撞的痛苦。中国传统文化产生的土壤是以农为本的自然经济，20世纪以来的西方现代文明则是以工业化为背景和基础的，两者比拼之下我们显现出来的文化弱点和局限是不可避免的，但这不意味着中国文化总体优势的丧失。西方工业化文明给人类带来贡献的同时，也显露出其血腥和贪婪的一面。屡遭耻辱，民族伤痛。为了救国图存，历经流血牺牲，但收效甚微，于是有人"恨其不争"，痛骂自身文化。近代以来的文化论战不无血腥。尽管历史早已鲜明地留有结论，但接下来发生于20世纪的"文化大革命"，使得中国文化传统从根本上大伤元气。所有的这一切历史过往全面动摇和消解了中国传统文化，痛切地说，中国传统文化惨遭自我阉割。虽然中国经济现代化的脚步坚实而有力，但中国传统文化却在一定时期处于失声的状态。人所共知，西方文化的进攻性、侵略性从来就没有收敛过。伴随着中国文化前进中的艰难选择，西方文化乘机采取各种方式侵扰，围攻我们的主流文化阵地，侵蚀我们的生活环境，一段时期造成我们一些人在文化领域"唯西方马首是瞻"。因此，我们在思考当代中国的文化问题时，必须面对西方文化带来的前所未有的新问题、新挑战、新冲击。

(三) 传统文化的现实追问

一百多年来，我们在民族文化复兴的奋斗道路上有过不断的探求和思索。今天我们要反思历史，更加深刻地认识许多文化问题产生的根源，从而更加清醒地思考在新时代我们到底要走什么样的文化道路。如果我们还被西方文明所迷惑而自我陶醉，那么在今天的全球化时代，中国民族文化遭受到的挑战就不仅仅来自外部，而是来自我们自己！曾几何时，许多人对传统文化敬畏感的"缺失"直接造成了对我们民族文化价值观的"迷失"。曾几何时，我们在漫长的文化传统中所形成的文化伦理尊崇被遗弃，导致道德规范失衡，严重冲击我们当下的社会判断和文化操守，许多社会丑恶现象泛起，严重干扰了我们现代化的前进脚步。我们对中国传统文化的检视及反思，不是为了怀古或恋旧，是要解决现代文明发展面临的问题，要不断地去探寻对传统文化如何继承与创新。历史早就告诉我们，一个不尊重自己历史文化传统的民族，是没有希望的民族。传统文化是我们生存之根、前进之魂。今天，我们进行文化创新，就是要对传统文化进行创造性转化、创新性发展，否则，我们的创造就成了无源之水、无本之木。

传统文化是一个庞大复杂的系统，虽精华与糟粕同在，却不能简单地划分优劣，因此，继承传统文化需要辩证取舍。按照创建社会主义先进文化的要求，区分传统文化中的精华与糟粕是有参照标准的。"传统文化中具有民族性、科学性、人民性因素的都属于精华，而一切封建的、迷信的、落后的东西都是糟粕。"① 如何做到这一点呢？当然要全民族共同努力。

（四）大学传承传统文化的文化自觉

大学更在传统文化整理、梳理、批判、弘扬、传播、教育等方面可以发挥不可替代的作用和天然优势。中华民族正处在伟大复兴的关键历史时期，中国的大学首先要树立高度的文化自觉，认真挖掘中国文化的精髓，并推动时代文化的大发展，同时通过积极传播我们的优秀文化为人类社会贡献力量。2013年8月，习近平总书记在全国宣传思想工作会议上指出："讲清楚中华优秀传统文化是中华民族的突出优势，是我们最深厚的文化软实力。"② 正如费孝通所说："文化自觉是一个艰巨的过程，首先要认识自己的文化，理解所接触到的多种文化，才有条件在这个已经在形成中的多元文化的世界里确立自己的位置，经过自主的适应，和其他文化一起，取长补短，共同建立一个由共同认可的基本秩序和一套各种文化能和平共处，各抒所长，联手发展的共同守则。"③

大学应主动肩负起历史重任，明晰中华优秀传统文化的发展源泉、历史脉络和基本走向，把握中华文化所蕴含的独特价值观念和鲜明特色，从而加强对青年学生文化自信的教育引导，为中华民族的文化复兴打下坚实基础。中共中央办公厅、国务院办公厅印发的《关于实施中华优秀传统文化传承发展工程的意见》明确指出："实施中华优秀传统文化传承发展工程，是建设社会主义文化强国的重大战略任务，对于传承中华文脉、全面提升人民群众文化素养、维护国家文化安全、增强国家文化软实力、推进国家治理体系和治理能力现代化，具有重要意义。"④

二 牢牢把握传统文化网络传播的时代机遇

互联网改变了人们的生活方式，也使文化的传播方式和接收发生了巨

---

① 陈先达：《文化自信中的传统与当代》，《光明日报》2016年11月23日第13版。
② 《习近平在全国宣传思想工作会议上强调 举旗帜聚民心育新人兴文化展形象 更好完成新形势下宣传思想工作使命任务》，《人民日报》2018年8月23日第1版。
③ 费孝通：《对文化的历史性和社会性的思考》，《思想战线》2004年第2期。
④ 《中办国办印发〈关于实施中华优秀传统文化传承发展工程的意见〉》，《人民日报》2017年1月26日第1版。

大的变化。更多人喜欢在互联网上获取自己的文化需求，特别是年轻人，更加喜欢在互联网中有选择性地吸纳自己感兴趣的文化信息。这说明在文化传播方面，我们原本可以在传统传播载体或课堂上有选择地呈现的内容，在互联网上却无法完全掌控呈现的内容。因此，随着互联网时代的来临，让关注文化传播、研究文化传播问题变得更加凸显。进一步说，如果研究文化不把互联网传播文化作为问题研究，那是很不合时宜的事情。

（一）研究互联网文化传播规律

联合国教科文组织2000年完成的《世界文化报告——文化的多样性、冲突与多元共存（2000）》指出："在进入21世纪时，全球化、长途通信和信息学正在改变人们界定和感受文化多样性的方法。过去在文化相对主义背景下提出的'文化的马赛克'或'地球文化马赛克'的比喻已经过时，再也不能描述人们的文化偏爱了"，[①]"文化再也不是以前人们所认为的是个静止不变的、封闭的、固定的集装箱。文化实际上变成了通过媒体和国际因特网在全球进行交流的跨越分界的创造。我们现在必须把文化看作一个过程，而不是一个已经完成的产品。"[②]

互联网的出现改变着世界，改变着世界文化交流，为文化传播提出了新的机遇和挑战。总之，互联网传播文化带来的相关问题成为必须回答的话题，同时，大学关注并研究这一问题是大学的文化优势，也是职责所在。

在互联网时代，文化传播不再局限于一个国家、一个民族。网络交流打破了传统媒体文化传播的限制，有效地将不同国家和民族的文化进行时空上的融合。互联网新媒体的产生，使人们可以轻易地浏览其他国家的网站，可以观看世界各地的新闻，突破了传统媒体中不同文化的语言、文字阻隔。翻译软件之类的工具已不再是技术的难题，可以助力人们实现对其他国家和民族的信息无障碍阅读。互联网正是通过文化传播的交互手段和传播界面的简明易懂，使受众获得最大程度的文化传播感受。

（二）增强网络背景下文化传播能力

全球化背景下，互联网技术加速了全世界文化的交流与融合，但同时这项技术也给文化侵略和文化渗透提供了便利。"从性质上看，它是一种构建现实的权力；从形式上看，它是一种得到普遍认同的软性暴力；从作用

---

① 徐行言：《中西文化比较研究》，北京：北京大学出版社，2004，第2页。
② 联合国教科文组织：《世界文化报告——文化的多样性、冲突与多元共存（2000）》，北京：北京大学出版社，2022，第9页。

机制上看，它是一种普遍误识。"① 文化话语权的背后不仅仅是技术支撑，更是国家实力的支撑。世界文化的同质化不是理论解说，而是一些西方国家不断推行霸权所带来的现实。"颜色革命"一词看起来是政治话语，其指向是意识形态领域，但本质上它触及文化的深层结构，指向价值观的认同。一方面是一个国家和政党执政合法性的文化前提；另一方面也是说民众的意识形态认同，也可以理解为民心所向，直接关系到政权的稳固。

对于中国，加强文化安全意识教育，特别是提升对传统文化的忧患意识和保护意识，增强对外来文化的预警意识和战略意识显得十分重要。与此同时，不断加强中华优秀传统文化的对外传播，通过推介自己让全世界深入了解自己，去积极抵御不良文化的侵扰，也应成为我们制定文化战略的出发点。大学要成为这一战略积极主动的坚定执行者。

总体而言，中国的网络传播实力与西方发达国家之间存在的数字鸿沟还需进一步弥合。中国必须建立起应对未来网络形势新发展的基本战略，在国际网络发展竞争中构筑起强大的文化传播力、话语权竞争力，彰显出大国的整体网络传播实力，提升中国文化网络传播的世界地位。

(三) 构建"互联网+"文化传播有效策略

如何应对互联网时代的文化传播，我们要做的事情很多。当下应当深入研究的不仅仅是互联网传播文化的规律等理论内容，还应包括"互联网+"的新型文化发展形态，从理论上科学认识这一形态，在实践中合理应对这一形态。

互联网信息控制主要围绕两点：一是各种门户网站提供的海量信息；二是通过搜索引擎在网络空间可以得到什么样的信息。两者完全可以决定如何引导网络舆论、如何传播一国的文化。在"互联网+"的文化发展时代，各种网络传播平台为文化交流提供有效的载体和快速便捷的传播方式。我们无需反复讨论利用网络平台对中华优秀传统文化进行传播的必要性问题，而是必须认真研究如何利用互联网加快中华优秀传统文化的传播速度，如何策划中华优秀传统文化的传播内容，如何创新中华优秀传统文化的传播方式，如何扩大和凝聚中华优秀传统文化的受众群体。

互联网改变了人们的生活方式。我们必须思考这种生活方式的改变如何能为有效传播中华优秀传统文化注入活力。当前的现实是，人们通过互联网可以足不出户地聊天、购物，手机的普及催生了"自媒体"（we-media）的

---

① 朱国华：《权力的文化逻辑》，上海：上海三联书店，2004，第108~109、176页。

快速诞生，使传统的家庭教育、学校教育的权威性大大降低。传统媒体时代追寻深度的文化逻辑思维方式已被快餐式的"度娘"遮蔽，人们的文化追求愈加浮躁肤浅，文化创造力和探究力大大弱化。在这样一个时代，中国人应比历史上任何时期都关注自己民族传统文化的兴衰，应对中华优秀传统文化在这种改变中所遇到的风险。我们既然已经知晓了一切看似热闹的高度清晰的文化符号和信息带来的快意和危害，为什么不能让受众将韵味十足的中华优秀传统文化"入眼"的同时，更加"入脑""入心"呢？

如何立足中华优秀传统文化传播的实际和战略选择，主动发现存在的问题，寻求切实有效的对策，探索富有生机活力的中华优秀传统文化世界传播机制，使其成为世界文化大格局中一个鲜活生动、吸引力强、能够担当引领、推动发展的有机组成部分，是中国迫切需要研究的课题。中国的大学有责任、有能力肩负起历史赋予的重任，为解决这一问题贡献力量。在保有文化自觉和文化自信的前提下，要把握中华优秀传统文化的精髓进行富有创造性的传播，让世界了解中国文化价值观，构建崭新中国形象，要以"传统文化的现代化"为前提，将"古董化""博物馆化""异国情调化"及"原生态化"的中华优秀传统文化创造成时代气息浓、全世界喜闻乐见、易于接受的、广泛认同的文化形态。大学要参与文化传播的具体规划，提出中华优秀传统文化传播什么、如何传播的对外传播思路，在议题研究、新闻发布机制建设、高端智库交流渠道拓展、重大活动和赛事平台选用、中华传统节日载体推送、海外文化阵地打造等方面提出自己的方案。

习近平总书记在中国共产党第二十次全国代表大会上的报告指出，"坚守中华文化立场，提炼展示中华文明的精神标识和文化精髓，加快构建中国话语和中国叙事体系，讲好中国故事、传播好中国声音，展现可信、可爱、可敬的中国形象。加强国际传播能力建设，全面提升国际传播效能，形成同中国综合国力和国际地位相匹配的国际话语权。深化文明交流互鉴，推动中华文化更好走向世界。"[①] 因此，我们应着力实施"文化＋互联网"战略，进一步积极探索中华优秀传统文化传播途径，努力构建中华优秀传统文化的现代传播体系，全方位促进中华优秀传统文化"走出去"，通过传承和弘扬中华优秀传统文化，切实提升中国的国家形象和文化影响力，全面构筑中国的文化软实力，努力把中国建设成为社会主义文化强国。

---

① 《高举中国特色社会主义伟大旗帜　为全面建设社会主义现代化国家而团结奋斗——在中国共产党第二十次全国代表大会上的报告》，《人民日报》2022年10月26日第1版。

三 明晰大学在互联网时代肩负的文化使命

大学的文化功能决定了大学教育是珍存文化、积累文化、延续文化的主要方式，它在培育人的过程中留存着人类的历史记忆；大学作为传承和创造文化的社会组织，是国家和民族文化传承的重要阵地。大学的使命是致力于先进文化使命的践行，以引领国家文化的健康发展和提升民族文明的质量。正如中国教育家罗家伦所指出的："大学的使命就是为中国建立有机体的民族文化"。[①] 因此，我们必须深刻认识到，传承民族文化、实现文化创新，中华文脉，理应成为大学的责任与使命。学校教育应在高度的文化自觉和自信引领下，正确、客观地看待民族文化在中国以及世界文化体系中的重要地位，挖掘继承优秀的文化元素，使之融入当今社会并发挥重要作用。大学教育具备保持和传承中华优秀传统文化的无穷原动力，应积极主动地担负起时代赋予的文化重任。

（一）承担传统文化理论研究

大学首先要做的是主动承担起传统文化本体的研究。无论从专业设置还是从研究队伍来看，大学最具备对浩如烟海的中华优秀传统文化进行高度凝练、总结、概括的优势。大学站在文化潮头，有能力将中国立场、中国智慧、中国价值的文化理念和主张传向全世界，让世界知道"文化中的中国"。

大学要挖掘中华优秀传统文化固有的精神资源，对其历史和现状进行系统化研究，梳理出重点和精华，维护中华文化基因的完整性，推进中华优秀传统文化在国际上的影响力，捍卫和提升中国文化的国际地位。一段时间里，世界了解的只是"硬件的中国"。中国人勤劳勇敢、热爱和平、以邻为善、和谐万邦的精神和价值观不被世界所知，这说明我们在文化传播上存在一定的问题。中医药、民间音乐和舞蹈、曲艺杂技、传统手工、历史遗迹、人文景观等宏大的文化遗产共同传承着中华民族的文化内涵、文化智慧和文化价值理念，如何让这些内容"活起来"，成为影响人、引导人的文化力量，是当下中华优秀传统文化传承中的重要课题。

（二）推进文化交流话语转换

文化交流的核心是话语交流。当下传统文化的古典话语使文化交流遭遇困境是不可避免的，对内有历史原因，对外有文化差异。解决文化交流的话语转换是一项迫切的重要任务。思想内涵需要通过话语载体表达出

---

① 陈骏：《大学应积极发挥文化引领作用》，《中国教育报》2007年1月1日第2版。

来，话语是一定时期人们在生产和生活实践中形成的，本身有时代的、民族的特征。随着生产、生活等实践活动的演变，话语也随之发生变化。中华优秀传统文化中的古典话语被认为深奥难懂，没有一定功底的国人是很难读懂古代典籍的，更何况外国人。由于话语的障碍严重影响了传统文化的传承与交流，现在我们要通过努力把他"翻译"过来。这个"翻译"既要符合现代生活、现代生产方式的现代话语要求，又要符合传统文化及其价值观的原本内涵。无论在推进传统古典话语的学习和普及上，还是在推进现代话语对古典话语的创造性转化和发展上，大学都有着独特的文化优势。

需要特别强调的是，当中华优秀传统文化遇见西方文化时，因文化差异而导致的认知隔阂比比皆是。这种隔阂的本源往往都来自话语的错位。当然宏观上的错位也很多，比如中国意图传播的文化价值与外域接收或反馈的文化价值存在错位。很多中华优秀传统文化中的概念和词汇在外译过程中常常存在很大的反差，中华优秀传统文化传播的原本意图与他国接受存在的差距往往导致文化交流上的误读。由于域外文化与中国文化在许多方面还存在这样和那样的差异，必须研究中华优秀传统文化在对外传播过程中如何避免造成误解和偏差。我们要主动接受这种差异，认真考察国外不同受众的习惯和特点，通过融通中外的概念、范畴和表述方式，克服文化传播中的认知错位和价值误解，积极创新对外文化传播的话语表达方式，把"自己讲"和"外人讲"有机结合起来，为打破文化交往的认知壁垒和促进民心交融注入中国力量，使中华优秀传统文化传播富有实效。

在中国文化的对外交流中，存在着文化本身以及文化背后所承载的价值被解构的问题。比如各种戏说历史等影视剧，非但没有正确弘扬我们的优秀传统文化，反而在自行污损形象，这也给西方推动历史虚无主义以可乘之机。大学要发挥批判功能，敢于矫正变形的文化产品，积极抵制历史虚无主义。在参与中华优秀传统文化自发传播时，发挥顶层设计、全局规划、重点创意的作用，让中华民族上下五千年铸就的灿烂文化走向世界，形成各美其美、美美与共、各具风格、百花齐放、绚丽多姿的世界文化发展生态。

(三) 加强网络背景下中华优秀传统文化教育

大学肩负着弘扬中华优秀传统文化、落实立德树人根本任务的重要使命，要自觉加强中华优秀传统文化教育，通过教育教学提高当代大学生的综合素质、丰富当代大学生的精神生活、促进当代大学生的全面发展。大学还要在这一基础上不断创新和发展中华优秀传统文化，教育引导大学生主动肩负起传播中华优秀传统文化的使命。

网络信息化时代，无论怎样讨论大学的文化作用，都离不开深入研究互联网传播文化的相关问题。大学对互联网传播的研究首先要放在如何有效使用互联网上。在信息高速发展的时代下，加快大学网络化、数字化为主的信息化建设，是大学自身文化建设的重要内容。大学要探索传统文化教育的网络文化"新形式"和"新途径"。如在线优秀文化精品课程、在线明星讲师、免费有趣的在线优秀文化片等栏目，有声古诗朗诵的App及微信平台等。大学可以将优秀传统文化的一些故事、道理等改编成电影、动漫、电视剧等并通过互联网进行传播，可以合理运用数字化平台、微信公众平台、微博、博客、抖音小视频等，开展视频展演、有奖竞猜等学生喜闻乐见的活动，激发大学生对中华优秀传统文化的学习和传承的热情。

大学也要研究网络给教育带来的冲击。正像有人说的那样，网络世界给了我们丰富，也给我们带来了丰富的痛苦。学校正统教育知识权威地位受到冲击，"度娘"式搜索引擎把新生代的信息获取带向了同步化、快捷化、齐全化。学生们每天面对大量信息如潮水般涌来，让人眼花缭乱。刷朋友圈、关注公众号，"相当一部分人在长期获取碎片化知识之后会对自己产生一种错觉，好像拿起手机，世界尽在掌握。"这种不求甚解的"碎片式"阅读与手捧经典主体参与并自我内化的传统学习方式形成了鲜明对比。网络时代，中华优秀传统文化的传承失去了日常生活的"润物无声"；碎片化了的假性知识泛滥，学校教育权威遭遇挑战。如何既葆有中华优秀传统文化的丰富内涵，又能创新教育方式，是大学必须面对和解决的问题。

大学在理论研究层面更有优势。越来越多的大学学者将精力投入到传播学及相关理论的研究上，中华优秀传统文化的研究和传播平台也在不断搭建。国内各个大学纷纷开设相关专业培养技术、管理或科研型人才。这些年来，讲好中国故事、传播好中国声音、贯彻中国文化价值观念、提升中国文化影响力开始成为大学人的共识和共同追求。大学已经开始挖掘中国丰富的文明史，正在努力使中国文化与世界文化接轨；为打破"西强我弱"的文化格局而奋斗。大学还有很多事要做：引领国人善于传播中华文化；加强文化传播手段革新和网络传播规律、传播影响力的研究；探索网络文化传播的新方法、新手段、新路径；探索大国文化传播的新途径；参与打造新型传播平台。大学被寄予太多的期望。

四　吸收借鉴现有理论研究与实践创新成果

理论界对中华优秀传统文化研究的热度不断提高，主要集中在以下几个方面：

一是中华优秀传统文化内涵及时代价值研究，侧重内涵阐述与时代价值两方面内容。如中山大学李宗桂的《试论中华优秀传统文化的内涵》，重点阐述中国文化与中国传统文化的关系以及何谓中国传统文化，为合理阐释其现代价值、传承其精神内涵提供条件。中国艺术研究院李荣启的《弘扬中华传统文化建设社会主义核心价值观》提出，中华传统文化是社会主义核心价值观的血肉和源泉。

二是中华优秀传统文化当代传承体系构建研究。如中南民族大学段超的《中华优秀传统文化当代传承体系建构研究》，提出中华优秀传统文化传承体系是多种元素、多环节组成的复杂系统，传承体系各要素、各环节之间是一种相互影响、相互制约的多重关系。

三是中华优秀传统文化融入高校思想政治教育研究。如辽宁工程技术大学马晓芳的《中华优秀传统文化融入大学生思政教育路径探究》，通过分析中华优秀传统文化融入大学生思想政治教育存在着认知程度低、践行效果差等问题，提出路径选择强化课堂教育主渠道作用，加强师资队伍建设；加强传统文化教育载体建设；深入开展中华优秀传统文化教育社会实践活动。

四是弘扬中华优秀传统文化的路径研究。网络传播占主导的时代背景下，借助网络传播中华优秀传统文化的策略研究内容较为丰富。如北京市社会科学院黄仲山的《网络如何更好传播优秀传统文化》认为，利用网络媒介传播中华优秀传统文化，需要坚持"和""活""新""真"的原则。

五是网络时代传播中华优秀传统文化面临的困境与机遇研究。如湖北民族学院戴蔚的《网络传播对民族传统文化的不利影响》认为，网络"仿真"世界使受众逐步与民族传统文化脱离；福建省福州市委宣传部副部长、文明办主任张学勇的《运用先进网络平台，传播优秀传统文化》提出要不断挖掘地方特色文化资源，搭建网上文化新平台，扩大网络文明的传播影响力。

从现有研究情况来看，学界已经关注到了网络在传播中华优秀传统文化中的重要作用，但高校网络传播的研究还不充分。而高校恰恰还具有人才培养和文化传承的功能。因此，本研究具有较为重要的现实意义。

在网络时代大背景下，高等学校加强中华优秀传统文化教育管理有利于传播、弘扬和继承优秀传统文化，有利于认同、强化和涵养社会主义核心价值观，有利于文化自信和文化走出去。

本选题立足弘扬传承中华优秀传统文化的重大意义和实践价值，运用文化学、传播学、教育学等理论，分析高校网络传播中华优秀传统文化的现实困境，提出符合中国大学特色的传播和发展对策，以期为高校网络传播和发展中华优秀传统文化构建系统的理论研究体系和实践模式。

高校通过网络传播和发展中华优秀传统文化，可以为高校思想政治教育提供宝贵资源，对推动大学生思想政治教育实践、拓展大学生思想政治教育载体、丰富大学文化建设，都有着重大的理论意义和实践价值。

中国台湾地区自20世纪80年代开始，实施生态博物馆建设、文化保护传承运动等。注重寺庙团体、文化团体、私立博物馆、补习专科学校、大学相关文化资产系所及艺术社团、小学传统艺术社团等民间团体在文化传承中的作用，使传统文化的传承取得重要成效。

日本自20世纪80年代起，实施了由国家组织的"民俗资料紧急调查""民俗文化分布调查"及"民谣紧急调查"，同时不断举行全国性民俗艺能大赛等，以促使国人对其传统文化保护和传承的重视。韩国政府举办一些大型文化活动，广播、电视、报纸、杂志、网络等各种媒体进行大规模宣传，许多民族民间艺术类别和能人脱颖而出。

法国自20世纪70年代，划定历史文化遗产保护区，保护区内的历史文化遗产多达4万多处，如今这样的保护区已有100多个，并向公众开放。法国人还设立"文化遗产日"，通过采取税收优惠、宣传推介等手段促进广大国民参与文化遗产参观学习活动。

这些国家和地区的探索和实践对当下我们传承和发扬传统文化具有有益的借鉴意义；对这些经验、做法的总结和研究，有利于我们创新中华优秀传统文化在高校的网络传播与路径发展。

五　简述本选题的研究重点与研究价值

本选题立足当下多元文化背景，从中华优秀传统文化传播内容、传播形式、传播影响力等方面，直面中华优秀传统文化在大学网络传播与发展的现实问题和困境。主要分析三个方面的问题：西方社会思潮对中国意识形态的入侵，对建构系统的中华优秀传统文化传播内容的冲击；网络传播形式多样化、大众化的趋势，对丰富创新中华优秀传统文化传播形式的冲击；多元文化和复杂思潮在高校的传播和影响，对巩固中华优秀传统文化在高校师生中的影响力的冲击。

除了对问题本身的研究外，分析各类问题产生的原因也是本选题研究的重点。主要分析四个方面的原因：大学对网络传播和发展中华优秀传统文化重要性认识不够，缺乏顶层设计；大学对网络传播和发展中华优秀传统文化的内容缺乏系统研究，与师生实际结合不够紧密；大学对中华优秀传统文化网络传播与发展的形式缺乏创新，形式不够新颖、缺乏吸引力；大学校园内中华优秀传统文化传播与思想政治工作联系不够，缺少深彻互动，相互影响不深。

本选题在总结困境与分析原因的基础上，从大学视角，着重提出中华优秀传统文化网络传播与发展的现实路径，主要包括以下六个方面。

一是构建科学系统的工作体制。高校要站在文化振兴、民族复兴的高度，切实肩负起文化传承创新的历史使命，统筹规划、系统研究中华优秀传统文化在高校网络传播与发展的工作体制，建立起科学的领导体制和工作制度。

二是丰富人才培养内容。高校要将研究中华优秀传统文化教育纳入人才培养体系的目标、措施中，加强课程建设与研究，强化高校师生的民族认同与文化自信。

三是建立传统文化与高校思想政治工作互促共进的工作模式。高校要研究学生文化素养培育与思想政治教育的相互关系，探索和寻求两者之间的有效结合点和创新点，建立科学的互促共进的工作模式。

四是加强网络平台建设。高校要立足现实、开阔视野，积极整合网络资源，创新传播形式，以学生喜闻乐见的方式，增强中华优秀传统文化的吸引力和影响力。

五是加强文化社团建设。高校要建立多种形式的文化社团，通过开展线上线下的文化活动，促进中华优秀传统文化在校园的传播与发展。

六是加强队伍建设。高校要着力打造国学师资队伍、网络传播生力军和学术研究团队三支队伍，为科学设计传播内容、创新传播形式、加强学术研究提供人才保障。

本选题立足互联网时代、关注中华优秀传统文化、着眼大学，对互联网时代大学文化建设的使命任务、大学在中华优秀传统文化网络传播中的主体功能反思、大学在中华优秀传统文化网络传播中的理念重塑、大学推动中华优秀传统文化网络传播的实现机制等方面进行探讨，还有对中华优秀传统文化网络传播的案例解析与创意设计，内容丰富，对大学担负起互联网时代传播中华优秀传统文化的使命具有一定的指导价值。

其一，理论价值。一是为大学传播中华优秀传统文化提供新的理论视角。本课题系统研究大学网络传播发展中华优秀传统文化的问题与对策，为大学传播中华优秀传统文化研究提供了新的理论视阈，丰富了理论界关于这一问题的研究。二是为构建大学网络传播发展中华优秀传统文化奠定理论基础。本课题力求系统探索和创新大学网络传播发展中华优秀传统文化的现实路径，力求在现有的研究基础上重新架构传播发展模式。

其二，交流价值。一是为大学开展中华优秀传统文化网络传播发展提供实践参考。本课题研究既总结了国内外先进经验，又总结了当下大学传播发展现状并有针对性地提出了对策，这对大学加强相关工作将起到有益借鉴与参考作用。二是促进中华优秀传统文化教育与思想政治工作的有机融合。本课题关于文化传播发展的研究，契合了国家文化发展战略与高校文化育人战略，对大学开展文化育人工作、促进大学生思想政治教育工作持续健康发展将起到重要的指导作用。

其三，创新价值。互联网时代的传统文化传播面临机遇，也面临挑战。如何把握机遇，迎接挑战，关键在于创新。中华优秀传统文化实现现代化转化本身就需要创新。相对于传统的文化传播方式，互联网传播本身就是创新。针对中华优秀传统文化内容采取什么样的形式传播，面对受众的需求采取什么样的方式传播，在中西文化差异面前选择什么样的切入点传播等。大学在理论与实践中探索这些问题就是创新。总之，通过这一问题的研究可以提供许多创新性思考、探索、经验，去推动中华优秀传统文化的广泛传播。

大学作为国家和民族的文化象征、精神堡垒，总是自觉地站在时代的最前沿，自信地站在文化发展的最前沿，不断创造时代先进文化。大学肩负着其他组织不可替代也无法替代的文化强国使命和责任。作为建设社会主义先进文化的核心力量，大学应当主动以先进的思想、高雅的文化、崇高的品格影响社会文化，引领社会发展。大学必须致力于实践探索，发挥好自身引领和推动国家文化发展、文明进步的作用，为"实现中华民族伟大复兴，扎实推进社会主义文化强国建设"贡献力量。

第一章　中华优秀传统文化网络传播的战略意义

第一节　文化多样性与中国传统文化发展

文化多样性是人类文化的特点，也是中国文化得以传承至今没有中断的重要原因。我们应积极探讨人类文化发展的多样性内涵、表现及价值，认真梳理中华优秀传统文化发展的历史脉络，明确中国传统文化的当代责任。

一　人类文化发展的多样性特点

自有人类文明史以来，不同地域的人们基于自然环境、社会生产方式和政治制度的不同，创造了丰富多彩、绚丽多姿的灿烂文化。正是由于人类文化的多种表现形式，人类文明才得以延续至今。在人类文明的早期，由于人类认识能力和交通技术的限制，各种文明之间的联系有限。到了近现代，由于自然科学的发展和远洋航运技术的成熟，各种文明之间的冲突日益凸显。尤其是当代，随着科技革命的突飞猛进、全球贸易网络的形成、全球一体化进程的加速发展，各种文明对话广泛深入进行，文明之间的冲突也日益加剧。为了人类的共同利益，为了人类命运共同体的福祉，我们有必要对文化多样性的问题进行探讨。

（一）文化多样性的概念

文化多样性最早属于人类学的概念，现在正越来越被地被人文社科学者所关注。文化多样性指"为各群体和社会借以表现其文化的多种不同形式"①。从以上定义我们可以看出，文化多样性是人类文化发展的

---

① 中国联合国教科文组织全国委员会秘书处：《保护和促进文化表现形式多样性公约》，中华人民共和国教育部政府门户网站，2005年10月21日，http://www.moe.gov.cn/srcsite/A23/jkwzz_other/200510/t20051021_81305.html，2022年12月2日。

必然结果，是维护人类文化生态平衡的必要条件。任何试图强调某一种特定文化形态的优越性与强势性的做法，都会危及人类文化生态的健康发展。正如美国学者克拉克·威斯勒所指出的那样，人类的文化不可能是单一的，"任何认为文化只是从一个单一的火山口流淌出来的观点都是站不住脚的"①。

（二）文化多样性的表现

人类文化从古至今都保持着生态多样性，多样性是人类文明延续至今的必要条件。今天世界文化体系不管是四体系说、五体系说、六体系说还是八体系说，都无一例外地承认当今世界文化体系的多样性特点。关于人类早期文明类型的说法尽管在理论界存在较大争议，但是他们都并不否认人类早期文明的多样性特点。流传较为广泛的一种说法是人类早期的"四大文明古国"之说，即古代巴比伦、古代埃及、古代印度和古代中国。有说法认为以上"四大文明古国"只是代表了人类早期文明的一种类型，也就是大河文明。我们认为人类早期文明固然不止"四大文明古国"，但是"四大文明古国"确也代表了人类早期文明的最高水平，所以我们主要以人类早期的"四大文明古国"即古代巴比伦、古代埃及、古代印度和古代中国为例来说明人类早期文化的多样性表现。

古巴比伦王国位于西亚的美索不达米亚平原，地处底格里斯河和幼发拉底河之间的苏美尔地区，其领土在今天的伊拉克、伊朗、叙利亚境内，是两河流域文明的主要代表。公元前18世纪初，古巴比伦城邦在国王汉谟拉比的领导下开始崛起，很快成为从波斯湾到地中海地区的中央集权制的奴隶制帝国。古巴比伦王国作为两河流域文明的重要代表，其文明高度发达，文化灿烂辉煌。在语言文字方面，古巴比伦人不但发明了楔形文字，而且还发明了书写楔形文字的《泥板书》；在天文学方面，古巴比伦人能够区分恒星和五大行星，观测到黄道并区分出黄道上的12星座，绘制出了黄道12宫的图形；在法学方面，《汉谟拉比法典》是世界上现存最早的比较完备的成文法典；在数学方面，古巴比伦人掌握了数字加减乘除四则运算法则，懂得平方、立方和求平方根、立方根的法则，能够解出有3个未知数的方程，计算出圆周率为3，并得出直角三角形中勾边股边弦边关系定理；在建筑和雕刻方面，古巴比伦城垣雄伟，宫殿华美壮丽，《汉谟拉比法典》石柱柱头的浮雕刻在玄武岩石柱上，其朴实有力的线条

---

① 〔美〕克拉克·威斯勒：《人与文化》，钱岗南等译，北京：商务印书馆，2004，第144页。

反映了古巴比伦人娴熟的雕刻技法；古巴比伦人铸造技术和冶金技术高度发达，铸造了铁犁、货车和战车，标志着古巴比伦已经进入铁器时代；古巴比伦人还建造了传说中的空中花园。

古埃及位于非洲东北部的尼罗河中下游地区，横跨亚非两洲，其领土在今天的中东地区。古埃及王国存续长达三千年之久，历经33个王朝的统治，其文化可谓源远流长，内容博大精深，文化样式绚丽多姿。在语言文字方面，古埃及人创造了包括表意符号、表音符号和部首符号三个部分的象形文字，象形文字又经历了圣书体象形文字、祭祀体象形文字和世俗体象形文字三个发展阶段，其中圣书体象形文字对后来的腓尼基字母影响非常大，而几乎所有的字母文字，如希伯来字母、阿拉伯字母、希腊字母、拉丁字母等，都可以追溯到腓尼基字母；在科技方面，古埃及人发明了人类历史上最早最便利的书写纸——莎草纸，还发明了玻璃器皿制造技术、啤酒酿造技术、陨石中提取铁技术、手术器械制造技术等；在宗教方面，古埃及人笃信宗教，古埃及宗教的三大主题分别是自然崇拜、国王崇拜和亡灵崇拜；在建筑艺术方面，古埃及的神庙和宫殿建筑拥有深厚的文化底蕴和明显的宗教内涵，建筑形态多采用稳固的几何形体，如正方形、三角形，其空间形式体现了永恒感、均衡感和静态感，金字塔、亚历山大灯塔、阿蒙神庙是古埃及建筑艺术的代表作品；在医学方面，古埃及医学是同时代最先进的医学体系之一，古埃及人对人体器官功能的认知大多数是正确的，他们在制作木乃伊的过程中积累了丰富的解剖学知识与技巧，研究出了800多种简单的医疗手术措施，甚至掌握了脑部的大体解剖。还研究药物学，了解600多种天然药物的用法，医学论文集《艾德温·史密斯纸草文稿》是人类历史上第一部医学著作；古埃及在天文历法、文学、绘画、音乐、政治、军事、经济等方面也取得了非凡的成就。

古印度位于南亚的印度河流域，其领土范围包括今天的印度、巴基斯坦等国。古印度是一个由五大民族构成的多种姓国家，为世界留下了具有独特风格的文化遗产。在语言文字方面，古印度人先后创造了印章文字、婆罗米文、去卢文和梵文，其中梵文由婆罗米文发展而来，在语言学上属于印欧语系，是近代印度字母的原型，古印度人用铁笔将文字写在经过处理的树皮上；在建筑艺术方面，古印度建筑主要以砖石作为材料，其代表作是阿育王石柱，石柱的柱头有精美的奔马、瘤牛、大象、狮子等动物造型，其中，萨尔纳兹大石柱最为著名；在石窟艺术方面，作为佛教寺院的一种特殊建筑形式，古印度石窟是集建筑、雕刻、绘画三种艺术为一体的世界艺术精粹，其代表作是阿旃陀石窟；① 在数学方面，古印度人使用十进位制和位值法计数，经阿拉伯人传到欧洲后成为今天世界上通用的"阿拉伯计数法"，古印度人知道勾股定理、圆周率、三角形、无理数、正矢函数、负数、二次方程、数列、分数、负数、平方根等概念，其代表作是《准绳经》《梵明满悉檀多》《计算精华》《算法概要》和《历数全书头珠》；在地理学方面，古印度人认为地球共有七大洲和七大洋，他们在往世书中对地球表面可居住地区、印度及其周围的国家和地区都有详细记述，还有关于日月运行、云的分类、雨的形成、潮汐与月亮盈亏关系、潮差的测量、时间计算等的描述。此外，古印度在宗教、哲学、文学、音乐舞蹈、医学、天文学等方面都有独特的建树。

中国古代文明发源于黄河长江流域，是"四大文明古国"中唯一传承至今而没有中断的国家。中国作为东亚地区的文化宗主国，其文化绵延五千年至今，可谓源远流长、博大精深、绚丽多彩，在世界文化体系中占有重要的地位。在语言文字方面，中国的官方语言是汉语，文字主要以汉字为主，也有少数民族文字；在科技方面，中国人在天文、数学、医药、枪械、冶金、陶瓷、纺织、建筑等方面都有所建树，发明了造纸术、印刷术、指南针、火药、地震仪、算盘、伞、丝绸、瓷器、弩、石油井、船坞、火柴、漆器、热气球等；在文学方面，中华古代有汉赋、晋书、唐诗、宋词、元曲、明清小说等多种文学形式；在音乐方面，古笛是世界上最早的管乐器，其他乐器还有筝、琴、箫等，音律以宫、商、角、徵、羽五音为基础，传统的舞台艺术是戏曲，剧种有京剧、豫剧、评剧、越剧、粤剧、潮剧、晋剧、河北梆子、秦腔、昆曲、黄梅戏、花鼓戏等；在舞蹈艺术方面，传统舞蹈比较著名的有宫廷舞、文舞、武舞、惊鸿舞、盘鼓舞、灵星舞等；在绘画艺术方面，中国画被称为国画，是以毛笔、软笔或者手指在帛或宣纸上做出来的，其绘画技巧有工笔、写意、重彩、水墨、白描等技法；在建筑艺术方面，中国建筑同欧洲建筑、伊斯兰建筑共同构成世界三大建筑体系，中国建筑是唯一以木结构为主的建筑体系，建筑以中和、平易、含蓄、深沉为主要特征，特别重视群体组合的整体美学效果，建筑装饰复杂精微；在医药方面，中医药对生命和疾病的认识来源于传统的天人合一思想，形成了对生命认识的整体观，② 中医以阴阳、五行、运气、脏象、经络等学说为理论基础，以病因、病机、诊法、辨证、

---

① 杨栋明：《古印度佛教石窟空间演变的综合因素》，《四川建材》2019 年第 5 期。
② 宋歌等：《中医药的非物质文化遗产学分析》，《中华中医药杂志》2014 年第 6 期。

治法、预防、养生等为主要内容，中医药专著主要有《黄帝内经》《神农本草》《新修本草》《备急千金要方》《千金翼方》《本草纲目》等。除此之外，中国在历史学、哲学、宗教、饮食、礼制等方面也有鲜明的特色。

（三）文化多样性的意义

多样性是人类文化的基本特征，是被人类历史证明了的维护人类文化生态平衡的必要条件，同时也是维护人类社会可持续发展的重要条件。习近平总书记指出，"物之不齐，物之情也。"（《孟子·滕文公上》）万事万物如果都千篇一律了，失去了各自的特性，人类文明就会止步不前、停止发展了。① 习近平总书记的讲话明确了人类发展的自然属性就是多样性，其意义主要包括以下几个方面。

首先，文化多样性是维护人类文化生态平衡的必要条件。人类文化生态系统是一个统一的复杂多变的系统，这个系统的形成需要较长的时间和多种复杂的条件，系统一旦形成后便具有较强的稳定性。人类文化中的各种样态只有相互沟通学习，相互借鉴，才能使整个系统处于不断优化的良性循环之中，从而保持人类文化生态系统的生命力和活力，才能实现可持续发展。但是自从工业文明出现以后，人类文化样态便处于不断减少的状态中。

其次，有的文化大国利用自己的强国优势，提出文明冲突理论，在全球范围内进行文化输出，试图推行文化霸权主义，这对人类文化生态系统是一种潜在的威胁。美国人类学家基辛指出："文化的歧义多端是一项极其重要的人类资源……去除了人类的多样性可能到最后会付出持续的意想不到的代价。"②

其次，文化多样性是人类社会可持续发展的重要条件。从理论上来说，任何一种文化样态的形成都需具备一定的客观条件和主观条件。因此，没有一种人类文化样态堪称完美无缺，这恰恰是人类文化需要多样性的理由和原因。文化多样性可以使各种文化样态找出自身的不足，从而实现共同发展、共同繁荣。人类社会可持续发展的重要条件之一就是文化的多样性。文化在一定程度上虽然受制于一定社会的经济和政治条件，但也对一定社会的经济和政治起着能动的反作用。一旦人类文化样态变得单一，人类社会的发展势必变得不可持续。这一点已被人类社会发展的历史所证实。中国文明之所以得以延续至今而没有中断，正是缘于其所具备的

---

① 金元浦：《中国文化概论》，北京：中国人民大学出版社，2015，第17页。
② 〔美〕R. M. 基辛：《当代文化人类学概要》，北晨译，杭州：浙江人民出版社，1986，第283页。

兼容并蓄的文化品格。人类社会越来越成为一个密不可分的人类命运共同体，文化对社会发展的影响正日益增强。

最后，文化多样性是对人权的尊重和保护。文化的权利和发展的权利一样，作为最基本的人权，日益受到各个国家的广泛关注。"捍卫文化多样性是伦理方面的迫切需要，与尊重人的尊严是密不可分的。他要求人们必须尊重人权和基本自由，特别是尊重少数人群体和土著人民的各种权利。"[①] 由此我们不难看出，文化权利作为人权的重要组成部分，是每个人最基本的人权，这一点已经日益成为国际社会的共识。而文化多样性作为文化权利的表现形式，也日益受到国际社会的广泛关注。

二　中华优秀传统文化的传承与发展

中华文明作为世界文明史上唯一延续至今的文明，其奥秘就在于中国传统文化的多样性特点，而中国传统文化的多样性又突出体现在中华优秀传统文化的多样性。中华优秀传统文化的发展大致经历了以下几个历史时期。

（一）先秦诸子百家争鸣

先秦时期，尤其是春秋战国时期是中国思想史上的大繁荣大发展时期，其时学术流派异彩纷呈，理论学说丰富多彩，奠定了其后2000多年中国思想文化史的基础。"诸子百家流派众多，其中影响最大、流传最为广泛的主要有儒家、道家、法家、墨家、阴阳家、名家、杂家、农家、小说家、纵横家等十家。"[②] 儒家的代表人物有孔子、孟子、荀子，其中孔子主张中庸，提倡以礼治国、以德服人；孟子主张民贵君轻、人性本善，强调统治者要施行仁政；荀子主张人性本恶，认为客观环境和教育因素对人的影响较大。道家的主要代表人物包括老子、列子和庄子，道家提出道生万物的哲学体系，主张道法自然、清静无为、小国寡民、无为而治。法家的代表人物有韩非、李悝、商鞅，法家主张法、术、势，提倡重农抑商、奖励耕战。墨家的代表人物墨子，提倡兼爱、非攻，崇尚节俭、反对浪费。阴阳家的代表人物是邹衍，提倡阴阳五行学说。名家的代表人物有邓析、惠施、公孙龙和桓团，主要从事名实之辩。杂家代表人物是吕不韦，以通晓百家之道而著称。农家因重视农业生产而得名，主张农业是衣

[①] 范俊军：《联合国教科文组织关于保护语言与文化多样性文件汇编》，北京：民族出版社，2006，第100页。

[②] 孙叔平等：《先秦各家哲学思想发展概论》，《中州学刊》1982年第6期。

食之本。小说家以采集民间传说议论而得名。纵横家代表人物有苏秦和张仪,以纵横捭阖之策游说诸侯,大多是谋士。先秦时期诸子百家主要针对如何安民治邦提出理论学说。

(二) 两汉经学兴盛

经学是指阐述、解释儒家经典著作《诗》《书》《礼》《易》《乐》《春秋》的学说。西汉初年,由于常年战乱、民生凋敝,统治采取黄老之学以休养民力。到了武帝时期,经过几代的休养生息,国力日渐强盛,统一的中央集权制需要思想文化层面的支持,儒家经学在此情况下应运而生。西汉武帝罢黜百家、独尊儒术以后,儒家学说成为显学,并对此后2000多年的中国社会产生了深远的影响。董仲舒把传统儒家思想与当时的社会需要相结合,广泛吸收法家、道家、阴阳家等各家思想,系统地提出了天人感应、大一统学说和罢黜百家、表彰六经的主张,为统一的中央集权制国家的巩固、稳定与发展做出了贡献。汉代经学分为古文经学和今文经学,古文经学比较拘泥于对原著的字、词、意的阐释,力求忠实于原著而杜绝主观臆断,其学术走向是史学;今文经学主张微言大义,甚至通过不合理的方式来论证现实政治的合法性,以此迎合当时社会的需要,最终将经学神学化。东汉中期以后,两派逐渐走向融合。①

(三) 魏晋南北朝玄学流行

东汉末年,经学沦为为统治阶级恶行辩护的工具不可避免地走向没落。此时很多卷入政治纷争的经学儒士失去了生命。残酷的社会现实使得知识分子心生苦闷,他们既不愿因出仕从政而卷入政治风波,又因忧心现实的黑暗而试图为社会的发展提供一种精神上的指引,魏晋南北朝玄学在此背景下应运而生。玄学因研究阐释《老子》《庄子》和《周易》这三本书的玄理而得名,玄学的代表人物有何晏、王弼、阮籍、嵇康、向秀、郭象等人,他们站在道家学说的代表人物老子和庄子的立场,来解释作为儒家经典的《周易》。玄学崇尚自然、笃信名教,从本体论的高度讨论自然与名教的关系。将道家思想融入儒家思想,对儒道两家的发展均具有重要的历史意义。

(四) 隋唐儒释道并立

隋唐时期,中国社会结束了长期混战的分裂局面,国家重归统一,统治者推行开放宽松的文化政策,使得思想文化多姿多彩,形成了儒道释三家并立的思想文化样态。自汉武帝罢黜百家、独尊儒术以来,儒家思想内

---

① 刘婷:《两汉经学浅析》,《长春理工大学学报》2012年第11期。

容日趋稳定成熟，社会影响已等同世俗社会的宗教。另外，由于隋唐科举考试的内容主要以儒家经典为主，因此儒家思想得到了进一步的发扬光大，成为世俗社会的主流思想，《五经正义》的颁行即为明证。道家思想自魏晋南北朝时期得到大发展大繁荣以来，至隋唐时期更是由于最高统治者的推崇而达到其发展的鼎盛阶段。唐高祖将道教尊为三家之首，唐玄宗时期还设置了道举。佛教至晚在西汉末年已经传入中国，唐朝海纳百川式的文化开放政策加快了佛教融入中国主流社会的进程，使佛教日益成为中国本土化的宗教。总体来看，隋唐时期社会普遍尊儒崇道信佛，即所谓以佛治心、以道治身、以儒治世。儒道释三家思想之间也争论短长，却能做到和而不同，实现了共同发展和共同繁荣。①

（五）宋明理学

宋明理学是以道家理论和佛教教义对儒家学说进行补充和完善后产生的哲学思想体系，是中国古代最为系统、完备、对后世影响最为深远的儒学理论体系。理学所主张的天理是将世俗的纲常名教神学化的产物，是儒家思想神圣化和世俗王权合法化的根本依据，宋明理学的代表人物包括周敦颐、张载、程颢、程颐、朱熹、陆九渊、王守仁等，他们传承了儒家经世致用、以天下为己任的责任担当精神，誓要为天地立心，为生民立命，为往圣继绝学，为万世开太平。与以前主要以《诗》《书》《礼》《易》《春秋》五经为研究对象的儒者不同，理学家们的研究对象主要是四书，即《论语》《孟子》《中庸》《大学》。宋明理学主要分为两大派别，即程朱理学和陆王心学，均属于哲学唯心主义，均主张以儒家的纲常伦纪来约束个体的自然欲求。两大派别也有不同点。程朱理学主张心外之理是世界的本原，属于客观唯心主义；认为致知在格物，主张通过对外在事物的考察来启发内心的良知；要求个人修养要以天理为准则，必要时可以存天理，灭人欲。陆王心学主张心即理，宇宙即是吾心，甚至心外无理，心外无物，属于主观唯心主义；认为人天生具有良知，只要加强个人修养、克制个人欲求，就能成圣成贤。

三　中国传统文化的当代责任

中国传统文化发展到近代，在外来文明的冲击下遇到前所未有的挑战和危机。近代中国人在外来压力下被迫睁眼看世界，从器物层面、制度层

---

① 赵文润：《略论隋唐文化的主要特点》，《陕西师范大学成人教育学院学报》1999年第1期。

面和思想层面向西方人学习的同时，开始反思中国的传统文化。五四新文化运动引进西方科学、民主精神，革命派喊出了打倒"孔家店"的口号。在这种情况下，一批具有深厚儒学修养的学者，如梁漱溟、张君劢、熊十力等公开维护传统儒学，提出返本开新的儒学新主张，试图挽民族文化危机于狂澜之下。在全球化进程日益加快的今天，各种文化之间沟通交流的深度和广度前所未有。我们要有坚定的文化自信，自觉承担起弘扬中华优秀传统文化的历史责任，为人类命运共同体的构建贡献力量。我们认为，中国传统文化中以下几个方面的准则，会对人类社会的可持续发展有所裨益。

（一）处理人与自然关系的准则：天人合一

天人合一是中国传统文化的一个重要命题，也是我们在处理人与自然关系中应该遵守的一个准则。中国传统文化认为宇宙自然是一个大的系统，人是其中的一个小系统，人和自然本质上是相通的。天人合一的理念要求人类认清自己是自然的一部分，自然是人类所处的生态环境，因此人类要与自然和谐相处、和谐共生。而建立在发达的自然科学基础上的工业文明，却将人与自然割裂开来、对立起来。这种建立在消耗自然资源并污染自然环境基础上的文明必将给人类社会带来灾难，其发展必然是不可持续的。

（二）处理人与社会关系的准则：社会本位

中国儒家思想的本质是社会伦理道德理论，中国社会是家国同构的社会体系，中国社会中的个人从来都不是一个独立的个体，而是处于复杂社会伦理关系中的社会人，因此中国人在做人做事方面从来没有只考虑个人利益得失的权利和自由。一旦个人利益与社会利益发生冲突，中国人必须无条件地服从社会利益，必须要有大局意识。中国传统文化中的这种社会本位思想，虽然对于个人来说有些不公平，但是却对社会的发展有利，这一点同西方的个人中心主义完全不同。

（三）处理人与人关系的准则：修己治人

修己治人是中国人的道德修养准则。中国儒家思想认为只有道德修养高尚的人才有资格从事公共事务管理，才能治国理政，否则就是德不配位。所谓"身修而后家齐，家齐而后国治，国治而后天下平"，说的就是这个道理。中国人自古重视道德修养，要求见贤思齐。到了宋明时期，理学家更是把个人道德修养提升到宇宙自然的本体地位。修己治人的道德修养准则对于人与人之间建立和谐共荣的关系有着重要的启示作用。

（四）处理人与自我关系的准则：自强不息

中国传统文化强调刚健有为、自强不息的人生哲学，"天行健，君子以自强不息"。中国传统思想文化作为经世致用的实用哲学，总是在提倡世人要学习宇宙自然生生不息的运行原则，倡导积极有为的人生态度，要求世人主动承担历史责任，勇于担当、入世有为，积极进取、奋发向上。自强不息的人生态度激励着一代又一代中国人在宏大的历史潮流中敢于拼搏、勇于创新，从而创造出灿烂辉煌的中国文化。

（五）处理国与国之间关系的准则：协和万邦

中国传统文化推崇和谐之美，主张以和为贵，表现在国家关系的处理上就是善邻怀远、协和万邦、顺俗施化。中国自秦汉以来就是一个统一的多民族国家，汉族作为中国的主体民族，在处理与周边其他民族之间的关系时总是通过道德教化的方式进行，因此中国历史上并不乏民族矛盾和民族冲突，但是各民族之间总是能够在沟通交流中相互学习和借鉴，最后实现和谐共处、互利互惠、共同发展和共同繁荣。这与今天世界上有些国家信奉的"零和博弈"原则是完全不同的。

第二节　互联网时代中华优秀传统文化传播的战略定位

一　互联网时代的文化发展

（一）互联网加速推动世界文化交流

人类社会有文明历史以来，就是一部传承、发展、创造的历史，也是不同文化之间相互交流、相互借鉴、彼此融合的历史。历史告诉我们任何一个国家和民族都是在历史中发展过来的。世界文化之所以能够呈现出丰富多彩的样态，就是各种文明相互交流学习的结果。有人说1492年哥伦布发现新大陆，人类就开始了全球化过程。我们不去讨论这一观点的正确与否，但我们深深知道，人类的互动交往会不断推动文化的相互交融。随着人类社会的不断进步和科技的快速发展，世界文化交流的脚步进一步加快。古代社会的"自我封闭"样态被逐渐打破。相对孤立存在的地域文化样态，抵挡不住文化相互交流带来的强力冲击。今天，人类文化在全球化时代呈现出立体式、全方位交流状态，具有鲜明的互动性和多样性。随着全球化进程的加剧，现在很难有哪种文化能够离群索居、独立存在，彼此碰撞和冲突将不可避免，这将成为一种历史必然。

网络技术诞生以来，人类的文化传播突然提速。20世纪90年代以来，互联网得到广泛运用，带来了世界范围内生活样态的全新改变。它承载着海量内容，让人目不暇接！没有比用"日新月异"一词形容得更准确、更恰当的了。互联网推动下的世界文化相互交流与碰撞、竞争与合作已成为新常态。互联网上的文化传播史无前例。当我们赞赏"文化因交流而多彩，文明因互鉴而丰富"时，首先要感谢我们自己发明了互联网技术，我们更期待它成为传播优秀文化、弘扬正能量的重要载体。每个国家都愿通过架设起国际文化交流的载体，从而主动推动世界优秀文化的交流学习，加强各国人民心灵沟通。中国愿同各国一道，充分发挥互联网传播平台优势，让世界人民了解中华优秀文化，让中国了解世界各国的优秀文化，共同推动人类文明繁荣、发展、进步。

（二）互联网时代文化安全是重大课题

互联网在推进全球文化交流的同时，这把"双刃剑"也给文化安全带来了前所未有的挑战。这不是互联网本身的过错，而是人类自身的险恶会使"无知"的工具被利用。文化安全是主权国家维护自身政治制度、意识形态、价值观念和生活方式不受外来威胁的能力和状态。

我们知道，文化是一个民族生存的前提和条件。一个民族的文化蕴藏着其全部创造和文明成果，蕴含着其存在的合理性。文化繁荣昌盛必定会增强民族凝聚力和自豪感，从而建立起一道国家安全的有力屏障。相反，一旦一个民族的文化遭受威胁和侵略，失去共同的理想信念和价值观念，必将导致这个民族或国家意志的瓦解、凝聚力的削弱、文化心理的崩溃，必定给这个民族和国家带来灾难、危机，甚至导致其消亡。

在这里，仅就几个关键点提出我们的基本态度。一是要高度关注意识形态领域的安全。意识形态引领文化发展方向，因此意识形态安全具有极其特殊的重要性。意识形态安全是指一个国家占统治地位的思想政治体系不受威胁与侵害，核心价值观不被颠覆，能够保持稳定并健康发展。意识形态是一个主权国家安邦定国之根本，如果放弃了对意识形态的主导权，必将导致国家衰落甚至毁灭。二是要高度关注传统文化价值观的安全。传统文化中的价值观能否在社会和公民中得以保持、延续和发展，直接触及安全问题。比如，中华优秀传统文化中的百善孝为先、扶贫济困、以邻为善、互帮互助、诚信为本、知恩图报、天人合一、家国天下等价值观念，一直是我们这个民族的文化价值标签。如果这一切被改变，我们还是我们吗？若文化本色被彻底改变，民族的文化存在就失去了支撑。也就意味着文化的消亡。三是要对民众进行互联网鉴别力的培育。民族和国家的文化安全是自身强大的基本前提。只有建设强大的文化，不断提升文化软实力，才能在激烈的国际竞争中站稳脚，才能真正实现民族的发展和振兴。

(三) 互联网时代文化软实力是竞争焦点

当今世界，激烈竞争的焦点是文化软实力，谁拥有强大的文化软实力，谁就能在激烈的国际竞争中把握主动、赢得未来。"当今世界正处在大发展、大变革、大调整时期，文化在综合国力竞争中的地位和作用更加凸显，维护国家文化安全任务更加艰巨，增强国家文化软实力、中华文化国际影响力要求更加紧迫。"① 党的十七届六中全会提出了文化大发展、大繁荣的战略。党的十八大以来，习近平总书记全面领导推进文化强国建设。党的十九大报告中提出，要坚定文化自信，推动社会主义文化繁荣兴盛。党的二十大报告强调，增强中华文明传播力影响力。这一切都表明，我们党深刻认识到文化软实力在深刻改变国际发展趋势，已成为提高国际竞争力的战略选择。

一个国家的价值观、生活方式、时代精神不仅会引领自身的前行，更会对世界产生辐射力、引导力和渗透力。一个国家如果不是文化大国，不处在文化中心位置，就无法保持强大的感召力、吸引力和辐射力。这就是文化软实力的最核心内涵。

文化是 21 世纪国际竞争的战略制高点，提高文化软实力"关系到我国国际地位和国际影响力，关系到'两个一百年'奋斗目标和中华民族伟大复兴中国梦的实现。"② 改革开放以来，中国经济实现了高速发展，但文化影响力还需要进一步加强。大学应主动承担起历史重任，以实际行动投身到文化强国的建设热潮中，大学应主动承担起历史重任，以实际行动投身到文化强国的建设热潮中，要把中华民族五千年的灿烂文明与现代高科技和信息传媒手段有机结合，不断加大对外文化交流的广度和力度，切实抵御西方的文化霸权主义，加强维护国家文化主权，全面提升中国文化的感召力、影响力，在文明多样性和文明平等交流中努力构建世界文化新局面。

二 互联网时代的中华优秀传统文化传播

(一) 中国传统文化的世界价值

中华文化是人类历史上最古老的文化之一，在世界上有着深远的影响力和独特的地位。她是人类"四大文明"中唯一没有中断并持续发展的文明，虽历经沧桑却依然巍峨挺立。中华文化是人类文化的结晶，是世界

---

① 《中共第十七届六中全会全体会议公报》，《人民日报》2011 年 10 月 19 日第 1 版。
② 《习近平在中共中央政治局第十二次集体学习时强调　推动媒体融合向纵深发展巩固全党全国人民共同思想基础》，《人民日报》2019 年 1 月 26 日第 1 版。

的瑰宝。今天，我们不仅要继承优秀传统中的文化思想资源去推动中国早日实现伟大复兴，更要弘扬、推介那些具有世界价值的中国智慧与中国精神财富去实现人类命运共同体的美好目标。只有这样，我们的中华文化才能在人类历史进程中发挥更大的作用。

面对世界文化发展大势，到底该如何正确看待中华文化？早在20世纪，英国历史学家汤因比在与日本著名学者池田大作对话时就提出了他对未来世界文化的看法并对中华文化给予了公正的评价。汤因比认为，总体来看，西方社会的扩张及西方文化的辐射扩展在全球的结果是实现了技术的统一，而人类历史发展的未来阶段，主要是要实现政治与精神方面的大同，在这个阶段，西方将让出主导权，以中国为代表的东亚文化将能够起到主导作用，"期待着东亚对确立和平和发展人类文明能做出主要的积极贡献。"① 正是中国文化培育的世界主义与世界精神、儒教世界观提倡的人道主义、儒教及佛教存有的合理主义等思想渊源，将促成中国"肩负着不止给半个世界而且给整个世界带来政治统一与和平的命运。"② 汤因比在以儒学为主体的中国传统文化中探寻人类世界发展的新机遇。他反复强调，中国已然被西方的发展卷入全球的文明浪潮中，必然无法再退回到曾经孤立的旧格局，"中国人和东亚各民族合作，在被人们认为是不可缺少和不可避免的人类统一的过程中，可能要发挥主导作用。"③

我们并不期盼汤因比的预言马上实现，我们却关注现实的中华文化未来如何影响世界。中华文化要发展就要加强同世界的联系与交流，只有通过交流，中国才能更好地将中华民族的优秀文化推向世界，也能更好地吸纳世界先进文化，助推中华文化的全面发展。

习近平总书记曾多次指出，中华优秀传统文化具有不可磨灭的世界意义，是全世界共同的精神财富，对整个人类文明的发展做出了不可替代的贡献。历史上，中华民族优秀文化成果在人类文明的交流中迸发出夺目的光芒，对世界其他文明产生了深远的影响。面向未来，我们要有充分的自信，不断弘扬和传承中华文化，推动世界文化发展。

（二）中国传统文化传承的困境

传承传统文化所面临的困境是多方面的，我们仅从三个方面谈起。

---

① 〔英〕阿·汤因比、〔日〕池田大作：《展望二十一世纪——汤因比与池田大作对话录》，荀春生、朱继征、陈国梁译，北京：国际文化出版公司，1997，第276页。
② 〔英〕阿·汤因比、〔日〕池田大作：《展望二十一世纪——汤因比与池田大作对话录》，荀春生、朱继征、陈国梁译，北京：国际文化出版公司，1997，第279页。
③ 倪健：《文明中国》，北京：中国社会出版社，1997，第396页。

一是没有完全解决传统文化的自觉问题。中华优秀传统文化是中国文化之根，是文化自信之基。但是，并不是所有人都有这样深刻的认识。当下必须要解决几个心理问题，那就是"文化自负"心理、"文化自卑"心理、"文化自迷"心理。"文化自负"心理表现为唯我独尊、唯我独优、唯我独大的态度和心理，认为传统文化什么都好，对传统文化过度自信和盲目自信，躺在过去的辉煌中沾沾自喜、自我满足、自我陶醉，以致自我封闭，面对外来文化时往往不能以正确的、积极的态度加以对待，往往产生对立、排斥和抗拒情绪。"文化自卑"心理表现为对中国传统文化持蔑视、怀疑与否定的态度，认为中国传统文化一无是处，盲目崇拜欧美文化，试图通过全盘西化和移植西方文化来彻底改造中国。"文化自迷"心理是指在西方文化的强势冲击下，对传统文化传承与弘扬产生迷茫，导致传统文化价值观被颠覆、是非观念模糊、价值判断标准失衡。如果对这些问题不加以切实的解决，继承和弘扬传统文化将会步履维艰。

二是传承什么的问题。对传统文化的传承一直以来"粗放式"的"管理"，我们可以列举许多现象。比如，整体上缺乏深入系统的挖掘研究，未能满足新时代人们对文化的需求。长期以来，我们在传统文化挖掘方面没有科学的规划，学贯中西、通古知今的传统文化研究队伍不够强大。学界在中国传统文化的概念和范畴的界定上争论不休，尤其对于中华优秀传统文化的基本内涵、传承的内容和对象不清晰，究竟哪些属于优秀，哪些属于糟粕，理论上论述很多，但实践上界定不够明确，以致民间的文化乱象丛生，甚至迷信盛行。对中华优秀传统文化的现代化转化的推进力度不够，当下的中国教育不是不知道传承中华优秀传统文化的重要性，而是没有形成系统的符合教育规律的传承体系。比如说，从小学到大学应当教授学生哪些传统文化内容，这些内容是否符合教育规律？应将传统文化中什么内容列入长期的教学规划？学生每一成长阶段要学习什么传统文化内容？对这些问题似乎都没有明确的方案。对于民间文化如何引领传承？老百姓到底要继承什么？现有的文化样态，是对，还是不对？谁来引领？谁来纠偏？人们依据偏好对传统文化进行片段式凑取、片面性解读、"媚俗"化接纳、泛娱乐化表达。哪些机构来研究、管理这些问题？凡此种种，影响了优秀传统文化的传承效果。

三是怎么传承的问题。怎么传承的问题是一个涉及诸多视域的问题，本书仅把视角聚焦于大学。大学是民族国家的文化、精神象征，大学是坚守传统文化、民族精神的堡垒。中国大学承担着中华文化传承与创新的重大责任。因此，大学必须要有文化传承的战略考量，必须是实现民族文化传承目标的规划者、具体组织者和实施者,必须要制定出符合教育规律的传承策略,必须要落实到具体的教育环节中。为全面把握民族传统文化的继承与发展,大学自身应当进行一场全面而彻底的自我变革,对传承的主客体、传承的内容规划、传承的方法和手段等诸多方面进行战略上的谋划和战术上的落实。总之,面对中华优秀传统文化,大学必须紧紧围绕教育、研究、挖掘、梳理、创新、传播的重要任务,主动担起历史重任,成为中华文化承续与发扬的中坚力量。

(三) 中华优秀传统文化传播的时代机遇

全球文化交融大势的机遇将推动中华优秀传统文化的传播。季羡林曾言:"一个统一性、单元的'全球'文化,是人类文化发展的歧途,是人类发展的悲剧。"① 应该说,从整个文化发展进程来看,任何一种文化都不可能单独存续发展。当一种文化离开整体文化结构后,必将发展成为一种文化缺陷。而这种缺陷将会影响并且危及整个人类文化的发展与存续。多样性的文化是世界五彩缤纷的本源,为人类文化的存在与发展带来强有力的动力。今天,人类文化相互激荡、相互交融的局面不断呈现。无论你喜不喜欢、愿意不愿意,都会身在其中。在这样一种大势的推动下,许多文化开始主动传播,主动自我介绍,主动相互借鉴。对于中华文明而言,正是拥有兼容并蓄、海纳百川的优秀品格,才能在五千多年的历史长河中生生不息。习近平总书记指出,"要尊重各种文明,平等相待,互学互鉴,兼收并蓄,推动人类文明实现创造性发展。"② 中华优秀传统文化要适应时代发展需求,顺应人类社会发展潮流,在世界发展大势面前积极主动地搏击风浪。

中国文化强国建设战略高度重视传统文化传播。习近平总书记在党的十九大报告中明确指出,中国特色社会主义的重要来源之一是"源自于中华民族五千多年文明历史所孕育的中华优秀传统文化。"③ 提倡要"系统梳理传统文化资源,让收藏在禁宫里的文物、陈列在广阔大地上的遗产、书写在古籍里的文字都活起来。"④ 怎么能够活起来?那就是对处于

---

① 季羡林:《东西文化议论集》,北京:经济日报出版社,1997,第358页。
② 《习近平出席第七十届联合国大会一般性辩论并发表重要讲话 强调继承和弘扬联合国宪章宗旨和原则 构建以合作共赢为核心的新型国际关系 打造人类命运共同体》,《光明日报》2015年9月29日第1版。
③ 党的十九大报告辅导读本编写组:《党的十九大报告辅导读本》,北京:人民出版社,2017,第35页。
④ 中共中央宣传部:《习近平总书记系列重要讲话读本》,北京:人民出版社,2014,第99页。

静态存在的传统文化资源进行梳理并实行动态化的传播。可以说，中国文化强国战略的提出为中华优秀传统文化传播提供了历史性机遇。

互联网时代中华优秀传统文化传播必须应势而动。在互联网等科学技术快速发展的今天，信息传播的强力推动使任何文化都不可能"独善其身"，中华优秀传统文化的传播必须顺应大势，主动作为。如何应势而动？"回首过往，中国创造了互联网发展的'三项世界第一'：网民总人数首次跃居世界第一；宽带网民数量居世界之首；CN 域名注册量成为全球规模最大的国家顶级域名……可以说，互联网为中国注入了难以估量的发展之力"①。"展望未来，在新理念新思想新战略的引领下，中国正向着网络强国目标奋勇前进，全球范围的网络命运共同体建设也必将实现新的跨越"②。中国置身世界发展大潮，未来也必将引领大潮，这是谋划国家战略的现实要求，也是必然要求。在国家战略支撑下的中华优秀传统文化网络传播就要顺应大势，借助大势而动，必将乘风破浪直挂云帆。网络发展大势必将带来文化传播新态势。"传播技术的发展会带来各种新的媒介形态和传播方式，而新媒介方式的出现总会派生出种种新的文化形态和类型。"③ 文化传播绝不仅仅局限于纸质文本的静态传播，而是一改"传播者——文本——接受者"的单一传播模式，变为以新媒体为基础的互动性传播。"新媒体是利用数字技术、网络技术，通过互联网、宽带局域网、无线通讯网、卫星等渠道，以及电脑、手机、数字电视等终端，向用户提供信息和娱乐服务的传播形态。"④ 习近平总书记在党的十九大报告中明确提出"文化强国""数字中国"等概念，对新媒体条件下的传统文化发展提出新要求。互联网为主的新媒体传播改变传播模式，实现广泛的互动性，更带来文化发展态势的新变化。主体实施者可以和接受者之间进行认知上的交流，突破了时空的约束，人与人之间不再是单独自我的内心独白，而是拉近了文化的亲近感，把交流的机会无条件地增加了，使文化传播的接受感更加显著。文化闭环式的传播局面被打破，不同认知层面的人们可以面对共同的文化样态，使得文化的神秘感消退，文化之间越来越

---

① 彭训文：《十九大报告再提及网络强国战略向着目标奋勇前进》，人民网，2017 年 10 月 25 日，http://media.people.com.cn/n1/2017/1025/c40606-29606978.html，2022 年 12 月 2 日。
② 彭训文：《十九大报告再提及网络强国战略向着目标奋勇前进》，人民网，2017 年 10 月 25 日，http://media.people.com.cn/n1/2017/1025/c40606-29606978.html，2022 年 12 月 2 日。
③ 〔美〕罗杰·菲得勒：《媒介形态变化——认知新媒介》，明安香译，北京：华夏出版社，2000，第 66 页。
④ 石磊：《新媒体概论》，北京：中国传媒大学出版社，2009，第 1 页。

交织、交融、互动。文化主体既要保有自我又要影响他人，这更给文化传播注入了崭新的推动力。应该说，互联网时代，中华优秀传统文化迎来了新的传播机遇与挑战。中华优秀传统文化传播必须积极把握大势、抓住机遇，促进新时代文化强国战略早日实现。

三 中华优秀传统文化传播的战略思考

（一）"创造性转化、创新性发展"中华优秀传统文化

加快中华优秀传统文化的创造性转化和创新性发展是文化强国的战略任务。"创造性转化"是指对传统文化中的代表性符号进行现代化的转化，使其更加符合当代社会发展的文化需求。在转化的过程中，既要保留其历史价值，也要赋予其新的时代内涵。"创新性发展"是指通过融合传统与现代的核心文化价值，将传统与现代文化之中的精华进行淬炼、升华，创造出古今衔续的现代中华文化。这是中国传统文化发展进程的历史性选择，这不是第一次，也绝不是历史中的最后一次。

对传统文化的创新要注意坚持面向现代化、面向世界、面向未来的原则。随着中国的快速发展，中国离世界舞台中央越来越近，中国文化影响力越来越强。我们要有文化自信，在文化发展大势面前，学会用全局意识和世界眼光去观察、分析、研究、解决问题。我们不仅要挖掘继承传统文化中符合中国特色社会主义发展要求的优秀成分，更要加强弘扬、传播具有世界价值的中国智慧和精神财富。只有这样，中华文化才能在世界历史进程中发挥更大的作用，才能在人类多元文化大合唱中发出更加强劲的声音，也会更有生机与活力，更有竞争力，更具吸引力和感召力。

对文化的现代化转化要坚持体现世界共享原则。任何优秀文化都具有共享性，中华文化是世界最优秀的文化之一，蕴含着诸多世界共享价值。中国文化自身的自省、自觉和自立、自强的品质，自然就体现了人类的共享价值追求。中华优秀传统文化中的价值精髓，诸如公平正义、中和仁德、天人合一、和谐包容、崇尚和平、"己所不欲，勿施于人"等不胜枚举的文化价值，哪一条不是当今世界所共需的？可以说，中华优秀传统文化中的普世价值资源丰富，我们要深入挖掘，更要广泛传播，要用共享价值原则去推介。要把这些文化内涵真正转化成软实力去影响世界。李光耀曾指出："只有在其他国家羡慕并期望模仿一国文化时，其软实力才得以实现。"[①] 正像古代

---

① 〔美〕约瑟夫·奈：《软力量：世界政坛成功之道》，吴晓晖等译，北京：东方出版社，2005，第251页。

中国影响周边国家那样，今天的中国，要精心规划文化的现代化转化，深度挖掘其富有吸引力的价值内涵，把传统文化中所积淀的那些世界所需要的价值、精神，令其他国家乐于寻求效仿、追随并吸纳的价值、精神挖掘出来，用现代的、令他人易于接受的、喜闻乐见的方式进行传播，从而实现中华优秀传统文化辐射世界的目标。中国的改革开放脚步不会停歇，坚持走文化开放之路更不能停歇，中华优秀传统文化与外来文化有机结合是大势，提升中国文化的包容性是我们的当然选择，共同维护人类文明的多样性是我们的责任，维护多元文化交融、互惠是我们的使命，建构丰富多彩、具有生命力、良性互动的文化环境是我们的追求。

文化传承与创新最基本、最有效的载体是教育，是学校，尤其是大学。大学的历史使命光荣而艰巨。

(二) 加强中国互联网传播力的建设

其一，要提升网络信息科技水平。习近平总书记强调，"网络信息技术是全球研发投入最集中、创新最活跃、应用最广泛、辐射带动作用最大的技术创新领域，是全球技术创新的竞争高地。"① 我们要在关键领域攻坚克难，全力发展核心技术，加强关键基础设施的建设，要牢牢把握科技创新这个发展的核心点，明确当前网络发展的前沿技术，提升具有国际竞争力的技术产业，加快打造具有中国特色的、自主可控的信息技术制造体系。明确要通过推动实施网络信息领域的核心战略来加强量子通信、高性能计算机、移动通信等高科技领域的研发和升级力度，力争在重大领域取得重大突破，实现信息技术自主创新能力的全方位提升。

其二，要加快实施高速互联网战略。在这个战略中要加强发展集成电路、物联网、云计算、集成电路、新型显示、高端软件、高端服务器和信息服务，尽快实现信息科技软硬件等相关领域的自主生产，减少对外依赖，通过自主创新能力的提升，大力开发自主知识产权的信息产品，打造世界一流的网络传播力。要积极实施向 IPv6 过渡的国家行动计划，从大众理念、执行层面和国家政策等多种角度为此提供保障。要积极帮扶下一代互联网相关企业的发展，实行采购国产设备的优惠政策，着力培养网络科技人才，建设一支规模庞大、技术顶级、视野宽广、水平一流的网络科技人才，做好人才储备和运用工作。

其三，要加强网络文化阵地建设。全方位探索"互联网+"文化传

---

① 《习近平在中共中央政治局第三十六次集体学习时强调　加快推进网络信息技术自主创新　朝着建设网络强国目标不懈努力》，《人民日报》2016 年 10 月 10 日第 1 版。

播的新模式、新路径，把中华优秀传统文化的传播推向一个全新的领域和崭新的高度。大学在这样一个历史机遇下，应主动提升使命意识，积极发挥文化优势，全力投身平台建设，以高度的文化自觉推动中华优秀传统文化的传播。大学要提升网络文化供给能力，引领网络文化的内容建设，为文化资源的数字化建设提供智力支持，参与提升网络文化生产的专业化水平。大学作为学术研究单位，在新媒体的传播上有着显著的技术研发优势。大学可积极自主开发适合网络传播特点、满足人们多样化需求的网络文化产品。大学完全有能力在网络文化交流平台中开发相关栏目，打造出丰富多彩、紧扣中华优秀传统文化传播的文化品牌，在互联网文化阵地建设中实现新突破。

(三) 加强互联网传播中华优秀传统文化的战略规划

加强顶层设计，做好长远全局规划。文化的生成是一个漫长的过程，文化的交流与传播更是一项任重道远的工作。网络传播中华优秀传统文化需要顶层设计，需要有长久的规划。文化主管部门应高站位、谋全局、精规划、善谋划、强功能，通过整合多方资源，强化智库建设，制定出科学、持久的传播战略，为文化传播提供有效的战略。

一是明确内容规划，把握传播方略。上下五千年，纵横九万里，中华文化中有丰富的故事资源。着力提炼打动人心、触动心灵，有内涵的历史素材，通过好的表现形式让人们长久记忆。如何深度提炼并有效展示中华优秀传统文化的精神标识，凝练优秀传统文化中具有当代价值、世界意义的文化精髓，启人入"道"、引人悟"道"，更加有效地传播中国的核心文化价值理念，是网络传播首先要解决的问题。曾几何时，"碎片化""娱乐化"的解析，随性编排、庸俗表现、贻笑大方的填充，使传统文化的传播面临误入歧途的危险。在对待传统文化上，浅阅读受人热捧，而那些拥有完整、深刻的文化价值理念的文化内容却受到冷遇。大学必须发挥文化批判功能，化肤浅为深刻，化谬误为精准，化冷遇为热烈。"要讲清楚每个国家和民族的历史传统、文化积淀、基本国情不同，其发展道路必然有着自己的特色；讲清楚中华文化积淀着中华民族最深沉的精神追求，是中华民族生生不息、发展壮大的丰厚滋养；讲清楚中华优秀传统文化是中华民族的突出优势，是我们最深厚的文化软实力；讲清楚中国特色社会主义植根于中华文化沃土、反映中国人民意愿、适应中国和时代发展进步要求，有着深厚历史渊源和广泛现实基础。"[①] 在历史专业研究力量和高

---

① 《习近平谈治国理政》，北京：外文出版社，2014，第153页。

水平学术团队方面，大学有着无法替代的优势。在传统文化内容传播上有着不可替代的话语权，担负着历史和现实的重要责任，理应全面发挥自身的积极作用，主动担当、成就发展、引领前行、创造未来。

二是整合力量，规划构建传播合力。未来的网络传播绝不是单一的技术传播，还要铸就稳固的、持久的、富有高效率的合力。这个合力的构建必须着眼未来，立足现实，确保长久。要着力解决关系不顺、效率不高、管理不力、布局不优、机制不活、效力不强的各种弊端，建立起时刻关注挑战与竞争的灵活机制，搭建起中华优秀传统文化传播困境的预警机制，积极吸纳国际先进的网络传播经验。大学在这个合力中应主动担当重要角色，以自身的智力和科研优势为网络传播合力的持久生成献力。要认真研究先进的传播手段，设计规划文化理念和价值观念的广泛传播，推动协同互动、同向同行的全方位、立体化传播模式的形成，参与建立快捷的、广泛覆盖的现代传播体系，推动隐性传播与显性传播、差异化传播与大众性传播的有机结合，积极研判未来的一切挑战，切实建立起新时代中华优秀传统文化传播大格局，书写中华文化影响世界的新辉煌。

三是打造高素质的传播团队。建设一支高素质的网络传播团队是当下的紧迫任务，形成高素质团队建设机制也是战略选择。队伍的思想政治素养、专业素养、文化修养、技术能力、外语水平、创意能力等综合素质要过硬。在对内对外传播中，要有打造融通中外的新概念、新范畴、新表述的才能，要具备富有创意的策划能力和讲好中国故事、传播好中国声音的本事。传播团队既要有专业的采访人才，还要有学贯中西的外语专才，他们制作的产品能够很好地让不同民族接受，能够灵活把握实际规律，更好地吸引"老外"，懂得用这样的平台真正讲好中国故事。要塑造一支走向全球化传播实践的队伍，要培养一支有国际视野的开放型的队伍，在强大的西方媒体面前，对中华民族影响世界的文化价值充满自信，有积极的应对与应变能力，要学会在与西方媒体打交道中接受并选择新的应对全球媒介环境的本领。要有应对意识形态领域斗争的能力，在文化传播中辨别善恶，在文化比较鉴别中判断敌我。

大学是人才培养的基地，应下大力气加强网络传播人才的培养。应更加明确培养目标，不断改进专业设置，更加优化课程体系建设，着力强化文理兼备、学贯中西、技能融通的培养模式，为中国网络文化传播造就一批又一批理论联系实践的复合型人才，助力中华文化伟大复兴梦想的实现。

第三节　互联网时代大学文化建设的使命任务

文化是民族生存和发展的重要力量。习近平总书记指出，"坚定文化自信，是事关国运兴衰、事关文化安全、事关民族精神独立的大问题。"① 文化是一个国家、一个民族的灵魂。"文化始终以一种无形的力量深刻影响着有形的存在，它滋养心灵、涵养精神、启迪创新。"② 大学文化是孕育师生文化特质的物质和精神文化的总和，是一所大学的灵魂，它深刻影响着一代又一代青年大学生的健康成长。中国特色社会主义进入新时代。基于新时代的历史方位，大学文化建设理应展现新气象，体现新作为，大学应该担负起自身的文化使命。

一　大学文化建设的责任使命

大学文化是一所大学生存发展的根本，是广大师生精神成长的血脉之源，更是一所大学核心竞争力的关键要素。优秀的大学文化能够凝聚师生，是推动学校事业发展的坚定力量。大学文化具有抽象性，它是大学事业发展过程中一切物质的、精神的文化思想的高度凝练与精准表达，这种思想贯穿在大学发展进步的全方位、全过程，潜移默化地影响着全体师生员工的为学、为人、为事；也有具体性，大学文化包含物质、精神、制度、行为文化等多种形态，很多具体的形象标识、传统活动、制度规定、道德规范等都以具体的文字或固定的形式沿袭下来，成为广大师生自觉遵守的文化习惯，使大学文化具体化。立足新时代，大学的文化建设应坚守中国特色社会主义文化立场，以立德树人为核心，以社会主义核心价值观为主题，使中国大学文化建设迈入新时代。

（一）明确中国特色社会主义大学文化立场

"中国特色社会主义文化积淀着中华民族最深沉的精神追求，代表着中华民族独特的精神标识。中国特色社会主义文化发展道路，揭示了我国文化发展规律，是建设社会主义文化强国的唯一

---

① 《习近平在中国文联第十次全国代表大会、中国作协第九次全国代表大会开幕式上强调　高擎民族精神火炬吹响时代前进号角　筑就中华民族伟大复兴时代文艺高峰》，《人民日报》2016年12月1日第1版。
② 杨落娃：《文化自信：高校思想政治教育的底气》，《红旗文稿》2019年第21期。

正确的道路。"① 习近平总书记指出："高校是党领导下的高校，是中国特色社会主义的高校。办好我们的高校必须坚持以马克思主义为指导，全面贯彻党的教育方针。"② 因此，大学文化建设要坚持马克思主义指导地位，站稳中国特色社会主义大学文化立场。新时代开展大学文化建设要突显时代性，把握规律性，富于创造性，坚持以习近平新时代中国特色社会主义思想为指导，坚持文化为广大师生服务，为社会发展服务，为社会主义服务，坚持大学物质文明和精神文明两手抓，推进现代校园文明建设与弘扬大学精神，全面提高大学的文化品位、文化品质和文化内涵。

(二) 巩固社会主义主流意识形态

当代社会，意识形态领域的斗争已经十分严峻。历史和现实表明，一个政权的瓦解往往是从思想领域开始的。当前，在思想领域对青年一代的争夺成为斗争的焦点。青年正处于价值观形成和确立的关键时期，占领他们思想的制高点就能占领这个民族。大学校园是优秀青年的聚集地，大学时期是青年思想的形成期。在复杂多变的国际环境中，在多种思潮交叉影响的社会大潮中，不良思潮以各种形式渗透入侵大学校园，影响着青年大学生的思想成长。意识形态决定文化前进方向和发展道路。在如此严峻的形势下，新时代大学文化建设要高举马克思主义、中国特色社会主义伟大旗帜，不断增强社会主义意识形态的凝聚力和引领力。"要坚持和强化党对意识形态工作的全面领导，坚定师生理想信念，坚定不移地与党团结在一起；要强化理论武装，做好马克思主义教育宣传工作，把坚持'四个自信'作为建设社会主义意识形态的关键，以强大思想理论凝聚民心，巩固党和国家的指导思想在社会主义意识形态的统摄地位；要坚持马克思主义在大学哲学社会科学领域的指导地位，深化马克思主义学科建设研究，不断增强社会主义意识形态在大学的话语权；要把政治方向摆在首位做好新闻舆论工作，深入开展马克思主义新闻观教育，坚持正确舆论导向，唱响主旋律，引导师生自觉抵制错误观点，增强主流思想舆论。"③

(三) 增强社会主义核心价值观感召力

"社会主义核心价值观是当代中国精神的集中体现，是凝聚中国力量

---

① 中共中央宣传部：《习近平新时代中国特色社会主义思想学习纲要》，北京：学习出版社、人民出版社，2019，第33、138页。

② 《习近平在全国高校思想政治工作会议上强调　把思想政治工作贯穿教育教学全过程开创我国高等教育事业发展新局面》，《人民日报》2016年12月9日第1版。

③ 中共中央宣传部：《习近平新时代中国特色社会主义思想学习纲要》，北京：学习出版社、人民出版社，2019，第141～143页。

的思想道德基础。"① 习近平总书记指出,"要坚持不懈培育和弘扬社会主义核心价值观,引导广大师生做社会主义核心价值观的坚定信仰者、积极传播者、模范践行者。"② 社会主义核心价值观教育已成为我国大学文化建设的重要内容。积极推进社会主义核心价值观课程体系建设,发挥课程育人功能;把社会主义核心价值观融入丰富多样的实践活动中,实现由知而行的文化自觉;聚焦广大师生的思想建设、灵魂建设,开展世界观、人生观、价值观教育,强化爱国主义、集体主义、社会主义教育,全员、全过程、全方位推动社会主义核心价值观入脑、入心、入行。社会主义核心价值观在引领高校思想政治教育工作中产生强大感召力。

(四) 传承弘扬中华优秀传统文化

习近平总书记强调,"坚持和发展马克思主义,必须同中华优秀传统文化相结合。只有植根本国、本民族历史文化沃土,马克思主义真理之树才能根深叶茂。"③ 中华优秀传统文化是中华民族的根与魂,是我们在世界文化激荡中站稳脚跟的根基。高校开展大学文化建设必须要坚持马克思主义指导地位,也必须植根本国、本民族历史文化沃土,传承弘扬中华优秀传统文化,促进马克思主义与中华优秀传统文化的融合创新发展。习近平总书记提出,"要推动中华优秀传统文化创造性转化、创新性发展",④ 这句话为中华优秀传统文化发展提供了方向指引。很多专家学者深入挖掘蕴含其中的人类智慧,对中华优秀传统文化进行转化吸收,为新时代开展大学文化建设提供了有益启发,因此,继承弘扬中华优秀传统文化是大学文化建设应有之义。新时代开展大学文化建设要以科学的精神研究阐发中华优秀传统文化中的思想精华和道德精髓,让其优秀基因更好地植根于人们的思想意识和道德观念;要以礼敬的态度对待中华优秀传统文化,重点做好创造性转化和创新性发展,从中汲取营养和智慧,并赋予其新的时代内涵和现代表达形式,激活其生命力;⑤ 要学习借鉴其他国家民族的优秀

---

① 中共中央宣传部:《习近平新时代中国特色社会主义思想学习纲要》,北京:学习出版社、人民出版社,2019,第144页。
② 《习近平在全国高校思想政治工作会议上强调 把思想政治工作贯穿教育教学全过程开创我国高等教育事业发展新局面》,《人民日报》2016年12月9日第1版。
③ 《高举中国特色社会主义伟大旗帜 为全面建设社会主义现代化国家而团结奋斗——在中国共产党第二十次全国代表大会上的报告》,《人民日报》2022年10月26日第1版。
④ 中共中央宣传部:《习近平新时代中国特色社会主义思想学习纲要》,北京:学习出版社、人民出版社,2019,第146页。
⑤ 中共中央宣传部:《习近平新时代中国特色社会主义思想学习纲要》,北京:学习出版社、人民出版社,2019,第147页。

文明成果，坚守本土性，坚持互鉴性，兼收并蓄，不断丰富和发展中华文化。当前，以礼敬中华传统文化、传统文化进校园、保护历史文物、传承文化技艺、传承国学文化等为主题的教育、教学和实践活动陆续登上大学校园的文化舞台，刮起了广大师生学习传统文化的新风。

（五）活跃大学文艺创造

大学文化思潮是整个社会最为活跃的部分。"青年是标志时代的最灵敏的晴雨表。"因为他们思维活跃、思想自由、创造力丰富，所以，他们的文化价值选择会影响未来社会文化的发展方向和价值取向。"文化是最需要创新的领域。""文艺是时代前进的号角，最能代表一个时代的风貌，最能引领一个时代的风气。"① 因此，大学文化建设要发挥青年大学生的创造力，以活跃的文艺创造为引领，推动新时代大学文化建设，使其成为引领社会文化前进的先锋力量。新时代中国大学校园文艺创造可谓是百花齐放、硕果累累，呈现出生动活泼的繁荣景象。以加强美育教育为突破口，大学纷纷建立艺术学院或成立艺术教育学部，强化或整合美育师资，加强艺术教育课程建设，提高学生的文艺创造力；不断加强传统文化优势学科建设，大力推进文化传承创新，主动走出校园、走向社会，以艺术实践培育青年学生，以艺术惠民服务文化发展。新时代的中国高校正在重新定位、树立打造自己的文化品格和大学精神，大学文艺创造成为活跃社会文化、城市文化的创新力量。

（六）奏响大学网络文化主旋律

网络化是当今时代最突出的特征之一。不同的文化和价值观念在网络空间交锋碰撞，意识形态领域产生很多新问题新挑战。网络为许多不良思潮侵袭提供了渗透的渠道，成为敌我争夺青年斗争的主战场。习近平总书记指出，"谁掌握了互联网，谁就把握了时代主动权。"② 大学要在这场斗争中教育引导广大师生理直气壮唱响主旋律，巩固壮大主流思想舆论。现阶段中国大学网络文化主旋律强劲、正能量高昂。主要表现在：网上正面宣传主导舆论走向，坚持以习近平新时代中国特色社会主义思想武装师生头脑、凝聚思想共识，正确政治方向、舆论导向和价值取向占据优势地位；传播形式不断创新，打通"报、网、端、微、屏"各种渠道，将时下流行的AR、VR等传播技术融入其中，以影音图文等多种形式，实现

---

① 中共中央宣传部：《习近平新时代中国特色社会主义思想学习纲要》，北京：学习出版社、人民出版社，2019，第148页。

② 中共中央宣传部：《习近平新时代中国特色社会主义思想学习纲要》，北京：学习出版社、人民出版社，2019，第151页。

全媒体传播；网上舆论斗争深入开展，在正确引领网络舆论发展的基础上，加强网络舆情监控，建立网络安全员队伍，引导网络舆论走向，建立信息公开平台，积极回应舆论焦点，有效疏导和控制负面舆情；网络空间监管不断强化，加强国家网络安全法律知识宣传，制定相关规章制度，指导师生依法用网，营造大学健康网络生态。①

（七）夯实大学文化软实力建设

提高国家文化软实力，是我们党和国家的一项重大战略任务。习近平总书记指出，"我们要坚持马克思主义在意识形态领域指导地位的根本制度，坚持为人民服务、为社会主义服务，坚持百花齐放、百家争鸣，坚持创造性转化、创新性发展，以社会主义核心价值观为引领，发展社会主义先进文化，弘扬革命文化，传承中华优秀传统文化，满足人民日益增长的精神文化需求，巩固全党全国各族人民团结奋斗的共同思想基础，不断提升国家文化软实力和中华文化影响力。"② 大学承担着文化传承与创新的重要使命任务，是国家文化软实力提升的重要社会组织。大学文化软实力在凝聚师生力量、激发人才创造力、提升人文精神、引领社会风尚等方面具有硬实力无法替代的作用，因此，必须加强大学文化软实力建设。③ 主动提高大学文化软实力已成为大学增强自身吸引力和影响力的重要共识。有关学者认为，精神文化是大学文化软实力的核心，制度文化是大学文化软实力的保障，行为文化是大学文化软实力的体现，物质文化是大学文化软实力的基础，④ 因此，要兼顾精神文化、制度文化、行为文化、物质文化等方面的作用关系，运用系统思维，统筹推进大学文化软实力建设工程。"罗马不是一天建成的"，文化软实力建设也不是一挥而就的，发挥其作用也不是立竿见影的。大学文化软实力建设需要日积月累的过程。大学要主动开展自身文化软实力建设，在思想站位上，要提高战略定位，加强大学文化顶层设计，为新时代大学文化建设谋好篇、布好局；在建设目标上，要大力推动文化供给侧结构性改革，推动大学文化和文艺创造高质量发展，为师生提供赏心悦目的文化大餐；在实现方法上，要讲好大学故事，把大学精神提炼展示出来，把反映师生展现新作为的鲜活故事提炼展示出来，把师生与祖国共命运、与时代同发展的奋进故事提炼展示出来。

---

① 郑洁：《牢牢掌握网络意识形态工作主动权》，《红旗文稿》2019 年第 3 期。
② 《高举中国特色社会主义伟大旗帜　为全面建设社会主义现代化国家而团结奋斗——在中国共产党第二十次全国代表大会上的报告》，《人民日报》2022 年 10 月 26 日第 1 版。
③ 宁滨：《提升行业大学文化软实力》，《光明日报》2013 年 4 月 10 日第 16 版。
④ 舒俊：《大学文化软实力建设的几点思考》，《思想政治工作研究》2017 年第 8 期。

二 大学文化建设的任务目标

新时代高校要立足大学文化建设的责任使命，积极创新文化育人途径，拓展文化育人空间，加快构建文化育人质量提升体系，做好新时代高校文化育人工作。《高校思想政治工作质量提升工程实施纲要》要求，高校要"注重以文化人以文育人，深入开展中华优秀传统文化、革命文化、社会主义先进文化教育，推动中国特色社会主义文化繁荣兴盛，牢牢掌握高校意识形态工作领导权，践行和弘扬社会主义核心价值观，优化校风学风，繁荣校园文化，培育大学精神，建设优美环境，滋养师生心灵、涵育师生品行、引领社会风尚。"[①] 这为新时代高校文化育人工作实践指明了方向。同时，高等院校也要创新思维，结合自身所处的历史方位，系统构建适合学校自身发展的特色文化育人实践体系，以文化熏陶人，真正培养出具有高度文化自信的时代新人。

（一）弘扬中华优秀传统文化，筑牢大学生文化根基

文化是一种精神力量，是民族血脉的延续。中华优秀传统文化是中华民族的血脉，是社会主义核心价值观的思想渊源。习近平总书记强调，抛弃传统、丢掉根本，就等于割断了自己的精神命脉。博大精深的中华优秀传统文化是我们在世界文化激荡中站稳脚跟的根基。[②] 新时代加强中华优秀传统文化教育，"必须坚持知行合一，即认识与实践相统一、科学性与艺术性相统一、可操作性与可接受性相统一。"[③] 高等学校要承担起文化传承创新的职能，须从理论和实践两个层面弘扬中华优秀传统文化，推动大学文化实践。一是建立传统文化研究基地、学科体系、课程体系，深入研究和阐发中华优秀传统文化的深刻内涵和时代意蕴；二是创办优秀传统文化社团、打造传统文化网络阵地、推动传统文化进校园，实施"中华经典诵读工程""中国传统节日振兴工程"，创新开展中华优秀传统文化教育教学传承活动；三是拓展中华优秀传统文化教育实践基地、实施传统文化惠民工程、建立传统文化教育基地，以大学反哺社会的方式，逐渐延

---

① 中共教育部党组：《高校思想政治工作质量提升工程实施纲要》，中华人民共和国教育部门户网站，2017，http://www.moe.gov.cn/srcsite/A12/s7060/201712/t20171206_320698.html，2021年11月2日。

② 《习近平在中共中央政治局第十三次集体学习时强调 把培育和弘扬社会主义核心价值观作为凝魂聚气强基固本的基础工程》，《人民日报》2014年2月26日第1版。

③ 教育部课题组：《深入学习习近平关于教育的重要论述》，北京：人民出版社，2019，第247~248页。

伸和放大大学文化传承创新的实践成果；四是加强不同文化融合借鉴，要兼收并蓄，推进不同民族文化融合，促进文化大繁荣、大发展。大学作为文化传承创新的社会组织，要积极推进中华优秀传统文化在大学校园乃至社会的创新实践和繁荣发展，夯实全社会的文化根基。

（二）继承中国革命文化，构筑大学生文化精神

革命文化是中国共产党和中国人民在长期的革命斗争中逐渐形成的，形成了共产党人与革命群众独特的思想文化风貌，体现了中国人民的伟大斗争精神。习近平总书记指出："对我们共产党人来说，中国革命史是最好的营养剂。多重温我们党领导人民进行革命的伟大历史，心中会增添很多正能量。"新时代高校要传承红色基因，弘扬革命文化，使革命文化成为激励青年学生奋勇前进的精神力量。一要加强"四史"教育，充分利用重大历史事件纪念活动、爱国主义教育基地、国家公祭仪式等组织开展主题教育，引导师生深刻认识传承红色基因的重要意义，感受革命精神的激荡力量。二要讲好革命文化故事，充分调动学校教研资源，系统打造一批以革命先驱为原型、以革命精神为主题的革命文化作品，并利用重大活动、重大纪念日、主题党团日等开展革命文化教育。三要不断探究革命文化的当代价值，要善于从贴近学生、贴近实际、贴近生活的角度，做好革命文化的内涵表达，使革命文化真正成为激励学生成长、砥砺奋进的精神力量。

（三）发展社会主义先进文化，凝聚大学生文化力量

"一时之强弱在力，千古之胜负在理。"党的十八大以来，以习近平同志为核心的党中央高度重视社会主义文化建设。习近平总书记指出："价值观念在一定的社会文化中是起中轴作用的，文化的影响力首先是价值观念的影响力。世界上各种文化之争，本质是价值观念之争，也是人心之争、意识形态之争。首先要打好价值观念之争这场硬仗。"① 习近平总书记强调："要加强社会主义核心价值体系建设，积极培育和践行社会主义核心价值观，全面提高公民道德素质。"② 青年大学生正处在价值观形成和确立的关键时期。高校要把握好这个时期，在广大青年学生中树立和培育社会主义核心价值观，帮助他们扣好人生的"第一粒扣子"。一要发挥榜样的示范作用，高校教师要在社会主义核心价值观教育中发挥榜样示范作用，要"用好课堂讲坛，用好校园阵地，用自己的行动倡导社会主

---

① 《习近平在中共中央政治局第十二次集体学习时强调 建设社会主义文化强国着力提高国家文化软实力》，《人民日报》2014年1月1日第1版。
② 《习近平在全国宣传思想工作会议上强调 胸怀大局把握大势着眼大事努力把宣传思想工作做得更好》，《人民日报》2013年8月21日第1版。

义核心价值观,用自己的学识、阅历、经验点燃学生对真善美的向往,使社会主义核心价值观润物无声地浸润学生们的心田、转化为日常行为。"①同时,高校也要在青年学生、青年党员、学生干部中培育优秀典型,他们对普通同学具有很强的示范作用。广大师生都要做社会主义核心价值观的模范践行者,让其成为校园文化的最美风尚。二要做好"三进"工作,培育和践行社会主义核心价值观非朝夕之功,要系统谋划、科学布局,要把社会主义核心价值观的内容和要求融入教育教学活动中,体现在大学生日常教育管理中,做到进教材、进课堂、进头脑。三要创作开发高质量精神文化产品,精神文化产品作为育人资源的主要载体,能够长期持续地发挥育人作用,要运用各种文化表达方式,生动地展现社会主义文化的情感力量、理性力量和精神力量。雨润万物,细腻无声;文化育人,久久为功。只有尊重教育规律,育人才会事半功倍。新时代高校要以培育和践行社会主义核心价值观为主线,以大学文化的创新实践,凝聚起青年文化创作力量,推动社会主义文化发展繁荣。

(四) 发掘地方特色文化,厚植大学生文化情怀

习近平总书记在参加十二届全国人大二次会议贵州代表团审议时说,"一个地方的幸福很重要,要记得住乡愁。每个地方都有让大家留念的东西,不要小看这种幸福感,因为这种幸福感能留得住人。"莘莘学子离乡求学,都把读书的大学看作自己的第二故乡,每每回忆起大学的时光和美好经历,无不被一种无形或者有形的东西牵引。这就是文化的影响作用。每个地方都有吸引人的地方文化,这是青年大学生为家乡建设奋斗的情感基础。苏联教育家加里宁说过:关于爱国主义教育,是从深入认识自己家乡开始的。因此,高校有必要深入挖掘地方文化教育资源,对青年大学生加强地方文化教育,这在一定程度上能够为地方建设留得住青年人才,为地方长远发展积攒核心力量。在青年学生中广泛开展热爱家乡教育,这是一种接地气、有融入的情感教育,奠定了青年大学生建设家乡、奉献家乡的文化基础。一是要引入地方史教育课程,把其贯穿大学教育始终,促使青年大学生对地方文化有更好的认知、认可和认同;二是要建立大学与地方建设的合作机制,城市的发展离不开青年人才资源,大学的人才培养要契合地方建设发展需求,两者有效衔接才能为青年人才提供创新创造的空间;三是培养家国一体的文化情怀,爱家乡、爱祖国是统一的文化整体,

---

① 《习近平在北京师范大学考察时号召全国广大教师做党和人民满意的好老师》,《人民日报》2014年9月10日第1版。

建设家乡与奉献祖国都要求青年奋斗和青年价值的实现，青年要在建设祖国、建设家乡的实践中实现人生价值。

（五）传承创新校史文化，深植大学生文化责任

高校校史记录了学校发展的历史轨迹，是地方史和教育史的重要组成部分，是大学文化建设和文化育人工作的重要内容。高校校史具有引导人、涵育人、发展人和塑造人的重要作用。传承创新校史文化，加强校史文化教育，有利于青年大学生在学校与本省、本地区和国家同步发展的历程中找准人生定位，树立奉献地方、建设家乡的职业理想。校史、校风、校训校歌是大学独有的文化品牌，是大学经过数十年甚至百年积淀形成的文化品格，具有重大的教育价值。高校要挖掘校史校风校训校歌的教育作用，传承弘扬校史文化，推进"一校一品"特色校园文化建设。大学是文化传承创新之所，在校史文化传承弘扬的同时，更要注重其创新发展。一要不忘本来，从几代人接续奋斗的实践中，凝练大学精神，用校史文化精神影响当代大学生的精神世界；二要融合外来，在与同类院校发展比较中，借鉴适合自身发展的宝贵经验，吸收、转化、融合、丰盈大学精神；三要开创未来，从国家发展战略和民族切实需求出发，把大学定位到服务国家、地方和社会发展的大局中来，树立家国一体、兴衰与共的文化自觉，用师生为国家为人民的奉献实践，发展大学精神，续写新时代校史文化的新篇章。

此外，高校还要通过具体的校史文化实践，濡润无声地滋养广大师生的心灵和情感。一是坚持培育优良校风教风学风，把它们作为校史文化的核心内容加以重视和培育；二是建设文明校园，发挥校园建筑景观、文物和校史校训校歌的文化价值，实现校园山、水、园、林、路、馆建设达到使用、审美、教育功能的和谐统一，把高校建成文化实践的高地；三是实施"高校原创文化经典推广行动计划"，广泛开展各类主题的文化教育实践活动，鼓励师生用影音图文等多种表达方式，开展文艺创作和文化创造，支持师生借助网络宣传扩大文化成果的影响力和辐射力。

（六）拓展文化育人空间，赢得文化斗争主动权

互联网时代高校面临着来自网络意识形态斗争的严峻考验。当前，国际国内形势深刻变化，不同思想文化交流交融交锋，社会思潮多元多样多变。互联网等新的传播渠道为高校思想政治工作带来新情况、新课题。以网络为工具、以文化渗透为主要形式的意识形态斗争日趋激烈。面对新形势，高等学校要高度重视，主动应对，积极拓展文化育人空间，赢得文化斗争主动权。一是把握"第一课堂"主渠道，开展中华优秀传统文化、

革命文化、社会主义先进文化、地方文化、校史文化课程建设和教师队伍建设，把文化课程作为教学内容，开展文化知识教育；二是夯实"第二课堂"主阵地，以电影、话剧、曲艺、舞蹈等多种实践形式对以上五种文化进行的创造性转化，呈现给更多的青年大学生，让他们在诠释和欣赏作品的同时受到教育和影响；三是占领"第三课堂"主战场，网络空间作为当前意识形态斗争最为激烈的场域，高校要建立网络文化传播阵地，把优质的网络文化教育资源引入网络平台，弘扬网络主旋律，发挥青年网络意见领袖的引领作用，激发网络正能量，营造风清气正的网络育人空间。

大学文化是一所大学接续发展的内生动力。面对新时代，新的历史方位，大学文化建设要与时俱进，顺势而为，坚持马克思主义指导地位，坚持立德树人根本任务，充分体现新时代培育时代新人的新要求，站稳中国特色社会主义大学文化立场，增强社会主义意识形态凝聚力引领力，弘扬和践行社会主义核心价值观，传承和创新中华优秀传统文化，推动新时代大学文艺创造创新发展，唱响新时代大学网络文化主旋律，以更加积极主动的姿态加强新时代大学文化软实力建设。新时代高校文化育人工作要紧扣立德树人主题主线，大力弘扬中华优秀传统文化，继承中国革命文化，发展社会主义先进文化，充分发掘地方文化，传承创新校史文化，不断拓展文化育人空间，巩固大学文化引领社会文化的先进性和创新性地位，更好地构筑中国价值、中国精神、中国力量，厚植师生家国情怀，担负教育责任，有效提升高校文化育人水平，凝聚青年为国家为人民拼搏奋进的磅礴力量。

第二章　文化网络传播的国际比较与传播机理分析

第一节　国际社会文化传播的实践与启示

一　国际社会文化传播概述

习近平总书记指出："文明因交流而多彩，文明因互鉴而丰富。"①"对我国传统文化，对国外的东西，要坚持古为今用、洋为中用，去粗取精、去伪存真，经过科学的扬弃后使之为我所用。"② 与此同时，"由于文化群体的差异，西方欧美国家的文化，与东方文化也有着不同的特征。从18世纪开始，经20世纪再到21世纪，'西学东渐'成为了世界上文化领域的流行语"③。

对于文化传播，世界各国探索出了一些成功实施文化传播的有效路径。西方文化传播有着比较悠久的历史，以欧美等主要国家为代表的西方文化主体长期以来积极地传播西方文化，并在世界范围内产生了巨大的影响。因此，在开展中华优秀传统文化传播研究与实践的过程中，理应关注国际社会文化传播的实践，正确吸收国际社会文化传播的先进经验，丰富中华优秀传统文化传播的内容、途径及方法。"构建多层次、多形式、全方位的立体化国际传播渠道，推进政府主导的文化传播，同时积极探索社会化、市场化运作方式，把文化传播与商业运作结合起来，把文化交流与文化贸易结合起来，把依托国内力量与借助国外力量结合起来，不断拓宽

---

① 《习近平谈治国理政》，北京：外文出版社，2014，第258页。
② 《习近平谈治国理政》，北京：外文出版社，2014，第156页。
③ 史少博：《中华文化走向世界与西方文化的"东方转向"》，《兰州学刊》2023年第7期。

途径方式，推动中国同世界各国的文化交流。"①

(一) 文化与文明的基本内涵

1. 文化的内涵与分类

文化一词的英文是"culture"，这个词源于拉丁语，原意为"耕耘、耕作"。可见，从其最初的涵义上看，文化有人们对于自然界的开拓之意。文化是和自然现象不同的人类社会活动所创造的全部成果。

文化包含广义和狭义两种含义。广义的文化是指人类在社会历史发展过程中所创造的物质财富和精神财富的总和，是一种涵盖物质文明和精神文明总体的大文化观。狭义的文化是指意识形态所创造的精神财富，包括宗教、信仰、风俗习惯、道德情操、学术思想、文学艺术、科学技术、各种制度等，主要指人类的精神形态、观念形态方面的内涵。

根据不同的角度，文化的分类方式众多，略举几种常见的分类方式。从时间角度可分为原始文化、古代文化、近代文化、现代文化等；从空间角度可分为东方文化、西方文化、海洋文化、大陆文化等；从社会层面可分为贵族文化、平民文化、官方文化、民间文化、主流文化、边缘文化等；从功用层面可分为礼仪文化、制度文化、服饰文化、校园文化、企业文化等；从文化的内在逻辑层面可分为物态文化、心态文化、行为文化、制度文化等；从经济形态层面可分为牧猎文化、渔盐文化、农业文化、工业文化、商业文化等。总的来说，文化是人类发展历程中最为宝贵的财富之一，文化的传承和发展对于人类的进步和社会的发展具有至关重要的作用。

2. 文明的内涵

文明是在悠久的历史长河中凝练出来的，能够不断增强人类对客观世界的适应和认知、符合人类社会发展的精神诉求、能够被一定范围内的大多数人认知并遵从的人文精神、发明创造以及公序良俗。文明是使人们摆脱原始形态、告别野蛮行为的所有社会准则和自然行为的总和，包含了语言、文字、信仰、宗教、法律、道德、国别等内容。各种不同文明的组成部分在空间和时间的布局不尽相同，从而产生了具有鲜明特色的文明形态。

3. 文化与文明的内在联系

文化和文明是社会发展过程中一个问题的两个方面，文明是文化的内在价值；文化是文明的外在形式。他们既以满足人类基本需求和全面发展

---

① 王景云：《中华文化国际传播效能的提升之策》，《思想理论教育》2023年第12期。

为前提，又因为不同的地域、时间和空间的条件而产生，在形成与发展的过程中体现出各自不同的特点。文化的诞生与人类的生存和发展密不可分，甚至早在遥远的原始社会就产生了文化的基因。可以说，文化是人类与自然和谐共生或者激烈对抗的活动、过程、成果等多方面内容的总和，既包括优秀成果，也存在消极成分，但不论是对人类的发展进步有积极作用的或是不利于人类的因素，都属于文化的范畴。文化的产生是一个不断进化、发展、沉淀的过程，既包含积极方面的内容，也包含着制约发展的消极内容，因而文化是一个比较中性的概念。

而文明是文化成果中的积极内容，是人类文化发展进步到一定阶段的精华部分，具有鲜明的价值特色和进步意义。文明往往代表一种价值判断，代表文化的优秀成果和积极方面，与社会的价值观紧密相连。无论文化还是文明，都是在人类发展过程中形成的，代表着一定地域特色和时代特征的产物，对人类社会的进步发挥巨大的影响和作用。

（二）欧洲文化的起源与传播

1. 欧洲文化的起源

古代希腊文化和古代罗马文化是欧洲文化的重要起源。古希腊人信仰多神教，他们认为每个神都代表着不同的力量和属性。这种信仰体系影响了欧洲的艺术、建筑和哲学等方面。罗马人崇尚秩序、纪律和法律，他们的政治、法律和建筑体系对欧洲文化产生了深远的影响。中世纪时期，基督教成为欧洲的主导宗教，教堂成为欧洲城市的重要标志。这个时期的文化还包括了骑士制度、城堡建筑和史诗等。"黑格尔认为犹太教是理解基督教革命的背景，而欧洲文化则是世界历史的核心和基督教文化的本质"[1]。文艺复兴和宗教改革是欧洲文化的两个重要时期。文艺复兴时期，欧洲人重新审视了古代文化，并试图通过艺术和科学来复兴它。宗教改革则是对中世纪教会体制的一次反抗，它导致了新教的出现。

2. 欧洲文化的传播

拉丁字母和基督教是欧洲文化传播的两个重要工具。拉丁字母被广泛用于欧洲的语言中，而基督教则成为欧洲的主导宗教。欧洲国家通过探险发现了新大陆，并试图通过殖民扩张来控制这些新领土。这些行动不仅对当地文化产生了影响，也促进了欧洲文化的传播。欧洲的科学和技术发展同样对全球产生了影响，近现代许多重要的发明和创新都是由欧洲人发明的。这些创新不仅改变了欧洲，也影响了世界其他地区的文化和技术发

---

[1] 刘洋等：《"怨恨"概念的可能及其限度》，《社会学评论》2022年第1期。

展。"科学知识在俄国的传播证明了近代早期欧洲扩张的历史不只是以大西洋为中心向外拓展，欧洲文化同时东向亚欧大陆延伸和传播，并且与俄国的特殊文化发生碰撞。"① 在过去的几个世纪里，通过殖民、贸易和外交等途径，欧洲文化对亚洲国家的政治、经济和文化产生了深远的影响。例如，在印度、中国和日本等国家，欧洲文化和语言被广泛地引入和学习。

3. 欧洲文化的影响

欧洲各国不同的文化和传统相互交融，形成了独特的欧洲文化。欧洲文化对世界其他地区的文化产生了深远的影响。欧洲的文化、艺术和科学成果被广泛地引入到其他国家，并成为世界文化的重要组成部分。例如，现代音乐、绘画和哲学等方面的发展都受到了欧洲的影响。欧洲文化传播基于自身的优势和特点在全球范围内取得巨大的成效，文化传播的运行机制、基本策略和方式呈现出独树一帜的特点，对中国广泛传播优秀传统文化具有一定的借鉴意义。

（三）国际高校文化传播的经验借鉴

1. 英国高校的文化传播

英国是非常重视传统的国家，同时又以优质大学教育闻名世界。英国拥有众多历史悠久的世界高水平大学，因此，英国大学在互联网上传播其传统文化的做法值得借鉴。

（1）圣安德鲁斯大学

圣安德鲁斯大学始建于1413年，是英国苏格兰地区最早创办的大学。学校目前开办有艺术史、历史、神学、经典文学等与传统文化相关的专业，依托学院及专业网站，学校开展了诸如各类主题的线上博物馆等活动，让更多的学生尤其是留学生了解学校、学校所在城镇以及英国苏格兰地区的历史文化与传统。

（2）剑桥大学

剑桥大学是英国英格兰地区历史最悠久、世界影响力最大的大学之一。除了线下开办暑期博物馆、剑桥开放日和各类主题展览外，剑桥大学专门设立了Instagram（照片墙社交）网站，用于宣传剑桥的办学历史和治学传统，与校友、在校学生以及各国有意报考就读剑桥大学的学生互动。

---

① 高龙海：《莱布尼茨与俄国近代科学体系的建立——以科学知识生产、存储和传播为中心的考察》，《科学技术哲学研究》2023年第3期。

(3) 贝尔法斯特女王大学

贝尔法斯特女王大学是北爱地区排名最靠前的大学之一。该校在网站上开设了校园虚拟巡游功能，分院系和区域对学校校园的历史建筑和院系传统承袭进行展示。

(4) 卡迪夫大学

卡迪夫大学是目前英国威尔士地区最著名的大学。英国威尔士地区向来重视威尔士语言与文化保护。卡迪夫大学作为威尔士最高学府，其网站设计风格等有意识地突出其威尔士特色，网站的配色选取了威尔士国旗国徽的红绿白主色调并将威尔士语网站链接放在了页面最显著位置，并在其首页门户上刊登了为威尔士语母语学生提供的理工科硕士奖学金启事。学校强调学校与社区尤其是威尔士语社区的紧密联系，在学校网站上有直达社区项目的链接，学校依托这些社区项目加强其传统文化影响力。

上述大学均为英国各地区最具代表性、历史最悠久的学校，虽然他们在网上宣传其悠长历史文化时采取的方法不尽相同，但都有着图文并茂、展示直观、交互性好、趣味性高的特点，避免了简单说教和千篇一律的呈现方式。

2. 法国高校的文化传播

法国作为西欧大陆的第一大国，启蒙运动的发祥地，现在不仅是欧洲经济和科技发展的基石，更以其历史和现代气息交融的法兰西文化闻名于世。在艺术方面如油画、建筑的文化积淀和充满现代气息的巴黎艺术节等时代风暴碰撞出的火花，让法国在西方从蛮荒到神学，再到理学，进而到人学的历次思想转变中始终保持着文化定力和思想巅峰，其文化传承颇有影响，是法国高校的文化宣传的重要内容。

(1) 索邦大学

索邦大学入选了法国卓越大学计划。该大学将文化传统功能落实在文学学部下。该学部网站明确设置了文化专栏，包括文化项目、索邦音乐节、工作坊、艺术展演、大学生文化活动、文化活动指导团队等项目，帮助学生通过线上平台充分了解索邦大学近年来的文化活动和文化展览，从而在心理上拉近自己与学校的距离，增进学生的亲切感和归属感，对于融入索邦文化发挥着重要的作用。

(2) 斯特拉斯堡大学

斯特拉斯堡大学成立于1538年，是21世纪学术联盟、全球大学高研院联盟、欧洲研究型大学联盟成员，诞生了20名诺贝尔奖得主和1名菲尔茨奖得主。该校位于德法交界地区，作为法国重要的哲学、社会学研究中心，其网站主要突出聚焦斯大和数字斯大的文化特征，全景呈现斯特拉斯堡大学的往日今朝，让学生充分了解阿尔萨斯地区的文化特征。此外，通过互联网开展国际交流合作及 2 分钟欧洲校园活动，向各国留学生展现文化多元发展的理念。

3. 俄罗斯高校的文化传播

俄罗斯在文化网络传播方面有其独特的地方，其传统文化传承保护战略散发着独特的魅力，值得学习和借鉴。俄罗斯将文化的传播定位在国家安全的高度，是国家文化战略政策，文化发展首先要确保国家文化安全。基于这个政策，俄罗斯在全国范围内建立了 45 所文化和艺术类大学，把文化传播作为教育的基本规定，专门进行历史文化、精神道德以及艺术研究等工作，将传统文化的传承与发展作为大学的基本工作职责，承担着传承传统文化和艺术的义务，自觉地把传统文化的传承和保护作为教育的有机组成部分。

(1) 莫斯科国立文化学院

莫斯科国立文化学院成立于 1913 年，是俄罗斯培养文化艺术人才的中心。学院设有戏剧表演系、舞蹈系、音乐系、美术系和国家文化政策系。在学院的官方网站上，明确规定了国家文化政策系的工作宗旨，即积极推广国家传统文化，维护国家文化安全。学院通过互联网介绍了一系列文化活动，包括大学生文化节、音乐嘉年华、文化艺术展等。学院网站上设有文化宣传模块，定期组织国家文化宣传讲座、学术研讨会。在国家合作模块，介绍了学院丰富多彩的文体活动和优秀的文化传统，旨在吸引更多的外国留学生赴俄深造，并借此传播俄罗斯传统文化。

(2) 圣彼得堡国立文化学院

圣彼得堡国立文化学院始建于 1918 年，是俄罗斯推广传统文化的重要基地。学院设有艺术系、音乐系、世界文化系、社会文化系。该学院十分重视网络宣传，在学院网站上展示了师生的日常文化活动，主要包括大学生美术节、大学生音乐节、传统文化节、世界优秀文化展、圣彼得堡日和丰富多彩的体育文化活动。其中，圣彼得堡日主要是在国内外各大城市推介俄罗斯传统文化。每次活动前，学院会通过互联网向外界宣传活动举行的时间、地点和具体节目等信息。圣彼得堡文化学院有来自世界 30 多个国家的留学生，而俄罗斯文化这门课程是外国留学生的必修课程。不难理解，这是俄罗斯政府宣传本国传统文化的重要路径。

(3) 克麦罗沃国立文化学院

克麦罗沃国立文化学院是俄罗斯一所知名大学，学校拥有先进的教学设施和高质量的教学团队，开设艺术文化、社会教育学、文化学、音乐、乐队指挥、表演、舞蹈艺术及编舞、民间艺术等20多个专业。近年来，学校积极开展国际交流合作，不断引进新的教学资源，使学生在文化艺术方面有了进一步的提高和发展，为社会培养了很多文化艺术方面的人才。学院积极通过网络推广俄罗斯优秀文化。根据网站介绍，该学院开展种类繁多的文化活动，其中包括大学生文化节、大学生戏剧节、大学生音乐节、大学生综合艺术节。克麦罗沃也成了除莫斯科和圣彼得堡之外的另一个重要的俄罗斯文化传播中心。

二 国际社会文化传播的有效途径

文化的交流与传播伴随着文化产生发展的全部过程，在不同的历史时期有着不同的特点，文化传播形式也在不同时期体现出不同的特征。人类社会早期文化的传播主要是以军事扩张的形式进行，在武力征服的条件下建立符合自身文化价值标准的范式，改变被征服地区的主流文化，其方式是明显的、暴力的、直接的。到了近代，很多国家文化传播的方式发生了改变，主要以宗教传播的形式进行，通过培养大量的神职人员开办各种类型的学校传播宗教文化。这种学校具有宗教特征，并把文化信息传播给受教育者。在欧美早期的大学很多都是教会兴办的，其目的是统治者在维护和巩固自身统治地位的基础上传播自身倡导的文化理念。当今社会，国际社会文化传播充分体现了经济驱动性，以经济为主导，同时也融合了民主政治、科学技术等方面的交流活动。当代国际社会文化传播不再是单一的、单项的，而是多角度、全方位的，传播形式呈现出多种样式。

（一）以语言文字为载体传播文化

1. 语言文字与文化的内在联系

语言文字是世界上最古老、最普遍的交流工具，是文化的重要组成部分。语言文字体现了人们对于世界的认知和理解，反映了人们的价值观念、思维方式、审美情趣等文化特征。同时，语言文字是传承文化的重要载体。通过语言文字，人们可以了解历史、研究社会、探索人类文明的演进过程。

在全球化背景下，跨文化交流越来越普遍。语言文字是跨文化交流的重要工具之一。通过掌握一门外语，人们可以了解其他国家和民族的文化传统、价值观念和生活方式。在跨文化交流中，语言文字不仅是沟通手段，更是文化桥梁和纽带。通过语言文字的交流和学习，人们可以增进相互理解和尊重，促进不同文化的融合和发展。运用好语言和文字是认识和了解文化的基本方式，也是深刻理解某种文化的必经之路。

2. 以语言文字为载体传播文化的主要方式

"语言文字是交流思想、沟通感情的重要工具,也是存续历史、传播文化的重要载体,更是统治者治国安邦的国之重器。"① 随着全球化进程的不断深入,世界各国积极运用语言文字工具,发挥语言文字的作用,广泛地开展语言文字推广,充分利用语言文字将代表本国的思想文化、价值观念、政治形态等方面的内容输入到其他国家和地区,扩大本国文化对别国的影响。

英国将语言文字推广上升到国家战略层面。英国广泛建立传播语言文化的平台,不断推动英语在世界各地的运用和普及。1934 年英国成立了文化委员会。文化委员会在全世界 80 多个国家和地区设立有三百多个分支机构、语言学校和教学中心。这些机构的根本任务就是推广英语进而广泛传播英国文化。"作为一种在世界各国交流沟通中使用人数最多的语言,英语有着在文化传播方面的优势,构建着中外交流的桥梁,促进了文化的有机融合。"②

法国把语言国际推广作为文化宣传重点。法国在一百多个国家设立一千余个法语联盟。在语言教学时不忘灌输法国文化,将法语定义为是"贵族的语言""身份的象征"。

西班牙政府非常重视西班牙语的推广。自公元 1492 年哥伦布发现美洲大陆之后,西班牙对拉丁美洲进行了殖民统治,在长达三个世纪内传播语言和宗教思想,完成了拉丁美洲土著居民的西班牙语统一,进而完成了社会思想意识形态和文化形态的传播,如文学流派、节日、习俗等。此外,借由拉丁美洲的地域优势,在近几个世纪实现了由墨西哥至美国的语言文化传播。同时在全球各地开设非营利性官方机构"塞万提斯学院",作为传播西班牙语的主要机构之一。通过促进国外西班牙语和西班牙文化教育的顺利进行,有效实现了西班牙语在全球范围内的普及,实现语言传播带动文化传播。

总之,英语、法语、西班牙语已经成为世界上三种应用比较广泛的语言,在欧洲、亚洲、美洲和非洲都有较多的学习者和使用者。在语言文字得到普及的同时,其所代表的文化的影响必然随之加深。因为人们在学习各种语言的同时,会不自觉地关注其中蕴含的思想文化、价值观念和生活

---

① 谢新清等:《建构中华民族共同体意识认同的符号机制——基于卡西尔文化符号学的启示》,《晋阳学刊》2020 年第 4 期.
② 闫鑫等:《跨文化视域下黄河文化国际传播策略研究》,《新闻爱好者》2023 年第 10 期。

方式等方面内容。

(二) 以宗教信仰为途径传播文化

宗教和文化是两个相互交织、相互影响的概念。宗教是一种信仰和观念体系，它对人们的价值观和生活方式产生深远的影响；而文化则是一种社会现象，它包括语言、文学、艺术、历史、哲学等多个方面，反映人们的生活方式和精神世界。

在中世纪的欧洲，宗教和文化的联系非常紧密。例如，在文学方面，许多作品都以基督教为主题或者受到了基督教的影响；在音乐方面，出现了赞美诗和弥撒曲等音乐形式；在建筑方面，教堂成为主要的建筑形式之一。这些作品不仅反映了当时的文化和生活方式，也影响了后世的文化发展。在这个时期内，基督教成为西方世界的主流信仰，对整个西方世界的政治、经济和文化产生了深远的影响。当时的教会拥有强大的势力，控制着人们的思想和信仰，同时也促进了教育和文化的传播。

(三) 以经济活动为基础传播文化

1. 经济与文化的内在联系

经济与文化之间存在着密切的联系。第一，文化是经济发展的重要资源。文化遗产蕴藏着巨大的经济潜力，开发和利用文化遗产对于推动国民经济发展具有重要作用。文化创新能够为经济发展提供新的动力，促进经济的持续发展。第二，经济发展能够促进文化繁荣。随着社会生产力的发展和人民生活水平的提高，文化消费需求不断增长，这为文化产业的发展提供广阔的市场空间。经济的发展也为文化创新提供了更多的资金和技术支持，推动了文化产业的升级和转型。第三，经济与文化之间相互渗透、相互融合。文化产业已经成为现代服务业的重要组成部分，它与旅游、体育、信息等产业相互融合，形成庞大的产业链。当前，文化产业成为许多国家和地区的重要支柱产业之一，对国民经济的发展起到了重要的推动作用。

2. 以经济活动为基础传播文化的具体形式

经济活动是在日常生活当中创造、转化和实现满足人们物质需要的活动。经济活动为文化传播与发展奠定了坚实的物质基础。在经济全球化的背景下，经济活动成为传播文化的重要途径之一。以经济活动为基础传播文化主要包括商品交换、旅游交流、投资合作等方式。

(1) 商品交换

商品交换是经济活动的重要组成部分。通过贸易的方式，不同国家和文化相互交流，促进了文化的传播。在商品交换中，除了商品本身的交换外，还包括文化的交流和互动。例如，中国的茶叶和法国的红酒交换过程中，不仅实现商品的流通，还促进了中法两国之间的文化交流。各种商品的品牌塑造、时尚营造、消费定位等都影响着消费者的观念和行为，进而实现文化内涵的对外传播。

(2) 旅游交流

"当今世界，文化正成为国家核心竞争力的重要因素，用文化的理念发展旅游，用旅游的方式传播文化，不仅必要，而且可行。"[1] 通过旅游，人们可以亲身体验不同国家和地区的文化，了解当地的历史、传统和风土人情。旅游交流还可以促进不同国家和地区之间的友谊和合作，为经济发展带来更多的机会。例如，一些国家借助丰富的多媒体信息资源，拍摄大量的旅游宣传片、生态文化宣传片及广告、通过多种途径打造特色旅游名片，在促进旅游业发展过程中传播本国文化。通过发展旅游产业，凭借丰富的旅游资源，打造形态各异的旅游线路吸引大量游客，在实现商业利益的同时实现文化传播。"从技术环境上看，科技创新步伐不断加快、传播速度与日俱增、媒体融合程度不断加深，为文化和旅游融合发展带来了更大空间。"[2]

(3) 投资合作

投资合作可以促进不同国家和地区之间的经济联系和互动，同时为文化的传播提供了机会。在投资合作中，投资者不仅需要考虑商业利益，还需要了解当地的文化和习俗，更好地适应当地的市场环境。通过投资合作，可以实现不同文化之间的交流和理解，促进文化的传播和发展。例如，在投资合作的各类经济实体的管理理念和规章制度当中融入特定文化的内涵与精神。这一做法能够影响员工的思维方式、行为准则和生活态度，创造具有特定文化特色的商业生产活动、商业经营活动和商业服务活动。在各种经济贸易和商业活动开展的过程中，特定文化得以充分地展示和广泛地传播。跨国企业和外资企业本身的经济贸易活动带来他国经济思想的同时，也带来他国的文化。这些文化内容伴随着企业的生产、经营和管理的过程而得以广泛地传播并产生巨大的影响。

随着国际经济交流的增加，贸易活动的不断深入，广阔的市场形成了巨大的贸易交流平台，以经济活动为基础的文化传播方式运用日益广泛。

---

[1] 黄永林：《乡村文化振兴与非物质文化遗产的保护利用——基于乡村发展相关数据的分析》，《文化遗产》2019 年第 3 期。

[2] 熊海峰等：《基于共生理论的文化和旅游融合发展策略研究——以大运河文化带建设为例》，《同济大学学报》（社会科学版）2020 年第 1 期。

通过商品交换、旅游交流、投资合作等方式，可以实现不同国家和文化之间的交流和理解，从而促进文化的传播和发展。同时也促进了不同国家和地区之间的经济发展与合作双赢。

（四）以文化产业为依托传播文化

"联合国教科文组织将文化产业定义为生产和传播文化产品和服务的一系列活动，这些产品和服务的特定属性、用途或目的，不论其可能具有何种商业价值，都承载或传达了文化表达。"[①] 文化产业包括新闻出版、影视音乐、动漫游戏、艺术品经营等多个领域，能够把人类非物质性的思想内容活动以物质性的形态呈现，变成满足人们日常需求的文化产品。文化产业是文化传承和创新的重要载体，是传播文化的重要途径之一。通过文化产业的发展，可以将文化的内涵和价值观念融入文化产品中，再通过文化产品的传播和推广，将文化的精髓和特点传递给更广泛的人群。

以文化产业为依托传播文化的具体方式主要包括文化旅游、文艺演出、影视产业、出版业、艺术品市场等方面。通过发展文化旅游，将旅游与文化相结合，让游客在游览景点的同时，了解和体验当地的文化风情和历史文化，从而更好地传播和传承文化。通过文艺演出形式，将文化的内涵和价值观念以表演的形式呈现给观众，让观众在欣赏艺术的同时，领略文化的魅力。通过影视作品将文化的精髓和特点呈现给观众，让观众通过影视作品了解和认识不同的文化背景和历史背景。通过出版书籍、杂志等出版物，将文化的内涵和价值观念传递给读者，让读者在阅读的过程中领略文化的魅力。通过艺术品市场的繁荣和发展，将艺术与文化相结合，让艺术家在创作艺术品的同时，将文化的精髓和特点融入艺术品中，进而传递给收藏者和观众。

在文化商品的生产过程方面，也体现着文化传播的元素。当前，文化商品生产过程中的国际化合作模式已经越来越被广泛运用。这些文化产品与服务的消费方式、市场流通具有广泛的流动性，以经营审美、娱乐、享受为特征的符号、图像、文字、设计、声音等文化产品可以在全球范围内流转。蕴藏着文化内涵的各类产品和服务能够突破经济贸易活动中遇到的各种限制和困难，更加迅速和便捷地抢占文化市场，将本国文化传播到世界各个国家和地区，对当地社会传统价值观念产生影响。

---

① 李文军等:《改革开放 40 年我国文化产业发展历程及其取向》,《改革》2018 年第 12 期。

（五）以互联网技术为工具传播文化

1. 互联网技术对文化传播的积极影响

互联网技术对文化传播产生了深远的影响。一是改变了文化传播的方式，使得文化传播更加快速和广泛。互联网技术使得各种文化元素在网络空间中进行自由交流和碰撞，打破了传统文化的地域和时间限制。二是促进了文化的创新和发展。通过各种技术和形式如虚拟现实、人工智能等，人们可以获得全新的文化体验和感知方式，产生新的文化元素和创意。三是促进了文化产业的发展。网络游戏、网络音乐、网络影视等文化产业在网络空间中得到了广泛地发展和传播，为文化产业带来了巨大的商业价值。

互联网技术的广泛运用，使各种文化信息资源以最为便捷和迅速的方式进行共享，对人们的思维方式、行为方式和生活方式的影响都是革命性的。互联网传播信息的方式具有鲜明的特点，将传统的物质文化和信息进行数字化转换，并进行传播和存储，具有数据量大、查阅便捷并可以进行各种数据处理的特点。文化信息在互联网上的检索极为方便，图文并茂，且具有很强的交互性。各种文化信息在互联网上的更新和传播的速度极快，覆盖面极广，几乎可以做到即时将信息更新和传播到全世界的各个地区。这些特点决定了互联网在文化传播方面具有传统传播方式无法比拟的优势，因而成为文化传播的重要平台。

2. 以互联网技术为工具传播文化的主要方式

随着互联网技术的更新迭代，以互联网技术为依托传播文化的方式也呈现出多样化，促进了文化的数字化传播。第一，开发文化类网站或APP。通过开发文化类网站或APP，将特定文化的各个方面呈现给广大用户。这些网站或APP包含各国历史、文学、艺术、哲学等方面的内容，同时提供互动性的功能（如在线问答、讨论区等），方便用户进行交流和分享。第二，利用互联网社交媒体。社交媒体是当今互联网上用户活跃度最高的平台。"互联网将人类置于超时空、泛传播的媒介环境中，打通了普通个体信息社会化传播的渠道。在网络中，每个传播者都是一个重要节点，可以点对点、点对面地进行信息传播"[1]。利用社交媒体可以让特定文化快速传播到全球用户中。例如，通过在社交媒体平台上发布有关特定文化的文章、图片、视频等内容，或者通过社交媒体平台组织文化活动，

---

[1] 隋岩：《群体传播时代：信息生产方式的变革与影响》，《中国社会科学》2018年第11期。

让更多的人了解和学习特定文化。第三，利用虚拟现实技术。通过虚拟现实技术，可以让用户身临其境地体验文化的精髓和魅力。例如，开发某些虚拟现实的文化体验项目，让用户在虚拟环境中参观中国古代建筑、欣赏传统手工艺品、体验古代礼仪等。第四，建立数字图书馆或数字博物馆。通过建立数字图书馆或数字博物馆，可以将某种文化的各类资源进行数字化处理和存储，方便用户进行查询和阅读。同时，这些数字化资源通过互联网进行分享和传播，扩大某种文化的传播范围和影响力。"随着我国数字化阅读方式的日益普及，对数字阅读内容、活动、推广服务等均需进行深入研究，而如何利用'互联网+'传承文明、传播文化，进而提高国民素质，仍需不断探索。"[1] 第五，举办线上文化活动。通过举办一些线上文化活动，如网络展览、线上讲座、在线演出等，让更多的人了解和参与特定文化。总之，以互联网技术为工具传播文化，可以让各国文化的精髓和魅力得到更广泛地传播。与此同时，网络安全、垃圾信息泛滥等问题需要通过加强对网络的监管等方式加以防范。

纵观世界历史，经济发达地区及国家在文化传播方面起步较早，起点也比较高，在传播实践过程中不断创新，取得了文化传播的实效并积累了丰富的实践经验。当前，文化网络传播已成为当今世界各国认真对待的重点问题。这些经济发达地区及国家在义化传播方面积累的经验并不是他们特有的，而是各个国家和民族都可以借鉴并使用的。因而，作为世界最大的发展中国家，我们应该深入研究和理解网络文化传播的规律和特点，结合本国的国情加以充分利用，不断弘扬和传播中华优秀传统文化，为人类文明的进步和发展贡献来自中国的智慧和力量。

第二节 文化网络传播的特点分析

一 文化网络传播的基本要素

当今社会被称为信息时代，这个时代最大的特点是人类信息传播的方式发生了革命性的改变，网络将社会带入了全新的传播环境。在崭新的文化传播境界内，构成网络传播的基本要素具有相对的稳固性。尽管文化网

---

[1] 熊莉君：《图书馆阅读推广的"互联网+"应用研究述评》，《图书馆工作与研究》2018年第2期。

络传播的内容和形式是丰富和多样的，但是文化网络传播主体、网络传播媒介和网络文化信息等传播基本要素之间的统一关系，构成了全新、稳固、广泛的传播模式。"文化在对外传播中能否实现增值，不仅取决于传播文化本身的价值和意义，而且取决于传播过程中传播主体、传播条件和传播环境的基本状况，取决于文化受体所具有的文化宽容度、政治观念、文明特点和宗教信仰等。"①

（一）网络传播主体

网络传播主体是指在互联网上进行信息传播的自然人、组织或机构。他们通过运用网络进行工作、学习、生活、娱乐活动，在网络空间进行文化信息传播、人际交往和各种经营活动，主要包括政府、企事业单位、社会团体、政治团体以及作为个体的网民等。这些主体通过网络平台使用不同的网络工具进行网络文化信息的传播进而实现其特定的目标。在文化网络传播过程中，这些主体通过不同的网络传播媒介具体展现出来。"移动互联网时代形成全程、全息、全员、全效的传播群体，任何人在任何时间任何地点能够以移动终端获得任何信息。网络草根传播主体强势崛起，大众通过社交媒体的点赞、评论、转发等行为成为接受者和传播者。"② 不同的传播主体会根据自身的立场、利益和目的，选择不同的传播方式和内容，影响公众对事件和问题的认知和态度。

（二）网络传播媒介

在网络传播媒介出现之前，文字媒介、纸质媒介、大众传播媒介、电子媒介都曾经作为主要传播媒介广泛发挥作用。其中，文字媒介被广泛地运用于书写资料、记录历史、传递信息和获取知识的重要途径，至今仍然在人们的日常学习生活当中依然发挥着不可替代的作用。纸质媒介的出现和推广，为人类实现文字信息传播提供了必要条件和重要载体，期刊、图书、报纸和杂志等文化传播媒介被广泛应用。随着工业革命以后电气时代的到来，以报纸、广播、电视等为代表的大众传播媒介以其便利的优势被人们广泛地运用。这些媒介具有普及性强、发行量大、覆盖面广的特点，在一定的历史条件下有力地推动了文化的有效传播。但是这些媒介都保持着单向传播的模式和被动接受的局面，依然受到时间和空间的限制。随着网络时代的来临，电子媒介凭借其显著的特点逐步走入了人们的生活当

---

① 陆静：《对外传播中文化增值的内涵、目标、变量和策略》，《长白学刊》2023年第2期。

② 蒲清平等：《移动互联网时代主流意识形态网络传播特征与策略研究》，《思想理论教育导刊》2020年第8期。

中。电子媒介的储存容量巨大、携带便捷、应用广泛等等特征使其大有与传统媒介分庭抗礼的趋势。

网络传播媒介是以电信设施为传输渠道，以计算机为收发工具，运用电子计算机网络及多媒体传播信息的媒介技术，依靠网络技术连接起来的复合型媒介，其中多媒体的运用显得尤为重要。"多媒体原指由两种或两种以上传播形式结合到一起的电子媒介，也就是混合媒介。"现在主要用来指将多种电子媒介或者数字媒介混合起来共同发挥作用，对各种类型的电子数据信息进行快速综合处理并能够双向传输的信息系统。目前，以多媒体为主体的网络媒介在全球范围内获得了迅速发展，被视为继报纸、广播和电视之后的"第四媒介"。多媒体这种汇集多种媒介于一身的性质将文字、声音、影像完美地融合在一起，形成了一个新型的传播系统。以多媒体为代表的网络媒介为人类创造了一个崭新的文化活动平台，这对人类的影响无疑是巨大的。随着网络媒介的发展和普及，人类社会的政治、经济和文化结构发生了重大改变，网络媒介已经成为文化传播的重要平台。未来，"传统媒体与新兴媒体融合发展是构建科学、合理、高效现代传播体系的基础"。[①]

（三）网络文化信息

信息是承载文化的一种形式，文化以信息交流的方式进行传播。信息的内涵与本质决定其与文化传播必然产生紧密的联系，文化的发展和传播过程归根结底也是信息总量不断增加的过程。

网络文化信息是指在互联网上传播的各种文化信息，包括文字、图片、音频、视频等形式。网络文化信息具有多样性和海量性，涵盖了各种文化领域和主题，如文学、艺术、历史、哲学、政治、经济、科技等。网络文化信息不仅包括传统的文化内容，如书籍、音乐、电影、艺术品等，还包括各种新型的文化形式，如网络文学、网络音乐、网络视频、网络游戏等。这些新型的文化形式具有很强的互动性和参与性，使得网民可以更加积极地参与到文化创作和传播中来。"网络的开放性、匿名性和自由性畅通了民意表达和思想文化传播的渠道，使网络信息内容呈现多元化趋势。"[②]

[①] 严三九：《中国传统媒体与新兴媒体融合发展的现状、问题与创新路径》，《华东师范大学学报》（哲学社会科学版）2018年第1期。

[②] 黄燕：《高校网络文化的育人功能及其实现路径探析》，《思想理论教育》2018年第9期。

（四）基本要素之间的内在联系

在文化网络传播的过程中，传播的主体、媒介、信息等扮演着重要角色，它们相互联系、相互影响，共同构成了一个完整的传播过程。在传播过程中，我们需要充分考虑这些要素的特点和作用，以实现有效的信息传播和社会交流。

第一，传播的主体是文化网络传播的决定性要素，是文化网络传播的创造者和践行者。网络传播主体受到客观网络条件的影响，对网络文化信息进行收集、整理，从而创造出新的传播渠道和方式。网络传播主体的基本诉求是文化网络传播和发展的根本动力，最终为社会生产和交往提供服务。网络传播的主体是人的集合，所以人的一切诉求成为文化网络传播和发展的原动力。

第二，网络传播的媒介作为传播的重要平台，在控制方式、互动方式、价值传递、选择方式等方面均表现出与传统媒介不同的特点。互动式的网络媒介的传播优势使得文化传播的影响力迅速增强。随着时代和科技的进步，人们已经基本消除了时空限制这个获取信息的最大障碍，并在传播的过程中，探索出新的方式和方法。

第三，信息是传播过程的核心内容，包括文字、图片、音频、视频等多种形式。信息的内容和质量直接影响到传播的效果和受众的理解。传播者需要根据受众的需求和兴趣，选择合适的信息内容和表达方式，以吸引受众的注意和共鸣。

总之，在文化网络传播过程中，传播主体通过传播媒介将信息传递给受众，受众接收到信息后会产生相应的反馈和反应。传播媒介在这个过程中发挥着关键的作用，它不仅是信息传输的通道，同时也是社会交流的桥梁和纽带。通过传播媒介，人们可以分享知识、交流思想、传递情感，从而建立和维护社会关系。

二 文化网络传播的基本特点

文化网络传播各要素决定了其主要特点，各要素之间和谐统一的关系构成了新的传播方式。这种崭新的方式改变了人类的社会结构和以往的文化交流和传播模式，创造了新的文化空间，将文化的传播带入了新的境界。网络传播将传统的人际传播和大众传播紧紧地融合在一起，形成了一种全新的具有特殊性的现代传播类型，是一种具有强大生命力的传播媒体，给人类社会的文化交流和传播带来了深远的影响：双向传播取代了以往的线性传播，传播主体产生变化，受众主体极为普遍，多媒体的融合带来互联网产业的空前发展,传播路径变得更加广阔。网络时代不同文化的传播更加便利,文化的网络传播,既可以促进优秀文化的弘扬与推广,给世界各国人民带来宝贵的精神财富,也使不良的信息传播更加便利,给世界各国带来恶劣的影响。因而,只有在发展和运用网络的过程中了解和掌握网络传播的基本特点,才能够使文化传播产生积极作用。

(一)文化网络传播具有即时更新的时效性特点

文化网络传播具有很强的时效性。网络平台可以迅速地将文化信息传播到广泛的受众群体中,不受时间和地点的限制。可以突破制版印刷、发行运输等中间环节的束缚,节省大量的工作时间。各种类型的文化信息通过网络平台的发布,可以同时在全部网络终端进行查阅和使用,而且这些在网络平台的信息几乎可以随时修改、删除或者更新。作为网络终端的广大网络用户可以根据自己的实际需求接收网络信息。每个人都可以通过手机、平板电脑等数码设备随时随地获取和分享文化信息,使得文化传播更加便捷和高效。因此,相比传统的文化传播方式,网络传播速度更快、效率更高。具体来说,文化网络传播的时效性主要表现在新闻报道、热点追踪、社区互动、数据分析和反馈响应等方面。

1. 新闻报道

文化网络传播的时效性首先体现在新闻报道方面。网络媒体能够迅速发布和更新各类新闻事件,使受众能够及时了解国内外发生的重大事件。相比传统媒体,网络媒体的新闻报道更加迅速、全面和多样化。通过文字、图片、视频等多种形式,网络媒体能够为受众提供详尽、立体的新闻报道,满足不同人群的信息需求。

2. 热点追踪

热点追踪是文化网络传播时效性的另一重要体现。网络平台能够实时监测和跟踪社会热点话题,迅速聚集大量关注和讨论。这种热点追踪不仅有助于传播者了解受众的兴趣和需求,还能够借助网络舆论的力量推动事件的发展和解决。网络平台通过及时报道和解读热点话题,有助于促进社会的交流和互动。

3. 社区互动

社区互动也体现着文化网络传播的时效性。在网络平台上,人们可以自由地发表观点、分享经验并进行讨论。这种社区互动有助于促进文化的交流和创新,同时也有助于传播者及时了解受众的反馈和意见。网络终端将全人类紧密地联系到了一起,将整个人类社会进行了信息同步,极大地加速了社会生活的节奏和频率。通过社区互动,传播者可以迅速调整传播策略，以满足受众的需求和提高传播效果。

4. 数据分析

数据分析对于文化网络传播时效性具有重要影响。通过对网络平台上的数据进行分析，传播者可以及时掌握受众的行为和偏好，了解哪些内容更受欢迎，哪些渠道更有效。这种数据分析能够帮助传播者更加精准地定位受众，提高传播效果，同时也有助于优化信息内容和服务质量。通过数据分析，传播者能够更好地把握市场趋势和受众需求，从而迅速做出反应。

5. 反馈响应

反馈响应是文化网络传播时效性的重要体现之一。在网络平台上，受众可以及时对接收到的信息进行反馈，表达自己的观点、意见和需求。这种反馈响应能够让传播者了解其传播内容的效果，并根据反馈进行调整和改进。同时，反馈响应也能够促进受众与传播者之间的互动和沟通，增强传播效果和受众黏性。信息通过微博、朋友圈、网络直播等方式产生了更加便捷地传播和扩散效应。通过反馈响应，传播者可以不断完善和优化传播策略，提高文化网络传播的时效性和影响力。

总之，文化网络传播可以通过互联网平台快速运行，各种信息的传播与更新能够摆脱时间的限制，在互联网条件下快速通过审核进行传播。文化网络传播的时效性使得人们能够更加及时地获取和分享文化信息，促进了文化的传承和发展。通过不断提高文化网络传播的时效性，我们能够更好地满足受众的需求，提高传播效果，促进文化的传承和发展。

（二）文化网络传播具有内容丰富的广泛性特点

随着互联网技术的不断发展，文化网络传播的广泛性日益凸显。文化网络传播的广泛性主要表现在覆盖范围广、受众群体广、信息形式多样和信息量大等方面。

1. 覆盖范围广

文化网络传播能够迅速传递文化信息到全球各地，覆盖范围极为广泛。互联网作为一种全球性的信息传播媒介，打破了传统媒体的地域限制，使得文化信息能够轻松地跨越国界和地区。无论受众身处何地，只要通过网络连接，都能接收到文化信息，从而促进了文化的跨地域传播和交流。

2. 受众群体广

文化网络传播的受众涵盖了各个年龄段、职业背景和文化层次的人群，受众群体非常广泛。互联网的开放性和包容性使得不同群体都能在网络平台上找到适合自己的文化内容和形式。广泛的受众群体为文化传播提供了更多的机会和可能性，使得文化信息能够更加深入人心。

3. 信息形式多样

文化网络传播的信息形式包括文字、图片、音频、视频等多种形式。数字信息技术实现了文本、图像、影音等不同信息的数字化转换，使原有各类信息样态都能够以数字化信息的样态进行储存，实现了信息由多样化向一体化的转变。各类数字化的信息构成了网络上电子信息资源，使人们不用再受规定模式的限制，实现对文化信息进行不限时、不限量的丰富和完善，随时进行全面的查阅和检索。多样化的信息形式能够满足不同受众的需求和口味，使得传播内容更加生动、形象和具有吸引力。网络平台能够通过各种形式将文化信息呈现给受众，实现传播内容的丰富、翔实和准确，从而增强传播效果和受众体验。

4. 信息量大

文化网络传播能够传递海量的文化信息。相比传统媒体，网络平台具有更大的存储空间和传输能力，能够随时更新和发布大量的文化信息，其存储信息量巨大，承载的传播内容包罗万象。数字信息的存储可以利用网盘或者硬盘，信息存储方便快捷而且容量巨大，这种优势是传统的书籍、录音带、录影带等存储方式不可比拟的。网络的信息转化功能，使科学研究、办公事务处理、电子设备的管理和控制与人们的日常学习、生活、休闲紧密地形成一个新整体。海量的信息为受众提供了更多的选择和参考，使他们能够更加全面地了解不同地域和时期的文化现象和事件。同时，海量的信息及其检索查阅的便利性，为学者和研究人员提供了丰富的学术资源和研究资料。

总之，文化网络传播的广泛性不仅有助于促进文化的传承和发展，还能够加强不同地区和人群之间的文化交流和理解，为文化传播提供了更多的机会和可能性，使文化信息能够更加迅速、便捷和多样化地传播给广大受众群体。同时值得注意的是，"网络传播呈现裂变性、实时性、高效性和广泛性，既为社会带来了'足不出户，遍观天下'的信息便利，也增加了社会传播风险。"①

（三）文化网络传播具有拓展空间的开放性特点

文化网络传播的开放性是指在网络环境中，文化信息能够实现多元交

---

① 阎国华等：《公众网络表达的道德失范及其治理》，《中国矿业大学学报》（社会科学版）2020年第2期。

融、自由流通、互动参与、创新与共享。

1. 多元文化交融

随着网络在全球的覆盖面积不断增长，文化网络传播的空间也不断得到拓展，成功地突破地域、疆界和空间等的限制。并且，不同的计算机网络还在源源不断地加入互联网中，持续扩展着互联网的联络空间。文化网络传播使来自不同地域、民族、国家的文化信息在网络平台上汇聚，使受众能够更加便捷地了解和欣赏各种文化的独特魅力。这种多元文化交融有助于消除文化隔阂，增进相互理解，推动文化多样性的发展和保护。

2. 信息自由流通

不同网络的联通将既有的文化信息资源进行了有效拓展，使用户在全球的网络范围内分享所有分散的信息资源。这使文化信息网络传播能够克服地域和空间的阻碍顺畅联通，打破了原有的传播壁垒，在网络上形成了一个崭新广阔的开放空间。在文化网络传播环境中，原有物理意义上的空间概念、真实的地理距离和国家界限等限制因素被大大削弱，人们可以相对自由地获取、传递和发布信息，相对较少地受到地域、国界的限制。这种信息的自由流通为文化传播提供了更加广阔的空间和渠道，增强了文化的传播效果。

3. 互动参与

文化网络传播的互动性强，受众可以通过网络平台进行评论、点赞、分享等操作，参与到传播过程中。在文化网络传播的平台上，受众不再是被动的接受者，而是可以积极参与传播过程，发表观点、分享经验、进行评论等。这种互动性不仅增强了受众的参与感和归属感，也使得文化传播更加民主化和参与化。受众可以通过反馈和评价对传播内容进行改进和优化，从而使得文化传播更加符合受众需求和市场趋势。

4. 创新与共享

文化网络传播的开放性激发了创新与共享。在网络环境中，人们可以根据自己的兴趣爱好、文化背景等组建社群，可以自由地分享自己的文化创意和知识，通过互相学习、借鉴和交流，推动文化的创新和发展。这种创新与共享的精神为文化传播注入了新的活力，有助于加强不同人群之间的文化交流和理解，有助于推动文化的传承和发展。

总之，文化网络传播为人类开展信息传播、学术交流、思想互动等活动创造了一个可以方便存取、相对自由的交流环境，这种跨文化的信息传播体现了明显的开放性。文化网络传播拓展了与物理空间概念相对应的虚拟空间，这种虚拟空间开辟了物理空间难以实现的一种交往方式，使文化信息在全球范围内能够及时、顺畅地进行流通。上述特点为文化传播提供了更加广阔的空间和渠道，使得文化信息能够更加自由、便捷、多样地传播给广大受众群体。但是，"网络多媒体空间的虚拟性和开放性、网络议程设置的特殊性，也使得网络传播行为失范现象频发"①，这一点需要在文化网络传播过程中加以高度重视。

（四）文化网络传播具有媒体融合的协同性特点

文化网络传播的协同性是指人们在计算机网络环境下共同享有信息、协同处理和表达信息、协同完成任务的特点。协同运作的实现以计算机联网操作为前提，表现在跨平台合作、交互式传播、社会化媒体参与、整合营销策略等多个方面。

1. 跨平台合作

文化网络传播不再局限于单一的传播平台，而是在多个平台上进行文化内容的传播。例如通过社交媒体、视频网站、音乐平台等多个平台的协同，将不同文化的元素进行结合，创造出新的文化形式。通过跨平台合作，可以扩大文化的影响力，让更多的人接触到不同的文化。

2. 交互式传播

交互式传播是文化网络传播协同性的另一个重要表现。这种传播方式指的是在传播过程中实现受众与传播者之间的互动，让受众参与到文化内容的创作和传播过程中。通过交互式传播，可以针对不同的受众群体，根据其兴趣爱好和文化背景，实现信息的精准推送，从而进一步扩大文化的影响力。

3. 社会化媒体参与

社会化媒体是现代社会中人们交流和分享信息的重要平台。社会化媒体参与是文化网络传播协同性的一个重要方面。这种参与指的是通过社交媒体等渠道，让受众参与到文化的讨论和分享中。通过社会化媒体参与，可以增强文化的社交属性，进一步提高文化的传播效果。

4. 整合营销策略

整合营销是一种将不同营销手段结合起来，实现协同效应的营销策略。在文化网络传播中，整合营销策略同样重要。这种策略可以将线上和线下的营销手段结合起来，例如通过线上广告、线下活动等方式，实现文化的全方位传播。通过整合营销策略，提高文化的知名度和影响力，进一步扩大文化的受众群体。

---

① 邓凌月：《加强红色文化遗产保护地方立法研究》，《理论学刊》2018年第4期。

总之，文化网络传播的协同性表现在多个方面。这些方面相互促进、相互融合，共同推动着文化的传播和发展。在未来，随着技术的不断进步和文化交流的不断深入，我们可以期待更多的创新和突破。

（五）文化网络传播具有信息检索的便捷性特点

"共享、复制和转发信息是目前众多网络平台交互信息的主要方式，具有较高的便捷性和方向性。"① 与传统媒体相比，文化网络传播作为一种新型的传播方式，具有许多便捷性。当前，其便捷性主要表现在空间便利性、时间灵活性、成本低廉性等方面。

1. 空间便利性

文化网络传播具有空间便利性，即人们可以在任何地点、任何时间进行文化信息的传播和接收。传统的文化传播方式往往受到地理限制，如书籍、报纸、期刊等主要存在于期刊室、资料室和图书馆，报纸、广播、电视等媒体只能在特定区域发行和播放。而互联网的普及使得文化信息可以迅速传播到全球各地，人们无需出远门就可以了解到不同地区的文化特色。

2. 时间灵活性

文化网络传播具有时间灵活性，即人们可以自由选择接收文化信息的时间和频率。传统媒体如电视、广播等具有固定的播出时间和频率，受众难以根据自己的需求随时随地获取信息。而文化网络传播可以通过点播、直播等方式，让人们根据自己的时间安排灵活地获取信息。此外，网络存储技术的不断发展也使得文化信息可以长期保存，方便人们随时回看。

3. 成本低廉性

文化网络传播具有成本低廉性，即人们获取文化信息的成本相对较低。传统的媒体需要耗费大量的人力、物力和财力进行信息采集、编辑和发行，而这些成本最终会转嫁到消费者身上。同时，信息的储存占用大量资源和空间，检索信息时只能采取人工的方式进行，耗费巨大的时间和精力，工作异常困难。

而在文化网络传播过程中，传统的信息资源都可以转换成数字信息，并可以建立各种门类的数据库。通过对特定的信息集合进行检索，根据一定的规则、关联词等共性线索找出相关信息，采用一定的方法和技术手段将相关信息和内容进行分类，可以轻而易举地在浩如烟海的数据信息中寻

---

① 赵艺等：《突发疫情环境下网络舆情传播趋势预测及社会保障应急机制研究》，《情报科学》2021年第11期。

找人们需要的内容。可见，文化网络传播通过数字化技术实现信息的快速处理和传输，降低了信息传播的成本。此外，网络平台的开放性和共享性也使得人们可以免费或以较低的价格获取丰富的文化信息。

综上所述，文化网络传播是一种高效、快速、方便的文化交流方式，有助于促进全球各地文化的多样性和共享性发展。随着科技的进步和社会的发展，我们有理由相信，未来的文化网络传播将会更加便捷、高效和多元化。

（六）文化网络传播具有对接需求的智能性特点

"大数据技术跨越了时空距离，通过虚拟的数据魔力来传播文化，实现跨越时空的虚拟世界与现实世界的智能同步。"[①] 在当今数字化时代，文化网络传播的智能性日益提升，体现在诸多方面。

一是个性化推荐。文化网络传播平台可以通过对用户的行为和兴趣进行分析，进行个性化推荐。例如，根据用户的浏览历史、购买记录等，推荐相关的文化产品或服务，提高用户的满意度和体验。二是语音识别与转化。语音识别技术可以将用户的语音转化为文字，方便用户进行搜索、输入等操作。同时，语音转化技术也可以将文字转化为语音，方便用户听取和了解相关信息。三是智能编辑与校对。文化网络传播平台可以利用自然语言处理技术，对文本进行智能编辑和校对。这可以帮助平台快速、准确地处理大量的文本信息，提高传播的效率和准确性。四是动态翻译。随着全球化的发展，跨语言交流变得越来越重要。动态翻译技术可以将一种语言自动翻译成另一种语言，帮助用户克服语言障碍，更好地了解和欣赏其他国家的文化。五是情感分析。情感分析技术可以对文本的情感倾向进行分析，帮助用户更好地了解相关话题的情感氛围。例如，在社交媒体上分析用户的评论和反馈，了解他们对某个文化产品的态度和看法。六是数据可视化。通过数据可视化技术，可以将复杂的数据以直观、易懂的形式呈现给用户。例如，利用图表、图像等方式展示文化产品的销售数据、用户行为数据等，帮助用户更好地了解相关情况。七是智能问答。智能问答技术可以通过自然语言处理和知识图谱等技术，自动回答用户的问题。例如，在博物馆网站上，用户可以通过智能问答系统了解到展品的背后故事、历史背景等信息。八是AI艺术创作。AI艺术创作技术可以利用人工智能算法和大数据分析等技术，自动生成具有艺术价值的作品。例如，AI可以模仿某位艺术家的风格和技巧，创作出新的绘画、音乐等作品。这为

---

① 王晓俊等：《大数据时代文化传播的变革研究》，《新闻爱好者》2022年第2期。

文化创新提供了新的可能性。

综上所述，AI 艺术创作技术、智能问答技术、数据可视化技术、动态翻译技术等多种现代技术的广泛运用，使文化网络传播具有日益显著的智能性。这一特点不仅有助于提高文化网络传播的效率和质量，而且有益于满足公众不断增长的文化需求，推动文化的繁荣与发展。

（七）文化网络传播具有超越现实的虚拟性特点

"全媒体时代，文化传播过程实现了信息交互的瞬时性和高效性，但人们在虚拟的传播空间里，媒体传播所具有的虚拟性和隐匿性也接踵而至。"[1] 网络技术和数字化技术能够把客观存在的全部现实信息通过加工转换成为数字化的符号。这种革新能够超越现实世界的限制，设计出虚拟的社会和群体、虚拟的社会关系和空间联系。技术的革新，使虚拟性成为互联网时代文化传播的一个重要特征。文化网络传播的虚拟性，主要体现在以下四个方面：

1. 传播方式的虚拟性

文化网络传播是通过网络进行的，这种方式本身就具有虚拟性。传统的文化传播方式，如面对面交流、广播电视等，都需要实际的物理空间和时间。而网络传播则可以在任何时间、任何地点进行，不受物理空间的限制，使得文化传播更加便捷、快速。但与此同时，这一特点也使网络文化容易受到不同国家和民族文化的影响。

2. 传播内容的虚拟性

文化网络传播的内容是以数字形式存在的，如文字、图片、音频、视频等。这些内容在传播过程中不需要实际的物流配送，只需要通过互联网进行传输。这种虚拟性的内容使得文化传播更加灵活，可以随时随地提供给受众。同时，人们在日常的生活中受到客观现实条件的限制而无法实现的某些诉求，可以在网络的虚拟世界中轻而易举地得以实现。虚拟实践与人们的生产实践、学习生活的关联日益紧密，并逐渐成为很多人的生活模式。越来越多的虚拟实验室、网络课堂、远程教育、网络消费被广泛开发和利用，虚拟旅游和虚拟医疗也正在走入人们的生活。这些虚拟空间的探索进一步摆脱了现实的束缚。

3. 传播参与者的虚拟性

文化网络传播的参与者是匿名的，不需要透露真实的身份信息。这种

---

[1] 甘元等：《全媒体时代非物质文化遗产的传播及其学理思考》，《中国文艺评论》2021 年第 5 期。

虚拟性使得参与者可以自由地表达自己的观点和感受,而不必担心身份被泄露或受到惩罚。在这个虚拟的世界里,所有人都能够以虚拟身份或者匿名身份来展示自我、传递信息、表达意愿或者与其他人建立某种关系。这种情形下的信息接收者可以轻而易举地摆脱一切外在因素的影响和束缚,完全依据自己的需求、喜好和意愿来自由地进行选择。这种信息的交流与现实交往中的主体角色之间的交流有着本质的区别。现实中的交流是直接的、真实的和相对稳定的,而网络上的交流主体往往是一种虚拟性的角色扮演,社会身份被隐藏,性别、年龄、价值取向等意识被淡化。

传播参与者的虚拟性一方面使得参与者之间的交流更加平等和自由,但另一方面也使部分参与者突破现实的规则和道德的限制,导致交往的随意性增强,甚至责任感严重缺失。近年来频繁发生的网络暴力事件说明了这一点。因此,我们在看到网络为文化传播提供了便利的同时,也应该充分认识到网络的虚拟性也产生了一些不容忽视的现实问题。只有不断加强网络监管,提升技术管理水平,逐步完善网络法治管理和伦理道德约束,才能更好地发挥网络对文化传播的积极作用。

4. 传播效果的虚拟性

文化网络传播的效果是虚拟的,不是实际存在的物品或服务。这种虚拟性使得传播效果难以用传统的计量方法来衡量,需要采用新的评估方法来衡量传播效果。例如,可以通过点击率、点赞数、评论数等指标来衡量一篇文章或一个视频的受欢迎程度。

总之,文化网络传播的虚拟性主要体现在传播方式、传播内容、传播参与者和传播效果等方面。这种虚拟性使得文化网络传播更加便捷、灵活和平等,同时也需要我们采用新的方法和策略来应对虚拟性带来的挑战。

三 文化网络传播给人类社会带来的影响

(一)文化网络传播的优势

随着互联网的普及和技术的不断发展,文化网络传播已经成为当今文化传播的重要形式。文化网络传播具有覆盖广泛、速度快、成本低廉、互动性强和个性化推荐等诸多优势。这些优势以互联网为基础,为文化的传承和发展提供了新的平台和机遇。

第一,文化传播的空间平台极为广泛。互联网的应用打破了传统的时间、空间和地域界限,形成了以信息为中心的交流平台,具有全球的关联性,可以让人们在世界范围内查阅文化信息。在网络的世界里,不同国家和地区的人们可以摆脱客观条件的限制而进行相互交流,这种交流方式的诞生使文化传播的理念和模式都发生本质的改变，拓展了文化信息交流的途径，使不同地域的人们能够随时获得丰富的信息资源，为文化的传播发展搭建了一个崭新的平台。

第二，文化信息的流通速率极为快速。当前各种应用软件和客户端在互联网发展的基础上，调整了文化信息传播的规则，提升了各种文化的传播速率。传统的书籍、报刊、广播电视等传播媒介通常都是单向传播，传播范围极为有限，效率不高。依托互联网而兴起的众多应用软件、客户端成为当前文化传播的重要媒介，将文化信息的传播主体和受众对象联系到一起，使传播主体能够便捷地将文化信息以各种形式在网络上进行展示、宣传和传播。这种传播方式的信息量更大，传播的速度更快，传播的效率更高，为文化的传播创造了全新的方式和环境。

第三，文化传播的基本形态极为丰富。互联网改变了传统媒体单一的信息流向方式，注重人与人之间、个人与群体之间以及各群体之间的平等互动。这种交互作用催生出文化信息的丰富思想内涵和多种多样的表现形式，将传统文化与现代科学技术相融合，以鲜活的文艺作品带给受众对象全方位、多维度的思维空间和智能的体验，让人们在日常休闲娱乐的过程中就可以体会和感受到不同文化的魅力，变被动地接受为主动地学习交流。

第四，文化传播的交流方式极为多元。互联网技术对文化交流的方式进行了拓展，在文化交流的过程中产生了许多新型交流方式、工具和平台，如电子邮箱、网络通信、电商平台、大数据存储、文件传输系统、网络搜索引擎等的广泛应用，使人们的交往方式产生了巨大变革，开辟和拓展了新的交际空间，推动了人类文化价值的变革与整合，促进人类文化的交流与融合。这些方式能够让不同的价值观念、风俗习惯、历史传统和生活方式在网络空间交汇、交融、交锋，为民族文化走向世界开辟了道路，也为人类文化的多元融合提供了契机。

（二）文化网络传播带来的问题

当前，文化网络传播已经成为人们获取文化信息、交流思想的重要渠道。同时，文化网络传播也带来了一些问题，诸如文化冲突、信息安全、网络成瘾、网络安全和数字鸿沟等。一些经济发展较慢的地区和国家仍然无法享受到文化网络传播带来的便利和好处，这使得这些地区和国家在文化交流和发展方面处于劣势地位。同时，一些老年人和小部分人群由于缺乏相关技能或者设备而无法享受到文化网络传播带来的好处。这些问题需要人们认真对待和解决，以确保文化网络传播的健康、稳定和可持续发展。具体来说，文化网络传播带来的问题主要表现为以下三个方面：

第一，意识形态对文化网络传播的冲击。随着国际形势的变化，世界格局发生了变动和调整，各种文化思想在互联网中的交锋体现得非常明显。部分发达国家利用其在全球化进程的主导作用、网络化发展中的先发优势和文化传播的强势地位，使用手中掌握的网络控制权、信息发布权，强化其文化思想的传播，凭借其信息优势，在全球范围施行文化霸权，使其他民族和国家价值观念和生活方式等在不同程度上被渗透与改造。这样就会对民族和传统文化产生颠覆性的影响，直接导致民族文化和传统文化的认同危机和生存危机。

第二，网络文化垃圾泛滥给传统文化传播的冲击。随着时代的进步与发展，全媒体和自媒体的应用日益广泛，网络信息的传播更加迅捷和方便，众多信息的审阅和监管都愈加困难，信息的正面价值和真实性也难以得到保证。人们在分享优秀传统文化的同时，也可能被虚假、低俗、浅薄的文化垃圾所影响，特别是对缺乏辨别能力和自控能力的人们侵害很大，网络信息的负面影响成为亟待解决的重要问题。

第三，网络违法行为对文化传播的冲击。网络违法行为随着互联网的发展由来已久，虚拟财产犯罪、网络恐怖、色情、侵权、赌博、诈骗、销赃等新的犯罪形式不断涌现。网络违法者具有较高的技术水平和身份的隐蔽性，在任何时间、任意地点都可以完成操作，给相关管理部门的监管带来了一定难度。各个国家和地区的司法管辖界限不同、文化传统不一、法律法规滞后等现实问题也为网络违法行为提供了发展空间。这些违法行为如果不能得到有效地遏制，就会扰乱正常的社会秩序，破坏社会的安全稳定，对文化网络传播的健康发展带来巨大挑战。

第三节　文化网络传播的规律与机制

一　文化网络传播的规律探索

规律也称为法则，是客观事物之间的内在的本质联系，它决定着事物必然向着某种趋向发展。人们不能创造规律，也不能消灭规律，但可以通过实践认识它、利用它。文化的网络传播与其他用于传播信息和观点的工具之间存在着很大差异，具有本质上的特殊属性。文化网络传播的特点、网络传播要素与网络传播规律密切相关，他们之间的关系决定了网络独特的传播规律。虽然网络传播规律仍然属于传播的范畴之内，但它区别于其他传统媒介，具有自身的传播规律。认识其特有规律，有助于人们更好地运用文化网络传播这一方式。

（一）文化网络传播普遍性和系统化发展的规律

普遍性和系统化是文化网络传播的重要趋势。随着互联网的普及和技术的不断发展，文化网络传播已经渗透到人们生活的方方面面，成为现代社会中不可或缺的一部分。

1. 文化网络传播的普遍性

文化网络传播的普遍性主要体现在文化网络传播的主体具有普遍性。第一，除官方媒体、主流媒体、精英媒体外，更有大众媒体强势参与。传统的信息传播多由官方平台和主流媒体直接面向社会进行发布，通常还会有专家学者对相关信息进行专业的评论，这些方式构成传统信息传播的主要形态。在文化网络传播过程中，加入了广大普通群众的意见和观点，以自媒体发布的形式参与传播过程，并且意愿强烈。第二，相对于主流媒体来讲，新媒体和自媒体的传播效果所引发的社会关注和公众反应情况的程度，通常会高于传统媒体。第三，从传播时效上看，新媒体和自媒体传播也要快于传统媒体，甚至客观上起到了引导传统媒体关注方向的作用。以上文化网络传播的普遍性特点在很大程度上都在冲击着传统信息传播的格局。总之，在文化网络传播的过程中，越来越多地体现出网民全面参与的状态。不论是官方还是民间，精英还是草根，都可以通过融合的媒体形式参与文化的传播，充分体现了文化网络传播的普遍性。

2. 文化网络传播的系统化

由于文化网络传播主体趋于大众化，各种信息传播的速度、广度和深度得到了显著加强，使得文化传播呈现系统化的发展趋势。文化网络传播的系统化主要体现在以下方面：

一是统一的传播平台。"2014年中央网信办建立之后出台了一系列规章制度，对不同形式网络传播平台的管理责任、管理制度和问责机制加以规范化和系统化，以适应宏观政策的调整。"[①] 文化网络传播一般具有统一的传播平台，以实现信息的标准化和规范化传播。其传播平台具有高效的信息处理和传输能力，能够满足大规模信息传播的需求。各媒体间的融合发展，为文化信息的产生提供了丰富的素材。文化信息的创造主体和传播主体形成统一，有助于为文化信息的加工、整合创造良好的条件。

---

① 何勇：《主体责任观下的互联网管理模式转型》，《现代传播（中国传媒大学学报）》2019年第4期。

二是多元化的传播渠道。文化网络传播一般具有多元化的传播渠道，能够覆盖更广泛的受众群体。其传播渠道包括社交媒体、新闻网站、博客、视频平台等，能够满足不同受众的需求和兴趣。规模庞大的信息在"云计算"与"大数据"等计算机技术应用的背景下可以得到最广泛的整合，使文化信息的管理者可以轻而易举地将海量信息进行分类和编辑，形成分门别类的数据库或者信息群，进而使信息变得系统化。

三是科学化的传播策略。文化网络传播一般具有科学化的传播策略，能够提高传播效果和效率。其传播策略包括目标受众的分析、信息内容的策划、传播渠道的选择、效果评估等环节，能够确保信息的有效传播。

总之，网络新媒体和自媒体因其自身特点被人们广泛应用，为人们开辟了更加便捷的信息生产环境和分享途径，大大降低了人们创造、理解和分享信息的难度，凸显出文化网络传播的普遍性和系统化规律。

（二）文化网络传播碎片化和商业化的发展规律

文化网络传播的碎片化和商业化是当前文化网络传播发展中的两个重要趋势。它们之间相互促进、相互融合，共同推动着文化网络传播的发展和进步。

1. 文化网络传播的碎片化

文化网络传播的碎片化主要是指传播内容的碎片化。"通过移动网络传播进行的视听观看，观众自然会比较喜欢小微化和碎片化的作品"[①]，他们为了迅速获取信息而忽略了信息的客观性和完整性，导致缺乏对文化信息的深刻认识和全面思考，从而造成文化信息的碎片化。这种碎片化文化传播方式对人类的思维方式和认知方式产生了重大影响。一方面，这些碎片化的文化信息大多聚焦于日常生活的细琐片段，仅仅注重与受众生活密切相关的感性事物，拒绝宏大的总体性描述；另一方面，这些碎片化的内容往往源自个体的自我感受，代表着个人的观点和看法，带有强烈的个人主观色彩，而且这些带有强烈主观色彩的主体有着不同的价值观念、文化背景、认知能力、感悟水平和观测视角，他们更注重信息的传播与分享。因此，碎片化传播难以全面、客观、准确地展示出文化信息的精髓。在互联网时代，人们的时间和注意力成为稀缺资源，传统的长篇大论的文化传播方式已经无法满足人们的需求。顺应碎片化传播的趋向，这就要求文化网络传播的内容需要更加精炼和简洁，形式更加灵活和多样，在短时间内即能吸引人们的注意力，能够满足不同受众的需求和兴趣。

---

① 王福来等：《央视微纪录片发展初探》，《电影新作》2023年第5期。

2. 文化网络传播的商业化

文化网络传播的商业化主要是指文化网络传播与商业的结合。首先，在市场经济环境下，文化网络传播需要依靠商业化的运作来获得收益和回报。传播主体将大量商业元素融合在文化传播过程中，这使得文化传播夹杂着浓重的商业气息和功利色彩。其次，当前，在社会上针对个体进行一对一营销服务、个性化信息服务、网页定制服务、视频点播以及供人们日常消费的创新商业活动在网络上开展得越来越多。这些商业活动经常会依附于文化信息之中，并为人们所接受和运用。再次，文化网络传播的商业化体现出不同的形式特征。由于文化传播的接受对象对文化信息的关注焦点、兴趣需求不尽相同，所以往往不自觉地将注意力分散在不同的文化热点或者焦点之中。例如，有很多传播者在网络文化传播中通常以标新立异的标题来激发人们的好奇心，进而广泛吸引网民的关注，通过不断增加点击量以扩大经济价值和商业影响力；还有传播者将大量的商业广告植入文化信息中，以获得额外的商业利益；此外，在游戏软件开发、动漫产业运营等文化消费活动中广泛地挖掘和利用文化元素也吸引了很多网民。最后，以传统文化教育为切入点进行商业化运作的现象越来越突出。例如，商业主体将书法、乐器、剪纸、绘画等传统艺术形式进行网络化包装传播，吸引了不少家长和学生的眼球，同时开展线下艺术教育，实现了线上文化传播与线下教育实践结合的文化教育形式。以上文化网络传播的形式和过程充分体现了商业化的发展规律。实践证明，文化商业化发展模式使得文化网络传播能够更好地融入市场，与消费者建立联系，并获得经济上的支持。同时，商业化也使得文化网络传播能够更好地整合资源，提高传播效果和效率。

文化网络传播的商业化使得文化网络传播能够更好地实现自身的价值，也使得文化网络传播的内容更加丰富和多样；而碎片化则使得文化网络传播的内容更加简洁和灵活，能够更好地适应市场的需求和变化。同时，我们也要注意事物发展的"双面性"规律，也需要关注其中的问题和挑战，如信息过载、商业化过度等，以便更好地保障文化网络传播的健康、稳定和可持续发展。

(三) 文化网络信息多元化和个性化发展的规律

文化网络信息的多元化是信息个性化的基础。只有当网络平台拥有丰富多样的信息时，才有可能为用户提供个性化的推荐。同时，个性化也是多元化的体现，通过为用户推荐多样化的信息，可以增加用户对不同文化的了解和认识。

1. 文化网络信息的多元化

文化网络信息的多元化指的是网络上传播的信息具有多样性和包容性。在网络时代，人们来自不同的文化背景和地区，拥有不同的兴趣爱好和价值观，因此网络上的信息也呈现出多元化的特点，其中不仅包括传统文化和现代文化，还包括各种亚文化、次文化等，这就使得人们能够更加全面地了解和认识不同的文化，促成了文化网络传播的多元化发展趋势。这一趋势是由网络文化传播主体的结构变化和信息技术的不断发展而决定的。在自媒体时代，人们掌握和运用网络媒体的难度逐渐降低，社会生活当中任何个体都可以参与到文化网络传播活动中。由此，文化传播主体由原来的专门从事网络传播的专业人员或者精英人士扩展到大众。主体构成的多元化，直接决定着文化信息产生和传播的多元化。当众多普通的网络媒体用户具备了制造和传播信息的能力和手段，开始成为形式上自主的文化生产者与传播者，并将带有强烈主观意见和价值观的文化信息进行重构和传播，文化网络传播信息的多元化便成为必然。

2. 文化网络信息的个性化

文化网络信息的个性化主要是指网络平台可以根据用户的兴趣、偏好和需求来推荐和展示个性化的信息。"根据中国互联网络信息中心（CNNIC）发布的第 50 次《中国互联网络发展状况统计报告》，截至 2022 年 6 月，我国网民规模达 10.51 亿，其中短视频的用户增长规模最为明显。"① 网络传播的主体根据需要创造出大量特征明显、风格各异的文化信息形态，以满足不同受众群体的个性化需求，进而促进文化网络传播的个性化发展规律的形成。在大数据和人工智能技术的支持下，网络平台可以通过对用户行为的分析来了解用户的喜好和需求，并为其推荐相关的信息。这种个性化的推荐方式可以提高用户获取信息的效率和满意度，同时也可以增加用户对平台的信任度和黏性。

同时，人们可以更加自主地选择所需要的文化信息，在不同的平台上自由表达个人意见，任何人可以就任何问题发表自己的意见和看法。数量庞大的个体性传播主体，所创造和传播的文化信息具有个体的主观特色或者个性特征，形成了各不相同的个性化表现和观点。这些表现和观点能够迅速地利用求真猎奇的心理来吸引受众群体，并被广泛地认同并加以分享和传播，进而促进文化网络传播的个性发展。

---

① 苏琪淇：《短视频时代涉农节目主持人的角色转换》，《湘潭大学学报》（哲学社会科学版）2023 年第 6 期。

(四) 文化网络传播虚拟化和圈层化发展的规律

文化网络传播的虚拟化是圈层化形成的基础。通过网络平台的虚拟交流和体验形式，人们可以更加方便地加入不同的文化圈层和群体。同时，圈层化也是虚拟化的体现，人们可以在不同的文化圈层和群体中建立联系、分享经验、互相学习。

1. 文化网络传播的虚拟化

文化网络传播的虚拟化主要是指通过网络平台进行的文化传播活动具有虚拟性。在文化网络传播的过程中，信息借助互联网以及终端接收平台，以数字化信息的形式进行传播，使文化信息进行了虚拟化的转换。文化网络传播的环境是虚拟的，文化信息在网络上的表现方式是无形性的非实体存在，用户之间的交流方式为虚拟交往形式。在网络时代，一方面，人们可以通过网络平台进行各种文化交流和传播活动，如在线演出、在线展览、在线课程等。这些活动不受时间和空间的限制，人们可以在任何时间、任何地点参与其中；另一方面，网络平台也为人们提供了更加多样化的文化体验形式，如虚拟现实、增强现实等，使得人们可以更加深入地体验不同的文化。

2. 文化网络传播的圈层化

文化网络传播的圈层化指的是通过网络平台形成的各种文化圈层和群体。在网络时代，人们可以根据自己的兴趣爱好和价值观选择加入不同的文化圈层和群体，如音乐圈、电影圈、动漫圈等。众多圈层不仅以个体的方式独立存在或者活动，还在多个层面进行相互交叉和相互作用，具有不可低估的作用力。文化信息在圈层中的传播已经成为极为普遍的现象，数量庞大的网络主体仍然在不断地创造和参与到各个圈层的传播活动当中。

圈层现象的形成在一定程度上基于文化网络传播中明显的从众心理。在虚拟的网络环境下，一些迎合大众"胃口"的文化信息会被大量的受众群体围观，信息的发布者随之也就成为"焦点"。出于对"焦点"的认同，信息的围观者会因受感染而参与表达，参与到意见表达者的行列之中。这些圈层和群体内部有着共同的文化信仰和价值观，人们可以在其中进行深入的文化交流和传播活动。"在'圈层化'的网络传播中，仅仅因为观点的新奇和犀利迎合了网民的猎奇心理就能吸引大批的追随者和拥护者，从而造成围观效应，主导舆论的走向。"[①] 文化信息会在圈层中产生

---

① 郑敬斌：《网络民粹主义：存在样态、运作模式与治理路向》，《东北师大学报》（哲学社会科学版）2022年第6期。

强大的聚合效应，同时也会对不同意见产生更为强大的排斥力，进而使圈层逐渐成为网络舆论扩散传播的主要战场。同时，圈层化也使得网络平台可以根据不同的用户需求和兴趣提供更加精准的文化传播服务。

二 文化网络传播的机制探寻

机制是一个组织或系统中，各要素之间的结构关系和运行方式，涉及组织或系统的运作过程、规则、方法等方面。在组织或系统中，机制可以协调各要素之间的关系，促进合作，提高效率和实现目标。

文化网络传播的机制是由其组成要素相互作用、相互影响而构成的一个有机的整体。文化网络传播的主体、技术手段、软硬件环境、动力因素等内容，按照一定的方式构成一个封闭的传播系统，他们之间的相互作用和联系就形成文化网络传播的运行机制。要提高文化网络传播的效果和扩大其影响力，需要综合考虑传播内容、传播渠道、传播受众、传播效果、传播管理、传播技术、跨文化传播以及社会与商业价值等方面因素，制定相应的策略和管理措施。

（一）构建文化网络传播的战略格局

全球化背景下构建文化网络传播的战略格局，一要积极创新网络传播体制机制建设，从国家战略层面不断打造文化网络传播的灵活性、多样性和对新形势的适应性，进一步打破束缚文化传播发展能力和释放能量的障碍，构建以和平发展为目标的文化网络传播战略布局。二要完善文化网络传播的体制机制建设，不断改革和创新文化网络传播的理念思路、内容形式和方法手段，进而增强文化网络传播的针对性、实效性和感染力。三要运用网络技术凝练中华优秀传统文化的当代价值，通过全面梳理和整合优秀成果，以数字媒体大数据的形式进行保存，并对其加以保护、传承和利用，构建具有当代精神价值内涵的优秀文化传播体系。四要不断创新文化网络传播艺术和技巧，广泛运用受众群体能够听得懂、易接受的形式和方法，使文化网络传播具有时代感和全球化特征，不断增强中华优秀传统文化的吸引力和感召力，努力构建文化网络传播的战略格局。

（二）建立政府在文化网络传播的主导机制

政府应该统筹文化网络传播的发展目标，并制订促进传统文化网络传播的策略。一是各级政府部门应在顶层设计方面充分重视和利用网络信息化手段，探索宣传积极向上的途径和方法，整合优质资源，建设高质量的文化网络资源库，构建有中国特色的文化网络传播体系。二要加强对文化传播方向的引导和干预，使其有利于社会主义精神文明建设。要进一步明确网络管理者、网络运营者以及广大网络用户应该承担的责任,逐步建立起一套从中央到地方,包括各职能部门责任主体之间责任的主导机制,进一步规范协调以促进文化网络传播,确保文化网络传播发展规划的顺利实施。三要通过制定和完善文化网络传播的政策规定,积极发挥各项政策的导向作用,激励文化网络传播的良性发展,广泛调动网络参与者的主观能动性,大力扶持和鼓励在网络信息领域内的自主创新,构建产学研用相结合的整体化创新体系,进一步实现创新成果的实践转化。四要规范文化网络传播过程中的不良行为,通过政策进一步加快网络基础设施建设的步伐,重点解决制约文化网络传播的突出问题,特别是要改进中国网络文化产品整体竞争力不强,公民网络信息素养参差不齐以及网络基础设施建设相对落后等现实问题。五要进一步加快网络基础设施建设的步伐,大力支持和鼓励网络信息技术在传播中华优秀传统文化过程中的自主创新与成果转化。六要鼓励和支持高校、科研院所、网络研究机构和企业广泛参与优秀传统文化的研究和传承,使广大群众在运用网络的过程中积极发挥传播文化的作用。七要在接收和传播文化的过程中要始终秉持正确的社会舆论方向,用正确的舆论加以引导,对不符合客观事实的舆论及时澄清,协调社会各方面的力量营造传统文化网络传播的良好氛围。

(三) 完善文化网络传播的保障机制

文化网络传播是一项长期的艰巨任务,也是一项庞大的系统工程,只有在良好外部环境和条件的保障下才能得到有效的实施和发展。这就要求建立相关的组织、制度、法律、道德等多方面的保障机制,尤其是资金保障、法律法规、网络道德规范等方面。

首先,要为文化网络传播实践提供资金保障。如果没有配套的资金投入作为网络技术的发展基础,那么文化的传承和发展速度将变得缓慢。因此,一要结合中国目前的实际情况,谋划以国家主导为引领,社会全员参与为手段的资金管理机制。二要制定文化网络传播的项目规划,根据项目要求采取中央和地方共同承担的方式,拟定相配套的资金比例,给予项目研究发展一定额度的资金支持,对于重大的项目建立专项拨款制度。三是可以通过制定相关政策的方式鼓励社会共同参与筹集资金,例如,减免相应的税务种类或提供相应的优质服务等优惠政策来扩大资金来源,这种方式在西方发达国家被广泛采用。

其次,要逐步完善信息网络的政策法规保障。不论是哪种社会形态和生活空间都需要法律法规的有力保障才能够稳定而有序地开展,文化网络传播的有效实施同样也离不开相应的法律法规作为重要保障。在制定相关法律法规的时候要充分重视相关的法律法规的准确性、针对性和前瞻性，更好地适应文化网络传播进步和发展的需要。针对网络侵权、网络诈骗等违法行为，要有全面而完备的监督管理体系；针对网络的立法，要注意与其他各类法律法规相互契合、协调统一、不留死角，从而实现法律法规对网络管理的全面覆盖。面对突出问题制定网络法律时要注意针对性和准确性，避免对一些行为的界定模糊不清，对一些行为表述似是而非，以至于在执行的过程中变得难以实施。在把握网络发展规律的前提下要确保法律具有一定时期的稳定性和延续性，对突发的新问题要及时研判，并加以控制和解决。

最后，加强网络应用参与者在道德观念方面的自律培育。要面向全体网络参与者制定符合当前时代要求的网络道德规范和准则，建立完善的网络道德自律机制，并在政府相关部门的主导下全面实施。利用各种渠道增强对网络道德规范的宣传力度，不断强化网络主体的道德自律意识。通过教育引导、诚信机制、网络素养提升、自律组织建设、法律教育以及举报机制等方面综合施策，共同推动网络应用环境的健康发展。

（四）建立中华优秀传统文化网络传播的创新机制

中华优秀传统文化的网络传播需要从多个角度出发，借助现代科技手段创新传播方式，打造多元化的内容体系，同时注重与受众的互动和反馈，以此推动传统文化的传承与发展。

一是强化数字化技术的运用。利用现代数字化技术，如虚拟现实、增强现实等，将中华传统文化进行数字化转化，以全新的视觉体验吸引年轻人的关注。例如，"数字敦煌"资源库上线，通过数字化技术将博大精深的敦煌文化以全新的形式展现，让更多人领略到了中华文化的魅力。

二是创新内容制作。利用新媒体平台，如社交媒体、短视频等，制作有趣、有价值的中华传统文化内容，吸引年轻人的关注和参与。通过创意动画、微电影、音乐等形式，将传统文化元素与现代审美相结合，打造出富有吸引力的内容。

三是强化互动传播机制。互联网的平等性、交互性改变了传统的单向传播、中心化传播方式，也转变了人们在传统文化传播方式中的角色。利用互联网的这些特性，可以开展线上互动活动，如线上讲座、论坛讨论等，鼓励大众参与到传统文化的传播和传承中来。

四是建立教育资源的整合机制。将中华优秀传统文化融入学校教育中，通过在线教育平台（如MOOC等），将传统文化课程与现代科技相结合，提供更为便捷的学习途径。同时，可以通过开展线上文化体验活动，让学生们更好地理解和接受传统文化。

五是加强跨文化交流。通过互联网平台，开展国际文化交流活动，让世界感受到中华文化的魅力。邀请国内外的文化艺术家、学者等参与，通过线上演出、展览等形式，展示中华传统文化的丰富内涵。

（五）建立文化网络传播的监督和管理机制

文化网络传播在带来促进文化繁荣良好机遇的同时，也带来了信息泡沫化、低质量甚至有害信息充斥网络等诸多挑战。在这样的背景下，如何建立健全文化网络传播的监督和管理机制，确保信息安全，促进公共利益，维护社会稳定，是当前亟待研究解决的问题。

一是政府部门、文化部门应发挥主导作用，制定和执行相关法规和政策，同时与公安、通信管理等部门密切合作，共同维护网络传播秩序。制定监管的具体内容和衡量标准，明确监管的对象或范围，通过有效管理和引导，提高网络传播的公共性和公益性。建立科学的内容审查机制，对网络传播的内容进行严格把关，确保信息的合法性和真实性。通过出台优惠政策等措施，鼓励和支持优秀的网络文艺作品的创作和传播。监管政策和措施应公开透明，接受社会监督。

二是鼓励行业协会制定行业规范，发挥行业自律作用，通过自我约束来规范会员的行为。制定信息发布规范，明确信息发布的要求和流程，使信息发布有章可循，有据可查。对违反法律法规和行业规范的行为进行严厉打击，通过罚款、吊销营业执照等方式给予处罚。通过制定产业发展规划、提供资金支持等方式，引导市场主体有序竞争，推动产业健康发展。加强对网络监管技术的应用，积极开发和利用适应网络监管的实用软件。积极引进和应用先进技术，如人工智能、大数据分析等，提高网络传播监管的效率和准确性。

三是企事业单位应落实企业主体责任，建立内部监管制度，自觉遵守法律法规和行业规范。对运行和使用网络的人员加强监管，尤其是要加强对岗位职责的规范，提升人员的整体素质。确保网络传播的信息内容健康、合法、真实，防止有害、虚假信息对社会产生负面影响。

四是提高公众的网络素养和法律意识，使公众成为网络传播的监督者和管理者。通过学校教育、社区活动、媒体宣传等多种途径，普及网络素养知识，提高公众的网络素养水平，发挥广大网络参与者的监督作用，形成全社会共同参与的良好局面。

第三章 大学在中华优秀传统文化网络传播方面的发展现状

近年来,人们对于传统文化的关注持续升温。传统文化作为建立文化自信所必须了解的内容,得到了专家学者、中学学生等各个群体的关注,形成了对传统文化研究和传播的热潮。传统文化的学习研究形成了一种热潮,尤其在大学的环境下,传统文化的社团、活动异彩纷呈,也吸引了很多学生的关注。还有一些大学推出了传统文化课程,学生可以选择感兴趣的内容进行专门的学习,传统文化的教育逐渐延伸到课堂教学。

第一节 大学在中华优秀传统文化网络传播方面的体系构建

20世纪90年代,随着信息化社会的到来,互联网技术应运而生,以计算机和网络信息技术为核心的互联网技术成为人类新的信息传递和储存手段,互联网以其传播广泛性这一不可替代的特点被社会所接受,任何一台计算机终端无论在任何地方,只要连接上互联网,就可以立刻实现信息的获取和传输。互联网信息技术的发展,深刻地改变了人类的学习、生活和工作的方式。从对中华传统文化传承的角度来看,互联网在转变阅读方式的同时,孕育了一种新的文化存在方式、教育模式和传播路径,这为中华传统文化的创造性转化和创新性发展提供了新的载体和传播方式,实现了跨界融合。

一 中华优秀传统文化网络传播的必然性

(一)互联网的普及与文化网络传播价值

21世纪是大数据时代,信息技术迅速发展。中国若要跻身世界强国行列就要紧跟时代潮流,加快本土互联网技术的发展。根据中国互联网信息中心的报道,"截至2019年6月,我国网民的总体数量高达8.54亿左右,互联网在国内的普及率高达61%左右,比2018年底增长2598万人。截至2019年6月,我国使用手机的网民人数近8.47亿,较2018年底增长了2984万,使用移动设备上网人数的比例由2018年底的98.6%提升至99.1%。其中,在农村,我国网民约占26.3%,数量为2.25亿左右,比2018年底增加近305万人,增幅达1.4%。在城市中,我国网民占比约为73.7%,数量为6.3亿左右,比2018年增加了2293万人,增幅为0.4%。在2019年上半年,我国线下扫码支付市场交易规模约15.4万亿元,农村地区使用线下移动支付的网民比例达到47%左右。我国购买互联网理财产品的网民数量高达1.69亿,网络直播用户规模达4.25亿。网络游戏用户规模达4.84亿,自行车共享用户达到2.35亿。"[1]可见,互联网扮演着重要的角色。

互联网的快速普及让世界发展成为一个"地球村",人们坐在家里就能掌握全球信息。互联网为中国教育事业的发展创造了有利条件。为人们提供了随时随地开展教育活动的机会。而从文化强国战略高度上讲,互联网理应发挥其文化传播的战略价值。作为拥有五千年传统文化、全世界唯一的、文明从未断流的文明古国,我们更有必要借助互联网这一全球互通共用的传播工具将我们博大精深的文化传承下去、发扬光大。网络便利了人们的生活,人们的生活与网络的相关度也越来越高,与此同时,我们要弘扬中华优秀传统文化,就要利用好网络,与时代接轨,让网络成为传播传统文化的重要阵地。

(二) 网络背景下阅读与学习方式的变革

一是阅读方式的改变。传统的印刷文本形式在网络时代被超文本取代,超文本打破了旧有的文本结构和分类,取消了不同媒介之间文本形式的差异,让人们在阅读的过程中能够实现不同文本形式的自由转换,相较于传统文本的线性结构方式,超文本的网状链接结构方式大大提升了读者阅读和检索的速度和效率,空前提高了读者的地位,充分发挥了读者的主观能动性。

二是文本内容多元化。传统文本是单纯的文字媒体,而多媒体电子读物则打破了这单一的线性结构,从抽象化的文字扩展为图像、声音、三维动画等多种媒体,以其独特的交互性、趣味性和丰富的表现力、感染力,

---

[1] 中国互联网络信息中心:《第44次中国互联网络发展状况统计报告》,中国互联网络信息中心官网,2019年8月30日,http://www.cnnic.net.cn/hlwfzyj/hlwxzbg/,2021年11月30日。

给读者带来极致的阅读体验，满足了读者的个性化要求。与此同时，多媒体电子读物还可以跨越时空的限制，内容丰富、下载便捷，极大地提升了读者的阅读兴趣和效率。

三是阅读体验感增强。随着互联网技术的发展，各种超文本、多媒体的电子读物如雨后春笋般大量涌现，这使得阅读方式迎来了"高效信息检索"的巨大变革。这种高效的信息检索势必会给读者、互联网用户等阅读和检索方式带来巨大的改变。

互联网信息技术高速发展的背景下，阅读方式的转变直接影响着人们的信息获取方式。网络在大学生的学习生活中扮演着重要角色并深刻地影响着他们的思维方式、学习生活方式。因此，大学应充分利用网络传播的优势，积极挖掘新载体和新方式，在网络技术极具变革的信息化时代和高校思想政治教育刻不容缓的双重背景下，实现中华传统文化的有效传承与弘扬，充分发挥中华优秀传统文化的育人价值。

为借助网络信息技术实现育人目标，当前各高校都在建设具有自身发展特色的网络思想政治教育平台，通过建设贴吧论坛、微信公众号、校园网页、专题栏目等形式积极探索网络思想教育发展新路径，不断改善中华传统文化在高校网络传播的建设与管理，从而促进大学生健康发展、成长成才。

(三) 网络背景下传统文化传播的变革

进入21世纪，中国社会的一个最显著特征是网络媒体的迅猛兴起，网络媒体、网络购物、移动支付等网络服务已经迅速而全方位地改变着中国人的生活方式和生活习惯。就文化传播而言，自媒体和大众传播的影响力和影响范围已经覆盖到社会传媒的各个层面、各个角落。彭吉象在《影视美学》中说："在后工业社会与后现代文化中，大众传播媒介扮演着十分重要的角色。在某种意义上甚至可以讲，后工业时代也是人类历史上前所未有的信息传播时代。"在这样的时代环境中，优秀传统文化的传播既迎来了机遇，又面临着挑战。将传统文化的传承发展与大众传播媒介，尤其是新媒体相结合，是时代和社会文化发展的必然要求和双赢选择。传统文化可以为媒体传播提供优质内容，大众传媒则可以为传统文化的发展提供及时便捷、交互性强的传播方式。

第一，从传播主体看，新媒体，尤其是自媒体的兴起使得文化传播的自由度无限扩大，即时传播、个体传播，每个人都可以成为传播的主体，同时每个人也都作为受众出现。一方面，大大丰富了文化传播的内容和方式；另一方面，对于中华优秀传统文化的传播来说，由于传统文化自身的整体性、静观性和内省性，迅疾、即时的传播并不能很好地完成提高受众传统文化素养的任务，而个体传播又大大加剧了传播内容的碎片化、割裂性，降低了传播质量。

第二，从传播的技术、平台和操作的层面看，传统文化的大众传播需要一批具有较高传统文化素养，又精通新媒体和传播学知识的专业化人才。当前中国高校研究者和学术圈中的普遍状态依然是传统文化学者不通习新媒体，甚至有一部分研究者基于中国传统文化需静观思考、深入积累的学习要求，自觉排斥网络媒介的"热闹""迅疾""更新"等。而同时，对于大多数熟悉并喜爱网络新媒介的年轻人而言，许多人缺乏对传统文化的深入、全面的理解和把握，因此，高校在策划传播时，对于内容选择、体系建构、传播方式等多方面的问题不能很好地契合中华优秀传统文化的传播与传承要求。

第三，从接受程度看，文化传承与传播要基于主体的认同与接受。对于一个完全没有传统文化基础的人来说，新媒体传播传统文化只能激起他一时的新鲜感，待时间稍长，新鲜感和神秘感消失，他将不再有学习、了解的兴趣。所以，就当下新媒体对于传统文化的传播情况来看，虽然极大增加了文化传播的覆盖面和灵活性，但是由于传播本身并不能解决受众喜好和选择的问题，因此并未达到理想的传播效果。

第四，从传播的设计来看，现代新媒体的传播内容和传播方式大多数都是"迎合式"而非"引导式"。通过新媒体传播的中国传统文化也呈现出了"快餐式"的特征，人们越来越高度依赖网络中海量信息和迅疾搜索，但是如同大多数古代文化学者所强调的，中国传统文化的学习是一个静思和深积厚累的过程，甚至许多学者在今天还强调"死记硬背"对于传统文化学习的重要作用，而新媒体传播显然是与这一方式有冲突的。大多数的新媒体内容以点击量为考察指标，为了吸引大众的浏览兴趣，其在内容和方式上都呈现出"迎合式"的特征，而较少能坚持对固定有益传统文化的传播，引导社会文化风向，从而导致传播效果的欠佳。

总而言之，处在社会经济、科技、文化都快速发展的时代，网络的发展、信息的爆炸是这个时代的重要特征。传统文化的传承和发展要结合时代特征，立足当下现实，最大限度地利用这个时代所能给我们提供的一切社会、科技便利。但同时，这样的时代文化与相对静态的中国古代农耕文明有根本不同。因此，传统文化的现代传承也面临着许多问题。面对我们当下可搜索信息的海量化、内容杂糅无序性、信息消费的"快餐化"等特征，我们还处在探索阶段，需要进一步加强人才培养，提高技术能力和管理能力，加强优秀传统文化的现代传播。

二 中国传统文化网络传播战略意识建构

传统文化的研究与传播，不仅要求专与精，还要广博，这不仅是历史化研究的专业要求，更是挖掘传统文化的现代价值的现实要求。文学给人以美的感性享受，哲学给人以真的理性思考，而史学、法学、礼仪、心理等各个层面的分析则给人品古知今的历史借鉴。概言之，只有将对中华优秀传统文化的认识转化为理解与认同，才能真正发挥文化的凝聚力与美的培育。

（一）讲好中国故事

"文化"是指一个民族的价值体系、生活方式，"文化自信"是指一个民族在肯定自己文化价值的基础之上继承、弘扬民族文化的取向。如何继承发展我们的传统文化、革命文化、社会主义先进文化呢？如何能够加强文化自信？一要认识到中国优秀传统文化是中华民族精神的精髓，是核心价值观的根基，是发展革命文化、社会主义先进文化的前提保证；二要必须践行社会主义核心价值观，促进中国优秀传统文化发展，促成优秀传统文化与时代精神的融合；三要引导人民树立正确的历史观、国家观、民族观，增强民族的归属感和认同感，为实现中国梦提供支撑、动力。

（二）打造特色文化

提升国家文化软实力，需要进一步打造中国特色文化，推动人民不畏艰辛、团结一致、砥砺前行、共同奋斗。

一是把"社会主义核心价值体系"建设作为价值判断的标准，不断提高中国文化软实力和影响力。以"民族精神"和"时代精神"为主要旗帜，将"社会主义核心价值体系"融入精神文明建设，主动做好人民大众的思想工作。要继续"推动中华优秀传统文化创造性转化、创新性发展，继承革命文化，发展社会主义先进文化，不忘本来、吸收外来、面向未来，更好构筑中国精神、中国价值、中国力量，为人民提供精神指引"[①]。

二是促进文化产业、文化事业的发展，进而提高中国文化的竞争力。"发展"才是硬道理，是提高民族文化的软实力，解决中国当前问题的关

---

① 《决胜全面建成小康社会　夺取新时代中国特色社会主义伟大胜利——在中国共产党第十九次全国代表大会上的报告》，《人民日报》2017年10月28日第1版。

键。我们要把发展文化事业和产业作为保障人民文化权益的途径，加大对文化事业和文化产业的资金投入，加强城乡文化设施建设，鼓励社会多方面积极参与到文化事业、产业的建设上来，完善文化的服务体系和法律法规，提高公共文化事业、产品供给力。发挥国有文化事业、企业的作用，通过政府的政策强化中国民营企业对文化事业、产业的投资，促进文化产业、事业的发展，继而提高我国文化企业在国际上的竞争力，打造出一批有影响力的国际文化一线品牌。

三是加强中国传统文化的传播范围，扩大中国文化在国际上的号召力。国家的文化软实力取决于文化的独特魅力和文化的传播手段、传播能力。在当今信息社会，所有拥有先进通信手段和强大通信能力的国家都可以广泛传播自己的文化思想和价值观，拥有影响世界的声音。

四是动员社会各界人士支持中国的文化建设并发挥其文化创造力。文化的发展、繁荣需要广泛而坚实的群众基础，发挥人民在文化建设中的主导作用。提高民族文化软实力是宏大的工程，需要全党、全社会、全军的共同努力，进一步激发人民的创造潜能。要充分发挥文艺工作者的积极性，为文化发展提供宽松、和谐的新环境，肯定文化工作者在文化传播中做出的伟大贡献并使他们受到社会的尊重，为实现文化繁荣创造空间。动员党员干部、社会各界人员积极地参与文化传播与发展，让文化创作的活力和创造力调动起来，让文化创作的灵感充分迸发出来，将文化传播、创作的积极性、主动性得到充分的发挥。

（三）抵制文化殖民

"文化帝国主义"指第二次世界大战结束后以文化作为核心手段的新型殖民形式。① 目前美国等西方国家垄断了大部分的新闻传播权，他们的大众传媒主张运用先进技术加强西方文化在全球范围内的渗透。根据数据统计，早在20世纪70年代，全世界每天传播的新闻里有80%是由美联社、合众国际社、路透社、法新社发出的，只有10%~30%的国际新闻是报道发展中国家的。在全球的信息产业中，目前美国CPU的产量在全世界高达92%，系统软件产量高达86%。在全世界约3000个大型的数据库中，建在美国的占70%左右。美国利用文化产品公开宣传政治思想、意识形态等，文化帝国主义威胁仍然存在。

在文化传播中，国家、政府起着重要作用，中国的传统文化在国际上的传播一般由官方进行传播，因此，制定相关的法律、法规可为文化的传

---

① 张小平：《当代文化帝国主义的新特征及批判》，《马克思主义研究》2019年第9期。

播创设良好的法治环境。近几年来，中国政府已经将经济发展和文化繁荣放在了同等重要的位置，十分重视对文化事业、产业的管理，强调对文化的保护。国家也制定了相关的法律、法规、条例等，如《中华人民共和国文物保护法实施条例》《国务院关于传统工艺美术保护条例》《国务院关于加强文化遗产保护的通知》等，进而使文化市场秩序规范起来，重视保护我国的传统文化，严厉打击一切破坏文化的行为，为文化的建设提供许多优惠政策，使中国的传统文化得到顺利的传承与发展。

（四）用好网络阵地

在一个信息化飞速发展的时代，媒介资源的发展决定着信息资源的变化，决定国家的话语权及国际地位。西方文化的霸权主义、浓厚的文化渗透、占主导地位的媒体提升了西方文化传播、宣传力度。西方媒体的垄断意味着发展中国家和不发达国家的国际话语权被剥夺和过滤，使这些国家失去了话语权。因此，要克服文化霸权主义的障碍，必须从传播渠道的发展、传媒企业的建设入手，塑造自己的强势媒体，开辟畅通的文化传播渠道。

中国的文化传播要充分运用新媒体手段，进一步促进信息的传播。随着科学技术的飞速发展，新媒体手段不断更新和丰富，传播形式层出不穷。网络通信具有全方位、全时空的特性，网络信息可以快速传播到世界各地，为国际文化的交流与传播提供了便利条件。在这种情况下，中国媒体要积极利用新媒体，加强文化传播力。

（五）打造主流文化

所谓的"主流文化"，是一个国家或者民族所提倡的对国家和民族的发展起着重要作用的文化。中国的"主流文化"是以中华优秀传统文化为基础，以世界的优秀文化遗产为补充。我国的"主流文化"具有人民性、先进性、时代性，更具有中国特色。习近平总书记强调，"实施国家文化数字化战略，健全现代公共文化服务体系，创新实施文化惠民工程。"[①] 中国政府要提升"主流文化"在国际上的影响力，就要深入实施国家文化数字化战略，在国家公共文化服务体系的建设上下深功夫，以促进中国的传统文化、价值观念在网络上的传播。要提升公民对"主流文化"和传统文化的认同感和自豪感，将主流价值观融入传统文化的网络传播中，将网络传播与公民的义务教育和高等教育相结合。

[①] 《高举中国特色社会主义伟大旗帜　为全面建设社会主义现代化国家而团结奋斗——在中国共产党第二十次全国代表大会上的报告》，《人民日报》2022年10月26日第1版。

三 中华优秀传统文化网络传播发展策略

（一）中华优秀传统文化网络传播内容与形式创新策略

1. 以儒家文化为核心，引领文化思潮

第一，优化儒家思想传播内容，扬之长弃之短。中国传统文化的主流思想是儒家思想。中国五千年的文化尊崇中庸之道，如儒家公认的文化价值观"孝、爱、忠、恕、信、和"和博大精深的人道主义精神等。因此，我们必须促进儒学文化的发展，取儒学中的精华，去除儒学中的糟粕，重视儒学的现代价值的传播，从而促进人类社会道德的进步，推动中国文明与世界文明的交流。

第二，创新儒家思想传播体制，培育传播人才。一是建立网络传播体系。中国政府部门要在国家政策指导下依法行政，创新儒学对外传播任务，实施文化对外传播的战略。二是促进国家的教育、教学体制改革，培养出儒学文化传播人才。三是外语交际上的优秀人才应肩负起传播儒学的重任，不但要有过硬的外语专业技能、操作网络的能力等，还要有极强的政治素养、团队奉献精神。四是应尽快修订教育计划，全面宣传中华优秀传统文化。

第三，提高儒家思想网络传播水平，以网络兴文化。首先，在儒家思想的网络传播中，中国政府要大力发挥作用。统一规划传播方案，加大领导力度，加大对儒学传播的投资，建立起有关儒学传播的官方网站或公众号平台，并对教师进行有关儒学传播教学的培训。其次，要加强儒学文化网络传播的法律、法规建设。对传统文化进行立法保护，是世界上各个国家进行文化保护的通行做法。我们可以通过这种做法在一定程度上降低西方文化渗透的影响，促进以儒家思想为基础的传统文化网络传播。最后，要促进文化网络传播技术、技能的改善。要加大对中国信息产业的投资力度，引进西方先进的互联网技术，对网络软硬件研发提供资金和政策上的支持，进而提高国民的自主创新能力。也要逐步改善互联网使用的不平衡现象，改正不合理的互联网娱乐消费和过度消费，从而为中国传统文化网络传播提供良好的平台。

我们提高儒家思想网络传播水平，以网络兴文化，有益于增强做中国人的骨气和底气。正确处理儒家文化对外传播过程中遇到的问题，扎扎实实构建对外传播战略，有利于以儒学为核心的中国传统文化在世界舞台上更好地唱响中国声音，为构建和谐世界做出一份贡献。

2. 以促进民族文化创新性发展为重点，致力民族复兴

第一，传承民族精神，把握文化内涵。想要使当今的文化道德体系构建找到根基，必须基于传统文化，改造传统文化，在批判中发扬，做到取其精华去其糟粕。我们要站在国家生存、发展的高度上看待我国的文化建设，防止西方文化的渗透，并使我们的文化走向世界。中国的文化战略应该将民族精神与开放意识相结合，以弘扬民族精神、深化改革开放、保持民族特色为核心。

第二，理解民族文化，弘扬民族精神。"民族精神"是一个民族品质的体现，是民族复兴的源泉、动力，是一个民族生存和发展的精神支柱，是一个民族共同的精神品质。只有激发出民族精神，才能激发出民族自豪感，并真正实现民族复兴。

随着历史的发展、时代的进步，中华民族精神的内涵也不断更新、发展。中华民族精神是中国优秀文化中必不可少的一部分。中国古代经过了长期的民族大融合，形成了共同价值观，如忧患的意识、赤子的情怀、进取的精神等。民族精神是衡量一个民族、国家综合国力的重要尺度，是一个国家的灵魂。文化、经济、政治相互影响，文化在综合国力中的影响力逐渐凸显。文化的软实力植根于一个民族、国家的凝聚力。

第三，博采众长，建设开放性的民族文化。民族性和开放性是中国先进文化的两个基本取向。民族性是民族文化的灵魂所在，是文化发展的核心。先进的民族文化是面向世界的、面向未来的，融合了世界的优秀文化成果。每个国家都有自己的历史、文化、风俗、传统，都有各自的长处、劣势。我们应互相尊重，互相学习，共同进步，尊重差异。

无论是中国抑或西方国家，他们都有自己的文化优势和劣势。每一个国家都需要进行文化交流，要不断完善本国的文化。我们要基于建设中国特色社会主义的实践，促进体制创新、科技创新、文化创新，不断进行自我完善、自我更新，获得源源不断的动力。

习近平总书记指出："一个国家、一个民族的强盛，总是以文化兴盛为支撑，中华民族伟大复兴需要以中华文化发展繁荣为条件。"[①] 一个民族的文化只有保持自己的特色，才能在世界舞台上展现魅力。面对西方文化，我们崇尚"和而不同"。只有这样，世界的文化才能"百花齐放，百家争鸣"。

---

① 《决胜全面建成小康社会　夺取新时代中国特色社会主义伟大胜利——在中国共产党第十九次全国代表大会上的报告》，《人民日报》2017年10月28日第1版。

3. 以在外语专业教学中融入传统文化内容为手段，拓展传播范围

第一，调整外语教学大纲，改进中国教学中文化失语现象。在外语教学中的"中国文化失语"现象是教育政策长期不合理导致的。教育部门已经认识到改善"中国文化失语"问题的重要性，并逐步采取措施调整。高考中的英汉分数的改革是解决这一问题的策略。降低英语成绩比重，提高语文科目地位可以大大提高人们学习汉语的注意力，要重视中西方文化中的交互流通，强调中国文化在国际上的发声。

第二，创新专业课程设置，扩充中国文化知识。苏霍姆林斯基曾说："要让学校每一面墙壁都会说话。"为让中国的学生感受到"儒风雅韵"，要以儒家文化为主导进行学校文化气氛的创设。高校专业外语课程，主要介绍西方文化，与中国文化相关的课程很少。虽然一些高校开设了"中国传统音乐""古诗鉴赏"等有助于发展中国传统文化的课程，但还停留在选修课的层面，从学校到学生都对其重视程度不高。

我们必须重视中国文化在国际交流中的重要作用，在英语教学中有意识地解决"文化失语现象"。可以在大学的英语专业中增加一些中国传统文化的课程和科目，将中国文化渗透到大学外语专业课的教学之中，最终实现大学生外语表达能力的大幅度提高。为了解决这种情况，中国的英语教学进行了调整，并取得了一些成果。比如，南京大学博士生英语教学中的英语阅读课要求学生阅读中国哲学、历史、文学艺术等与中国传统文化有关的英语文献，这种教学模式值得学习。

（二）中华优秀传统文化网络传播阵地建设发展策略

1. 意义

高校网络传播阵地是指高校创办的由多种新媒体形式构成的传播场所。在当今时代，高等学校都面临着如何建设网络传播阵地的问题，随着科技的发展，世界来到了信息技术革命的时代。在校园网络传播阵地的问题解决中，学校作为教书育人的重要场所应积极主动面对挑战，冷静分析当前局势，客观剖析解决方案。高校应该合理地运用网络传播阵地，自觉地强化网络传播阵地建设，熟悉网络媒介控制话语权的规律。

第一，加强网络阵地建设有利于提升国家文化软实力。现在，世界各国都把互联网作为提高文化生产传播能力、提升国家软实力的重要手段和载体，采取各种措施谋求优势地位。变是互联网时代的突出特点。为应对瞬息万变的网络环境，我们要密切跟踪网络发展趋势，必须重视网络传播阵地建设，打造社会主义先进文化传播的新阵地，积极抢占网络传播制高点，着力提升中国网络文化传播力，不断增强国家文化软实力。

第二，加强网络传播阵地建设有利于营造良好的大学文化环境。随着手机等移动设备的普及和互联网的全面兴起，人们的生活方式发生了巨大的变化，越来越多的公民通过网络信息获取消息、发表意见、交流思想，彼此影响。网络信息的及时发布、传递，有利于公民快速了解最新的社会、政治、经济、科技等信息，获取最前沿的动态，有利于公民意见的表达，有利于政府了解公民的心声，有利于提高政府的管理和服务水平。但其中也不乏哗众取宠、不辨是非、造谣生事等负面信息，污染了网络环境，不利于正确的、积极的世界观、人生观、价值观的树立。对此，我们要高度重视网络阵地建设。在高校建设发展的过程中，网络传播阵地中的舆论主导对高校的稳定和谐发展有举足轻重的作用。高校要尽可能发挥新媒体的作用，主动进行网络传播阵地建设，打造服务师生成长的文化新平台，提升对网络舆论话语权的控制能力，为高校事业发展营造良好的舆论环境。

第三，加强网络传播阵地建设有利于提高师生身心健康水平。加强网络阵地建设有利于净化网络文化环境、保护师生身心健康。网络阵地吸引着不同层次的网络公民，他们的思想倾向、文化情趣、综合素养与网络阵地传播内容有着密切关系。

2. 策略

第一，建立官方网站，以权威思想引导学习。大学生的学习和生活与互联网息息相关，网络流行文化对大学生的价值观有重要的影响。国家政府、教育机关应该完善和健全传统文化传播机制，结合新媒体的覆盖性、瞬时性，精细加工晦涩难懂的传统文化，来吸引更多的大学生关注传统文化。打造官方网站，以传统文化传播为主要内容，大学生群体为主要受众，借助网络平台促进传统文化的传播，用微信、微博等"微"媒体迅速、便捷地将传统文化渗透到大学生的生活中，开辟自由发表见解、相互沟通交流的平台，使碎片化的学习模式更有意义。

高校应关注时事，当事态发生时掌握主动权，在网络传播阵地进行权威性的解读，抢占舆论导向的先机。高校领导者要认识到信息公开以及真实准确的重要性，冷静地进行客观报道，不回避、挖掘事件的本质。高校应充分利用新媒体方便、快捷的传播特点，用开放包容的姿态进行议程设置，在网络平台上将正能量最大限度地传播，感染更多的学生。

随着信息技术的发展，高校网络文化逐渐成为思想政治教育的重要途径。如何将高校网络文化建设与思想政治教育进行结合，是时代赋予我们的一个重要课题。研究传统文化的学者应该更多地接触、了解新媒体，利用新媒体与传统媒体相结合的方式来传播传统文化知识，矫正大学生对传统文化的误解，引领大学生正确地理解传统文化的内涵。同时，调动高校老师参与其中，不断提高自身的文化修养和思想道德素养，强化对传统文化的认知与理解。在教学的过程中，要潜移默化地引导大学生对传统文化的学习，通过网络的沟通互动，及时地为大学生在学习中遇到的疑惑进行解答，时刻关注学生的思想和价值取向。在高校内要构造一个以新媒体为载体，以教师为主导的传统文化传播辐射圈。

第二，发展多样化传播形式，加深传统文化认知。由于传播方式等趋向多元化、传播形态多样化，微博、微信等新媒介的快速兴起，大大增强了信息传播的瞬时覆盖性。信息传播的时间空间被打破，大量的信息迅速涌入人们的视野中。增强传统文化在海量信息中的占有率和吸引力，让这些思想文化滋养人心。

高校可根据大学生的喜好，以学生喜爱的形式，如借助图片、音频、视频等方式向学生展示传统文化，将知识与新媒体相结合，充分发挥新媒体内容多样化的特点，给大学生提供更多的感官体验。通过建立检索链接，帮助大学生更快地获取信息，深刻地体味传统文化，加深对传统文化的认知。通过在高校建立传统文化社团的方式，举办一系列有关学习与传播传统文化的活动，引起大学生对传统文化的学习兴趣，同时借助社会传统文化资源，与社会民间社团组织进行传统文化的沟通与交流。

第三，促进新媒体与传统传播方式的有机结合。网络阅读逐渐改变了传统阅读模式，使大学生开始疏远课本，难以静下心来思考。基于此，高校可将新媒体与传统媒体的传统文化传播方式有机结合，取长补短。传统媒体的传播方式有着新媒体所不可替代的优势。高校应开设与传统文化相关的课程，促进传统文化在高校中的传播。引导大学生养成利用书本阅读的良好习惯，培养阅读的兴趣，利用书本学习传统文化知识，不断提高个人文化素养。同时，教师应提高利用新媒体教学的能力以提升课堂教学效果，使教学方式更加贴近大学生的生活。

四 大学在中华优秀传统文化网络传播中的主体地位构建

中华优秀传统文化是文化传承与创新弥足珍贵的资源，是民族复兴与国家崛起必不可少的精神力量。文化的传承与创新是大学的主要功能之一，其根本价值在于对受教育者进行文化熏陶、提高个体文化选择能力、进行大学文化创造和孕育大学文化精神，进而推进社会文化进化、规范社会价值系统、引导社会文化健康发展。大学在文化传承，特别是在继承和发扬中华优秀传统文化方面肩负着重要使命。随着信息技术的迅猛发展，网络作为新兴传播媒介，其出现不仅改变了文化传播的形式，提升了文化的感染力，更增强了传统文化的凝聚力。它的出现深刻地影响着传统文化的传播形态，面对新的机遇和挑战，大学在中华优秀传统文化网络传播中应重新审视自身作用，强化主体意识。

大学作为最高层次的教育机构，是人才第一资源、科技第一生产力、创新第一动力和文化第一软实力这"四个第一"的重要结合点，大学应充分发挥其在文化、学科、人才资源等方面的优势，肩负起中华优秀传统文化传承及网络传播的责任。

第一，文化传承是大学的基本属性。从教育和文化的关系上看，教育与文化互动共生，教育因文化积淀而产生，为文化传递和发展而存在。可以说，承载着教育功能的大学本身就带有传承文化的属性。作为一种实体存在，大学自身发展的历史就是文化传承的历史，作为科学研究的重要机构，大学能够充分发挥其学术优势，探寻和揭示传统文化的本质和规律，较为完整地保留传统文化的基本样态。在人才培养过程中，大学能够在教育的同时同步实现对传统文化的传承，又因其先进性的优势，能够与时俱进地对文化进行创新，从而完成传统文化的传承和创新性发展。

第二，学科建设是大学的重要任务。人文社科领域的学科作为基础学科，无论是综合类的学校还是有专门学科的学校，对于传统文化的内容都有涉及，其中中国哲学、历史、文学等专业更有专门深入的研究。随着网络的兴起，大学陆续开展网络传播方面的研究。尽管研究程度不一，但相较于社会其他领域对传统文化的关注，大学在学科方面的优势是比较明显的。

第三，人才培养是大学的根本任务。大学的根本任务是培养人，为了培育优秀的人才，专门配备了高素质、高水平的师资队伍开展人才培养、科学研究等相关工作，其中必然包含文化传承和创新的内容。大学的人才资源，能够为传统文化的网络传播提供强有力的智力支持和人才支撑。

第四，学术资源是大学的天然优势。图书馆、研究基地等专门机构既是大学普遍设立的，也是传统文化的研究、传播的重要载体。有关传统文化的内容，无论是纸质资源还是电子资源，大学的图书馆作为传承传统文化的重要载体，能够提供充足的相关资料。以长春地区为例，东北师范大学图书馆和各学院资料室藏书总量约365.4万册。图书馆馆藏古籍资源丰富，古籍收藏量在全国高校图书馆中名列前茅。该馆有线装古籍32万册，内有善本书4200余种、5万多册，明版书800余种、清代禁毁书数十种、钞本近百种。日伪时期东北地方文献、新中国成立前的重要期刊、东北解放区出版的期刊收藏较全。目前，该馆馆藏中有 49 部古籍入选"国家珍贵古籍名录"，有 168 部古籍入选"吉林省珍贵古籍名录"。大学享有国家的资金、政策支持，在国家重视传统文化传承这一背景下，大学的传统文化研究基地、科研所等机构通过科研课题、项目等方式对传统文化开展了深入研究，在文化继承与创新方面也取得了丰硕的成果。

五 大学在中华优秀传统文化网络传播中的主体意识培育

主体意识是一个内涵丰富的概念，一般认为是人对自身的主体地位、主体能力和主体价值的自觉意识，以及在此基础上对外部世界和人自身自觉认识和改造的意识。从这个意义上讲，大学在中华优秀传统文化网络传播中的主体意识，就是一所大学要自觉认识到在网络环境下，大学自身在继承和弘扬中华民族传统文化方面的责任，既要有意识地应用网络、运用多媒体技术等重新认识和传播传统文化，同时完成传统文化的创造性转化和创新性发展。大学在中华优秀传统文化网络传播中的主体意识也就是有意识地强化自身在中华优秀传统文化网络传播过程中的主体责任。

（一）增强文化自觉主体意识

在某一段历史时期，大学的扩建、合并趋势明显，这种形式上的整合必然导致了自身文化积淀和历史资源的割裂，"改掉了自身的特色，丧失了原本立足的根基"，也失掉了文化底蕴。对于中国传统文化这一巨大的文化遗产，大学应从根本上形成文化自觉的大学，在传承和创新方面加强自觉的动力和行动。

大学文化自觉的内涵在于，"一所大学中的师生对此大学的文化有'自知之明'，明白大学文化的形成过程，所具有的特色和它发展的趋向"。大学的文化自觉可以通过文化的视角对历史和现实进行反思，在庞大复杂的文化体系中，找寻到自身的文化责任，进而准确地定位学校在国家、社会发展的历史机遇中应该发挥的作用。例如，大学文化作为社会主义先进文化引领社会文化的积极作用、站在历史发展的高度定位学校与国家及地方经济社会发展的关系等。"文化自觉是一个艰巨的过程，只有在认识了自己的文化、理解所接触到的多种文化的基础上，才有条件在这个正在形成中的多元文化世界里确立自己的位置，然后经过自主的适应，和其他文化一起，取长补短，共同建立一个有共同认可的基本秩序和一套各种文化都能和平共处、各抒所长、联手发展的共处守则"。

(二) 提升传统文化教育重视程度

近代以来，中国经历的多次思想文化变革运动在一定程度上动摇了传统文化的根基，西方文化乘虚而入，体现在"90后""00后"身上的文化"阻断"现象日益凸显。在大学教育过程中，除了文史哲等相关专业，其他专业的学生对于传统文化的学习大多比较浅显，根据《华夏时报》对大学生传统文化教育现状进行调查的结果显示：对传统文化了解的大学生有60%，能完整背出古诗词或正确回答出作者的大学生有45%，认为传统文化有用的大学生有20%，对传统文化感兴趣的大学生占总数的30%；而有97%的同学认为学习英语是绝对有用的。在对传统节日的重视程度调查中，75%以上的大学生认为诸如中秋节、端午节等节日的重要，但是也认为圣诞节、情人节等西方节日的同等重要性。[①] 大学具有传播、传承和创新传统文化的责任与使命，但在实际的教学和育人过程中，一些大学对于传统文化的教育有待加强。"大学文化之根在哪"的困惑时有发生，传统文化教育的路径和方法问题一直在探讨和寻找过程中。

中华民族五千多年丰富的传统文化，其中优秀的内涵凝结成为民族的气质和精神，对于后世的生产生活产生根本影响。立足于传统文化的精神内核进行深入的挖掘、传承和创新，才能构建新时代背景下中华民族的文化自信。如何激发传承和创新传统文化的动力，是大学对传统文化教育必须正视的问题。

(三) 强化网络把关意识

互联网数十年的发展给人类的生活带来翻天覆地的变化，其开放、自由的特点直接作用是各类纷繁复杂信息在互联网流动、传播。面对庞杂的信息，受众难免产生信息选择的困惑，甚至受到有害信息的侵害。对于传统文化研究，网络信息是一把"双刃剑"——虽然克服了时间、空间的限制，但是在信息筛选过程中，往往需要更多的精力对信息进行鉴别，信息的可靠度远不如书籍。网络媒体高效的信息传播影响到高校网络媒介话语权的体制、体系。

对于大学来说，应当积极采取有效措施对信息进行把关，例如建立专门的信息库等，从而保障信息的真实、可靠，提升科学研究的效率。同时，大学必须要增强对于网络把关的意识，充分利用网络宣传积极向上的正能量，自觉地对网络传播的文化进行引导和干预。在高校传统文化网络传播建设过程中，控制网络舆论话语权的力度是重要环节。网络传统文化

---

① 谭小宝：《对当今大学生传统文化教育的思考》，《当代教育论坛》2008年第8期。

传播阵地主要有微博、贴吧、论坛等，因而对媒介话语权的控制难度加大。高校应顺应时代发展潮流，适应新型媒介对信息公开的强烈需求，培养网络文化传播意识，掌控网络媒体的话语权，提升舆论的预警能力，树立起高校在网络传统文化传播中的良好形象，为中华优秀传统文化的网络传播提供一片净土。

（四）加强学生文化鉴别力培育

对传统文化传承缺乏自觉，必然会导致缺乏文化自信。也正因如此，对本民族文化认同不够，加上外来文化对大学的强势冲击和隐形渗透，缺乏辨别能力的大学生在面对文化的冲突时，无法理性地鉴别和吸收外来文化，容易动摇其对于本民族文化精神的坚守。任何一种文化都有属于自己的生长环境，也都存在精华和糟粕，大学作为民族文化的传承者、示范者，必然要体现本民族的文化和价值取向。因此，大学教育要有意识地加强对学生文化自觉意识和文化鉴别能力的培养，要承担起文化传承的责任，进一步坚定中华民族的文化自信。

六 大学在中华优秀传统文化网络传播中的传承功能发挥

从党的十五大提出要"继承历史文化优秀传统"，十六大提出要"发扬民族文化的优秀传统"，十七大提出要"全面认识祖国传统文化""加强中华优秀文化传统教育"，十八大提出要"建设优秀传统文化传承体系，弘扬中华优秀传统文化"十九大提出要"推动中华优秀传统文化创造性转化、创新性发展"，到二十大提出要"坚持和发展马克思主义，必须同中华优秀传统文化相结合。"我们对于中华优秀传统文化传承的认识从"继承""发扬""弘扬""全面认识"到加强教育、建设传承体系不断深化，这也再一次印证了推动传统文化传承的极端重要性。

赵世林在厘定文化传承的概念时指出，"文化传承是文化在民族共同体内的社会成员中做接力棒般的纵向移交和接替的过程。此过程因受生存环境和文化背景的限制、约束而具有一定的强制性和模式化要求，终会形成文化的传承机制，使民族文化在历史发展中具有整体性、稳定性、连续性等特性。"[①] 文化传承的过程，需要依靠人们通过各种方式，将本民族的历史和传统有计划地传递给下一代，"文化的生和死不同于生物的生和死，它有它自己的规律，它有它自己的基因，也就是它的种子……种子就是生命的基础，没有了这种能延续下去的种子，生命也就不存在了，文化

---

① 赵世林：《云南少数民族文化传承论纲》，昆明：云南民族出版社，2002，第35页。

也是一样，如果脱离了基础，脱离了历史和传统，也就发展不起来了。因此，历史和传统就是我们文化延续下去的根和种子。"① 一个国家的历史和文化的传承，主要依靠教育来完成，这也是大学所肩负的责任和使命。

对于大学来说，文化传承在当前经济全球化、文化多元化、信息网络化的环境下，既要完成文化传承的历史使命，又要通过文化传承引导、推动新思想、新文化，从而推动社会文化的繁荣和发展。

(一) 成立专门研究机构，深入挖掘传统文化资源

整合传统文化资源，首先要在大学内部形成合力。大学享有传承传统文化的地域优势、人才优势和资源优势，应该以传统文化研究为突破口，成立专门的文化研究机构，吸纳校内、区域内的专门人才，整合校内相关专业力量与资源，对传统文化资源进行专门的挖掘、收集、整理和分析，挖掘和凝练出传统文化的优秀成果和思想价值，这一过程既整合了大学的各方面优势，又形成了一种整合传统文化资源的力量，其整理、收集和分析的过程，也是对传统文化取其精华、去其糟粕的过程。同时，依托大学专门的研究机构，可以进行传统文化相关的课程研究，增设优秀传统文化的课程内容和相关专业，将课程育人和传统文化结合，形成大学传承文化的育人脉络。

(二) 搭建专门平台，实现各类资源互联共通

目前，大学的图书馆资源，在文化传承中依旧发挥着举足轻重的作用，但是无论是大学内部还是外部，想要获取传统文化的相关资源，都需要通过各类的资源载体进行搜索、整理和辨别，这一过程不仅浪费了科研的时间成本，而且也难以保证资源的全面性。资源整合的外在表现即是各类要素的整合，无论是典籍、数字媒体、影视传播还是网络互动，将各类形式的资源进行分类、整理和共享。大学在整合传统文化资源的过程中，应积极通过技术支持，实现一个端口进入，即刻获取各类优秀的传统文化成果，并根据内部逻辑关联，构建较为完整的，至少可以应用于大学内部传统文化教育的文化资源库，从而进一步提升传统文化传播的效率。

(三) 加强外部沟通，发挥文化活动的集合效应

为推进校园文化环境建设，教育部连续三年开展"礼敬中华优秀传统文化"活动，从而引导大学生通过实践感悟中华优秀传统文化的精华。大学在开展校园文化活动中，增添传统文化内容的意识不断提高，例如，长春师范大学校园文化活动推出了以传承传统文化为内核的"承典铸魂"

---

① 费孝通：《文化与文化自觉》，北京：群言出版社，2010，第42页。

品牌育人活动，在学校建立了中华优秀传统文化"十大社团"，分别为芝荷国学社团、西窗剪纸社团、青云曲艺社团、茶韵茶道社团、博弈棋艺社团、尚武武术社团、丹青书法社团、言颂朗读社团、中华传统节日文化社团和慧心手工艺社团。各社团独自或联合开展文化活动近百场，极大地丰富了大学生的课余文化生活，提升大学文化素养。在传统文化交流日趋活跃的背景下，大学要积极投身于传统文化艺术交流与合作中，与社会上其他的传统文化活动展开联合，共同提升文化传承的效果和影响力，推动传统文化教育在全社会的普及。

第二节　大学在中华优秀传统文化网络传播方面的发展成效

习近平总书记反复强调："深入挖掘和阐发中华优秀传统文化讲仁爱、重民本、守诚信、崇正义、尚和合、求大同的时代价值，使中华优秀传统文化成为涵养社会主义核心价值观的重要源泉。"[①] 同时，"传统文化并非现成的和固化的，而是需要不断'活'在现代人的生活中，成为每一个中国人举手投足的环境养成。"[②] 研究者以大学生为调查对象，针对大学生对中华优秀传统文化认同的情况进行了调查，结果表明："大学生对优秀传统文化认同的总体得分为 86.81 分""92.8%的大学生表示优秀传统文化对每一个中国人都十分重要，89.8%的大学生认为没有优秀传统文化就没有中华民族"。[③]

这说明中华优秀传统文化在大学生群体中具有很强的共识，一定程度上反映了当前我国大学在传统文化教育方面取得显著的成效。总体来看，新时代我国大学在中华优秀传统文化网络传播方面的发展成效集中体现为六个方面，即：教育政策不断完善、研究成果持续创新、传承方式更加多元、传播载体日益丰富、网络平台建设显著加强、资源储存方式日渐多元。

一　教育政策不断完善

传承创新优秀传统文化是一项需要社会各行各业、各方面力量全面参

---

① 《习近平在中共中央政治局第十三次集体学习时强调　把培育和弘扬社会主义核心价值观作为凝魂聚气强基固本的基础工程》，《人民日报》2014年2月26日第1版。
② 范玉刚：《以政策引导厚植"中国特色"的文化根脉》，《理论视野》2017年第4期。
③ 简臻锐：《大学生对中华优秀传统文化认同的结构与结果探析——基于北京市9所高校大学生的实证调查》，《中国青年社会科学》2020年第5期。

与的工作。而中国又是世界上人口最多的国家,各个地区、不同阶层之间的社会政治文化发展并不均衡,许多地方有着自己独特的区域文化特色,党和国家也一直秉持着实事求是、具体问题具体分析的原则指导各地区、各行业,有偏重、有特点地发展自己独特的文化产业。在这样的情况下,全党全国全面推进优秀传统文化的传承发展工作需要一个庞大而强有力的工作指导体系。同时,传统文化的整体性和系统性,决定了中华优秀传统文化的继承和创新,需要理论研究者深入研究和阐发,需要政府有意识地加以引导,需要全社会的广泛参与,而传统文化教育相关政策的制定是其中非常重要的一环。

20世纪90年代,国家出台的重要政策中已经关注中华优秀传统文化教育相关内容,例如,1993年,中共中央、国务院印发的《中国教育改革和发展纲要》提出对学生进行"中国优秀文化传统教育"。1994年,中共中央发布《爱国主义教育实施纲要》,提出"进行中华民族优秀传统文化教育"。1995年,《中华人民共和国教育法》明确规定:"教育应当继承和弘扬中华民族优秀的历史和文化传统,吸收人类文明发展的一切优秀成果"。

加强中华优秀传统文化教育,需要做出科学的顶层设计和制度安排,在深入梳理中华优秀传统文化思想精华的基础上,厘清一些相关的政策界限和认识界限。基于此,"从2000年到2019年12月,中共中央、国务院及各部、委、办共颁发了43个与中华优秀传统文化相关的政策文件。"①其中,最具代表性和针对性的三项政策文件分别是:《完善中华优秀传统文化教育指导纲要》(2014)、《关于实施中华优秀传统文化传承发展工程的意见》(2017)、《中华优秀传统文化传承发展工程"十四五"重点项目规划》(2021)。《完善中华优秀传统文化教育指导纲要》(2014)确立了"中华优秀传统文化"的概念,以及"中华优秀传统文化教育"应包含的具体内容。《关于实施中华优秀传统文化传承发展工程的意见》(2019)则系统提出了中华优秀传统文化传承与发展的总体部署,提出了总目标,即:到2025年,中华优秀传统文化传承发展体系基本形成,研究阐发、教育普及、保护传承、创新发展、传播交流等方面协同推进。

在目前出台的政策文件中,中华优秀传统文化的核心概念从最初的概念零散,逐渐发展到表述稳定,进而发展到内涵深化,反映了党和国家对

---

① 张滢:《21世纪中华优秀传统文化教育政策发展研究——从"三进"的角度考察》,《湖南师范大学教育科学学报》2020年第5期。

中华优秀传统文化教育的认识和理解程度不断加深。随着政策文件数量的显著增加，相关教育政策的内容更加全面，政策实践指导性更强，为高校开展中华优秀传统文化教育提供更加有力的引领和支撑。

二 研究成果持续创新

任何一项工作都需要理论体系的指导和支撑。在知网中以"中华优秀传统文化"主题搜索研究文献，结果显示研究走向如图3-1所示。自2014年起，相关研究数量总体呈显著增长趋势。其中，2014年环比增长率达到278%，2022年文献数量达到1783篇。由该可视化分析可以看出，对于中华优秀传统文化相关问题的研究受到研究者的高度重视，研究成果不断创新。

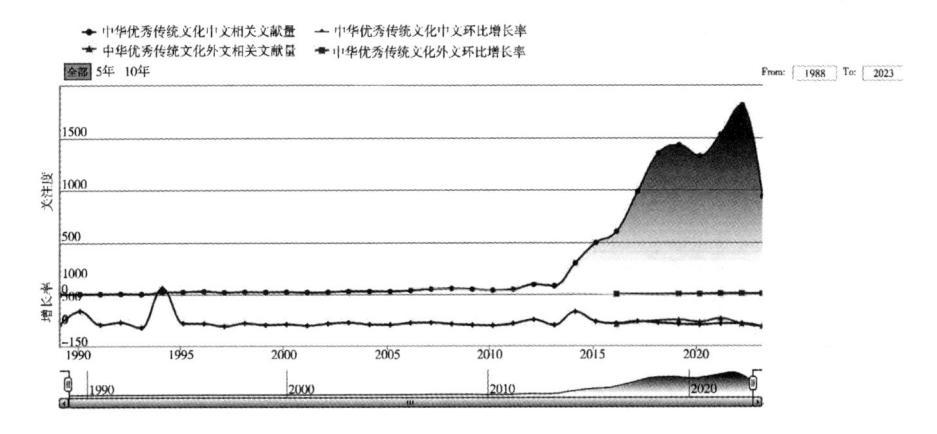

图3-1 1988~2023年中国知网收录中华优秀传统文化相关主题文献数量统计

在知网中以"中华优秀传统文化"主题搜索核心期刊，结果显示核心及以上期刊共计2782篇相关论文，其研究走向如图3-2所示。

对于中华优秀传统文化问题的研究，研究者的主要研究主题分布如图3-3所示。

通过对研究主题的分析可以发现，研究的关注点集中在："文化自信""传统文化""社会主义核心价值观"等方面。通过对相关文献的深入阅读，最受关注的文献包括以下方面：

"中华优秀传统文化与文化自信""中华优秀传统文化传承体系构建""习近平同志关于'中华优秀传统文化'重要论述""中华优秀传统文化与高校思想政治教育"。其具体研究情况如下：

❶数据来源： 文献总数：2782篇；检索条件：空；检索范围：学术期刊

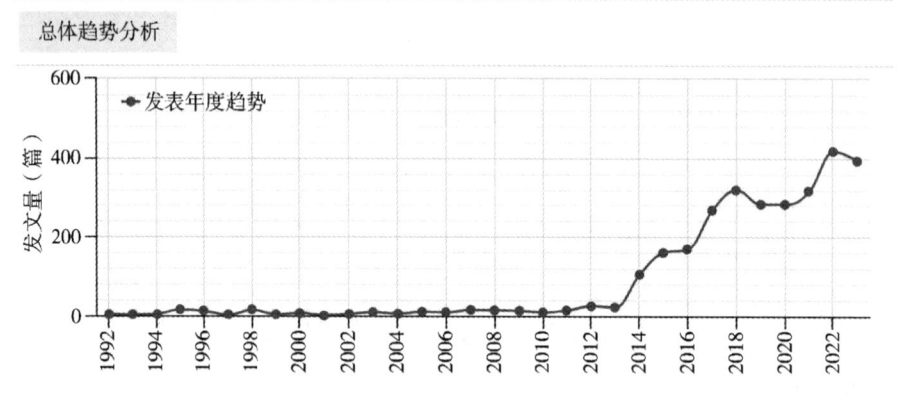

总体趋势分析

图3-2 1992~2023年中国知网收录核心以上期刊中华优秀传统文化主题文献数量统计

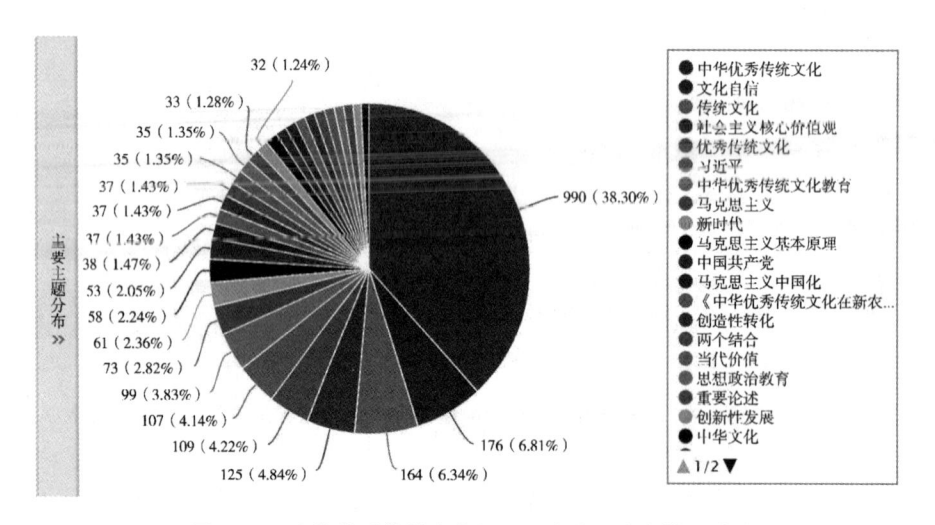

图3-3 中华优秀传统文化问题研究主题分布情况统计

(一) 关于"中华优秀传统文化与文化自信"

田克勤、郑自立在《坚定文化自信的三个基本维度》一文中，将"弘扬中华优秀传统文化"列为坚定文化自信的三个基本维度之一，主张在弘扬中华优秀传统文化方面，应致力于推动优秀传统文化"活起来""融进去""走出去"。① 石文卓在《文化自信：基本内涵、依据来源与提

---

① 田克勤等：《坚定文化自信的三个基本维度》，《思想理论教育》2016年第10期。

升路径》中指出，在新的历史境遇下，提升文化自信要通过推进马克思主义中国化、推动传统文化的创造性转化和创新性发展、落实开放发展新理念以及深化文化体制改革等几个方面予以实现。① 杜芳在《中华优秀传统文化与文化自信》中指出，中华优秀传统文化是文化自信的基石。中华优秀传统文化无论从内容特质、时代价值，还是国际影响方面，都彰显了独特的魅力，是我们提升文化自信的重要资源。②

（二）关于"中华优秀传统文化传承体系构建"

段超在《中华优秀传统文化当代传承体系建构研究》一文中，系统阐述了中华优秀传统文化传承体系中各要素、各环节之间相互影响、相互制约的多重关系，强调：中华优秀传统文化传承体系的有效运行是体系中各种元素、各个环节的有效整合，各种元素、各个环节功能的充分发挥是整个体系功能发挥即体系良性运行的前提。③ 刘佳在《中华传统文化创新性传播的路径与对策》中指出，中华优秀传统文化蕴含着巨大的转化势能和可待激活的"引爆点"，以创意赋能、短视频助力传统文化传播普及、"云动力"推进中华传统文化数字化转型为路径，激发全民族文化创新创造活力。④ 王丽霞在《中华优秀传统文化创造性转化和创新性发展路径探析》中指出，要借助创意对优秀传统文化进行创造性重构，借助前沿科技为优秀传统文化赋形赋能，不断推陈出新。⑤ 吴增礼、王梦琪在《中华优秀传统文化创造性转化与创新性发展的维度和限度》中指出，厘清优秀传统文化创造性转化与创新性发展的中心意蕴、维度和限度是做好创造性转化与创新性发展的重点与难点，是传承和发展优秀传统文化的关键。⑥ 宁海林在《"中华优秀传统文化+短视频"整合传播研究》中主张，"中华优秀传统文化+短视频"整合传播无论在理论上还是在现实上都具有合理性和必要性，能够实现两者双赢。中华优秀传统文化短视频整

---

① 石文卓：《文化自信：基本内涵、依据来源与提升路径》，《思想教育研究》2017年第5期。
② 杜芳：《中华优秀传统文化与文化自信》，《探索》2017年第2期。
③ 段超：《中华优秀传统文化当代传承体系建构研究》，《中南民族大学学报》（人文社会科学版）2012年第2期。
④ 刘佳：《中华传统文化创新性传播的路径与对策》，《传媒》2021年第10期。
⑤ 王丽霞：《中华优秀传统文化创造性转化和创新性发展路径探析》，《山东社会科学》2021年第11期。
⑥ 吴增礼等：《中华优秀传统文化创造性转化与创新性发展的维度和限度》，《湖南大学学报》（社会科学版）2020年第1期。

合传播可以在传播主体、传播渠道以及表现路径等方面进行整合。① 李凤亮、古珍晶在《新时代中华优秀传统文化现代化转换的价值、路径及原则》中探讨了传统文化的综合保护、活态传承、守本创新、无限延续的"四位一体"转换理念，以及古今融通、中西合璧、形神兼备和开放多元的转换原则。②

（三）关于"习近平同志关于'中华优秀传统文化'重要论述"

杨瑞森在《弘扬中华优秀传统文化四题——学习习近平同志关于弘扬中华优秀传统文化重要论述的几点体会》中指出，习近平同志关于弘扬中华优秀传统文化论述的重要意义乃是在理论与实践的结合上推进了马克思主义中国化的历史进程。③ 徐光木、江畅在《习近平总书记对中华优秀传统文化的创造性转化和创新性发展》中指出，习近平总书记推动中华优秀传统文化的创造性转化和创新性发展的理论和实践建立在充足理据的基础之上，其合理性正在随着时间的推移日益充分彰显出来，其理论和实践成果反映了我国从富起来到强起来和文化强国建设的客观要求，具有重大的现实意义和深远的历史意义。④ 冯刚、鲁力在《习近平关于中华优秀传统文化重要论述的理论蕴涵》中指出，习近平总书记从个人、社会、国家和人类四个层面，高度肯定了中华优秀传统文化的历史价值、理论价值、时代价值和实践价值，指明了中华优秀传统文化的具体内容，深刻揭示了中华优秀传统文化创造性转化与创新性发展的内在理论、基本原则和现实路径。⑤

（四）关于"中华优秀传统文化与高校思想政治教育"

林崇德在《构建中国化的学生发展核心素养》一文中提出，构建中国化的学生发展核心素养体系过程中，应坚持传承中华优秀传统文化，凸显人才培养的民族底色。⑥ 王泽应在《论承继中华优秀传统文化与践行社

---

① 宁海林：《"中华优秀传统文化+短视频"整合传播研究》，《现代传播（中国传媒大学学报）》2018年第6期。
② 李凤亮等：《新时代中华优秀传统文化现代化转换的价值、路径及原则》，《东岳论丛》2020年第11期。
③ 杨瑞森：《弘扬中华优秀传统文化四题——学习习近平同志关于弘扬中华优秀传统文化重要论述的几点体会》，《思想理论教育导刊》2014年第12期。
④ 徐光木等：《习近平总书记对中华优秀传统文化的创造性转化和创新性发展》，《思想理论教育》2019年第2期。
⑤ 冯刚等：《习近平关于中华优秀传统文化重要论述的理论蕴涵》，《湖南大学学报》（社会科学版）2022年第1期。
⑥ 林崇德：《构建中国化的学生发展核心素养》，《北京师范大学学报》（社会科学版）2017年第1期。

会主义核心价值观》中指出，培育和弘扬社会主义核心价值观必须立足中华优秀传统文化。他强调，中华优秀传统文化不仅是社会主义核心价值观的肥沃土壤、思想资源和源头活水，而且也蕴含着社会主义核心价值观的精神要素。① 李璐璐、何桂美在《关于中华优秀传统文化融入高校思想政治教育的思考》中认为，在高校思想政治教育中，通过主课程"增容"、文化讲座"提升"、文化选修课"夯基"、网络文化园地"守土"等方式方法融入中华优秀传统文化，有利于增强大学生的文化自信、涵养大学生的道德情操，为"培养什么样的人"提供丰富滋养。② 陈庆庆、李祖超在《中华优秀传统文化融入大学生思想政治教育的路径创新》中提出，创新中华优秀传统文化融入大学生思想政治教育的路径，应推进课程思政教学改革创新、构建中华优秀传统文化育人新模式、实施中华优秀传统文化传承发展工程、打造"互联网+思政教育"新体系。③

综上所述，伴随着《完善中华优秀传统文化教育指导纲要》《关于实施中华优秀传统文化传承发展工程的意见》等相关政策文件的出台，学术界针对中华优秀传统文化开展了学术研究，并且相关研究逐渐深入。现有研究在研究方法、研究维度以及研究态势方面均有所创新，逐渐转向多维的整体研究，并注重理论与实践结合。在研究内容方面则涉及中华优秀传统文化的核心概念梳理、传承路径、培育形式、培育载体等诸多方面，为进一步深化大学在中华优秀传统文化网络传播研究奠定了坚实的理论基础。

三　传承方式更加多元

传统文化的传承是全社会共同的责任，是一项需要所有人参与、各司其职、各扬所长的一项活动。基于此，中共中央办公厅、国务院办公厅印发的《关于实施中华优秀传统文化传承发展工程的意见》（2017）提出：要围绕立德树人根本任务，遵循学生认知规律和教育教学规律，按照一体化、分学段、有序推进的原则，把中华优秀传统文化全方位融入思想道德教育、文化知识教育、艺术体育教育、社会实践教育各环节，贯穿于启蒙

---

① 王泽应：《论承继中华优秀传统文化与践行社会主义核心价值观》，《伦理学研究》2015年第1期。
② 李璐璐等：《关于中华优秀传统文化融入高校思想政治教育的思考》，《学校党建与思想教育》2022年第4期。
③ 陈庆庆等：《中华优秀传统文化融入大学生思想政治教育的路径创新》，《思想政治教育研究》2020年第4期。

教育、基础教育、职业教育、高等教育、继续教育各领域。

在高校的网络传播中,需要高校党政领导的高度重视,需要从学校整体层面做好顶层设计,需要文化、文学、历史、哲学等社会科学学者的研究创新,需要校园学生工作者、学工会等组织、校园媒体机构的共同参与和努力。当前,高校在传承中华优秀传统文化方面,更加注重其实践性,传承方式更加多元,形成以学术研究为内核,以课堂教学和实践体系为载体,辅之以校园文化建设的中华优秀传统文化传承体系。

(一)通过课程教材建设开展中华优秀传统文化教育

课堂是大学生接触传统文化最主要的载体,是开展中华优秀传统文化教育的重要途径。习近平总书记多次强调,要用好课堂这个主渠道。当前,一些学者和高校教育工作者非常重视"课程化"这一路径,从课程目标、课程内容、课程设计、课程实施、课程评价等方面建构中华优秀传统文化课程系统,将其落实于高校日常教学过程。

一是构建公修课程、选修课程、线上课程三位一体的中华优秀传统文化课程体系。以思想政治理论课程为抓手,以传统文化公共选修课程为依托,通过设置不同形式的课程,提升课程教材质量,夯实学生学习优秀传统文化的思想理论基础。二是构建中华优秀传统文化校本课程群。由高校因地制宜、因校而异,探索"通专结合"的教学方式,发挥自身优势、整合独特地域文化资源等,自主开发建设的中华优秀传统课程体系。以研究式教学、经典阅读等形式提高中华优秀传统文化的理论认同,推动中华优秀传统文化充分融入专业教育和通识教育中。三是通过课程思政中华优秀传统文化教育。在各类课程讲授过程中,充分挖掘其中蕴含的中华优秀传统文化思想观念,结合具体课程本身的特点,开展中华优秀传统文化教育。

(二)通过强化社会实践开展中华优秀传统文化教育

社会实践是将中华优秀传统文化融入大学生日常生活的重要方式。近年来,随着"国学"热的兴起,大学生们对传统文化表现出浓厚兴趣,古风诗词、吟诵咏唱、传统乐器,甚至包括剪纸、书法等传统技艺都能够引起学生们的关注,这对于研究传承中华优秀传统文化是一个好的转变。为此,各高校不断完善社会实践管理制度,鼓励兴办学生社团,积极开展各类实践活动。

一是建立课外学习中华优秀传统文化的学习评价体系(如第二课堂成绩单制度),促进中华优秀传统文化的课堂教学与课外实践有机结合。通过开展传统文化专题讲座、传统文化精神演讲比赛、优秀歌舞及传统手工艺展演等活动，开展相关的研讨会、班会、党团学习等活动，加深学生对中华优秀传统文化的理解与思考。二是学生管理部门通过广泛宣传发动，深入开展形式多样的教育实践活动，让学生在生动的氛围中更直观地体会中华优秀传统文化的理念精髓，让学生亲身感受中华优秀传统文化的魅力。例如，组织学生开展相关传统文化的调查，或组织学生到博物馆、艺术馆、文化馆、非遗传习所等文化场所参观学习等。

（三）通过校园文化建设开展中华优秀传统文化教育

中华优秀传统文化教育的发展不仅需要课程的牵引，还需要各类文化活动作为补充。校园作为学生日常生活、学习以及参与活动的场所，其环境会无疑会对学生的思想观念和道德品行产生影响。依托校园文化推进中华优秀传统文化的传承，能够使传统文化教育更加生动活泼，更易于被大学生所喜欢、所接受。因此，很多高校非常重视运用各类校园文化活动进行中华优秀传统文化教育。

一是合理进行有关传统文化的设施规划，构建校园文化生态环境。通过开展校园美化工程，将中华优秀传统文化的相关元素融入校园建筑。通过加强校园文化建设，使校园设施、视觉识别体系更加彰显中华优秀传统文化要素。二是依托传统文化节日开展丰富多彩的校园文化活动。传统节日中蕴含着许多丰富、深刻的教育资源，高校重视依托清明节、中秋节等节日开展各类纪念、教育活动。三是利用好高校宣传平台，创新高校媒体融合之路，融合传统媒体和新媒体一体化，充分发挥实体刊物、新媒体平台、网络平台媒体融合的育人功能，形成教育合力，营造良好的中华优秀传统文化传播环境。

四 传播载体日益丰富

（一）文字传播载体

文字作为文化传承的重要载体和方式自古有之。五千年前中国就有了文字出现，随着其不断发展，它的用途也越来越广泛。在封建时期，我国文字已经被用来进行历史文献的撰写和军事信息的交流传播。发展到秦代结束了文字混乱的局面，文字得以统一。再到后来，文字成为亲朋好友之间表达思念的载体，通过文字表达思念之意或相思之情。

互联网时代，以文字传播中华优秀传统文化需要不断创新发展。第一，让生涩难懂的古籍文字适应现代人的身心需求。这需要加强古籍文字的内涵阐释，让更多人明白古人的文化思想，理解其中蕴含的文化思考。第二，让文字适应不同年龄段人的认知水平。从小到大、从大到老，活到老、学到老，每个阶段的人对人生和文化都有不同的认知能力和认知水平，因此，有必要为各年龄阶段的人提供适合的文字供给。第三，让文字适应现代人的阅读习惯。我们提倡让文字活起来，这不仅仅局限于书本，而是要让文化亮出来，成为每个人的精神食粮。运用新媒体新技术新平台让文字跃入眼帘、跳进耳朵、含在嘴里、暖在心上，文字加新技术、加新平台，将会为互联网时代传播中华优秀传统文化提供更多可能。

（二）影视传播载体

影视作为文化传播的媒介，极大地改变了人们的学习、工作和生活，同时也极大地改变了人们传统的通信文化。人们坐在家里便可以欣赏不同地区的精彩演出。无论是小品、评书、新闻广播、相声、电视剧、地方曲艺、影视剧都成为传播中华优秀传统文化的良好媒介。经过几十年的发展，影视媒体事业发展迅猛。影视节目如雨后春笋，内容丰富多彩，精彩纷呈。电视频道从少数几个增长到几十甚至几百个；电影事业繁荣发展，优秀电影佳作不断涌现；同时，我国的影视可以通过卫星发送到国外的地方电视台，进而进行更好的文化传播。这为中华优秀传统文化传播奠定了坚实基础。

同时，我们也清醒地看到，中华优秀传统文化借助影视创新传播的能力还不够。首先，一些关于中华优秀传统文化的影视文化作品未能赢得观众好评，他们大多打着弘扬传统文化的旗号，在尊重历史开展创作方面明显不足，引发不良的观影反应；其次，一些影视作品肤浅地阐释了中华优秀传统文化的内涵，并未真正实现文化滋润观众心灵、引发共鸣的目的；最后，对于互联网时代影视文化的供给务必要贴合人的内在需求，需要进行传统与现代的心理衔接，进行传统向现代的转化，而这种衔接转化又应该是历史的、艺术的、情感的，唯此才能走进观众的心里。

（三）游戏传播载体

游戏市场在文化传播上有很大的潜力值得我们开发。以游戏传播中华优秀传统文化这是一个崭新的视角，也有足够创新的空间。一是融入本民族优秀传统文化，我国游戏开发商可以利用游戏的创作、开发、美术、程序、画面观感、策划等环节植入我国本民族的优秀传统文化；二是学习西方国家游戏设计开发思路，分析其吸引人的重要特征元素，并将这些元素融入我国的文化特色后植入游戏画面和情节中。游戏也是传播社会主义核心价值观的重要阵地，这个不容忽视，也是争取文化斗争主动权的重要场域。

五 网络平台建设显著加强

中国传统文化具有显著的整体性特征,不仅有我们惯常所说的文史哲不分,而且还要求学理和实践紧密结合。基于中国传统文化特有的各种属性,研究传承中国传统文化很难依附在如今各自分立的文史哲等社会科学学科上,需要将传统文化从原来的语境中移植出来,放置到更丰富的土壤中,获得更好的传播效果。同时,利用网络进行传统文化的传播,更需要结合时代特征,利用现代科学技术,将其与传统文化结合。因此,高校必须建立专门的研究所、工作院,进行研究和传播工作的统筹安排,同时加强网络平台建设以更有效地利用网络进行传统文化的传播。

优质的"土壤"往往要具备结构清晰、导向明显、响应速度快、信息更新及时、内容具有吸引力、保护个人信息、网站兼容性强、安全性能好等特点。在电信、广播电视、互联网三大网络不断技术更新的趋势下,运用"多网融合"的模式传播传统文化成为必然的发展方向。"多网融合"为传统文化传播提供了更方便、更快捷的传播渠道,数字化、网络化电视的普及推动了广播电视与互联网充分融合,声音、图像、数据信息实时传递转化,不断扩展着传播文化的传播范围,更扩大了受众范围。在当前万物互联的网络时代背景下,迎合年轻群体的QQ、微信、微博、抖音等应用类软件层出不穷,对大学生更加具有吸引力。

近年来,网络思想政治教育平台已经在全国各高校普及,并已初具规模,其中不乏一些颇具影响力的平台,例如北京大学的"红旗在线"、清华大学的"学生红色网站"、东北师范大学"东师青年"等。在此基础上,2014年,教育部办公厅、国家互联网信息办公室秘书局印发了《"易班"推广行动计划和中国大学生在线引领工程实施方案》,依托"易班"和"中国大学生在线"这两个比较完善的网络思想政治教育平台,进一步升级平台内容、技术和服务,打造集思想教育、教务教学、生活服务、文化娱乐为一体的全国性大学生网络互动示范社区和覆盖面宽、影响力大、引领性强的高水平综合性大学生主题教育网站,带动全国各高校网络思想政治教育和传统文化传播的发展。

当前,很多大学已经依托更多交互的、动态的传播媒介和运营方式,利用门户网站、信息平台,抑或自主研发相类似的App进行传统文化的传播。以大学生群体为受众,将中华优秀传统文化的内容制作体系完整、言简意赅的视频链接、文章推送等,吸引大学生对传统文化进行学思感悟,激发大学生传承和弘扬传统文化的主动性和积极性。与此同时,做到资源整合和文化传播的深度融合,使传统文化网络平台内容与时俱进、形式优化创新,做好传统文化的传播者。

未来,传统文化网络平台建设需要进一步克服技术支持不够、维护更新的频率较低、缺少人文内核等问题,引入第三方进行转化,实现内容和形式的深入融合,准确地展示和传播传统文化。通过建设一支具有较高的文化修养和与时俱进的技术水平的高素质的传统文化传播队伍,不断利用新技术传播新内容,丰富传统文化传播的路径,创新传播形式,吸引受众的注意力,努力使传统文化历久弥新。

六 资源储存方式日渐多元化

(一) 电子数据资源日臻完善

中华优秀传统文化的历史传承依靠口口相传和文字记载,《册府元龟》《古今图书集成》《四库全书》等都是典籍文献的集大成者。到了现代,随着网络技术的发展,传统文献的保存和传播方式逐渐转化成为电子数字储存和传播。1997年11月由北京大学教授刘俊文提出创意和规划,启动了"中国基本古籍库",这是对中国文化的基本文献进行数字化处理的宏伟工程。"中国基本古籍库"收录了自先秦至民国(公元前11世纪~公元20世纪初)历代典籍1万种、计17万卷,图像1000万页,数据量约400G。这不仅是目前世界最大的中文数字出版物,也是中国有史以来最大的历代典籍总汇。"中国记忆——中国传统文化艺术基础资源数据库"也在试运行过程中,该数据库以传统文化艺术基础资源为对象,以海量信息资源的管理与服务为导向,以文化艺术资源标准化建设为支撑,以前沿技术为基础,构建了一个集数字资源著录、管理、社会应用于一体的数据库工作体系。在数字化背景下,各地在传统文化的数字化储存方面,也根据区域文化特色开发相应的地方传统文化数据库,如浙江省建立的"浙江文化资源数据库"、河南省建的"中原特色传统文化数据库"等。"数字化数据库是文化传播的载体,是随着社会不断进步、科技不断创新和文化现代化发展的产物。"将传统文化典藏文献转化为数字化储存,既能有效地实现文化传承,也可以为学习和研究传统文化提供快速获取资料的平台。

(二) 影视化传播逐渐普及

当前,以图画和影像为重要载体,依靠电影、电视等为代表的视听媒介和视觉产品成为传播的重要载体。从文化角度看,影视化传播对传统文化的传承与发展起到了积极的推动作用,新的媒介为传统文化的革新和发展注入了生命力,丰富了大众感官体验,拓展了传统文化的发展空间。近年来，文化作品纷纷搬上荧幕，"百家讲坛""舌尖上的中国""中国诗词大会""国宝档案"等文化栏目也吸引了大众的关注，同时，人们借助影视的传播，更身临其境地感受到中华优秀传统文化的魅力。影视化的表现形式可以说在一定程度上推动了传统文化的传播和普及。

（三）沉浸式体验互动性强

传统媒体传播过程需要特定媒介的筛选，在这种传播过程中，信息的传播广度和速度都受到很大的限制，信息的准确度、客观性也受到人为因素的影响。互联网的发展使得人们的互动方式也开始转变，在网络这一虚拟空间，一方面，大众通过文字、声音、图像等符号展开信息交换和交流，打破了传统媒体环境下，大众被动接收信息的模式；另一方面，大众也有机会以互动的方式积极参与到信息的交流和分享中。传播活动中的媒体和受众、受众与受众，各自都兼有双重身份，在内容和形式上互相作用，每个个体，既是受众，又是传播者，既利用网络获取信息，也利用网络进行信息传播。传统文化借助网络媒介的这一特点促进了自身大众化的传播，特别是微博、微信、网络社区等应用的出现，使得大众沉浸在网络世界中，活跃度大大提升。对于传统文化的内容，大众可以通过网络获取认知、深入了解，进而展开交流，同时，传统文化也通过大众乐于接受的形式进行传播和传承着，例如，在国际博物馆日当天，中国国家博物馆、湖南省博物馆、南京博物馆等七家博物馆联合抖音短视频 App 发起第一届文物戏精大会，使得传统文化的传播更接地气，也更具趣味性。

多元的承载形态、迭新的传播模式，为中华优秀传统文化传播提供了丰富的土壤，注入了新的活力。《中共中央关于深化文化体制改革，推动社会主义文化大发展大繁荣若干重大问题的决定》中明确指出，要全面认识祖国传统文化，就要"取其精华、去其糟粕，古为今用、推陈出新，坚持保护利用、普及弘扬并重，加强对优秀传统文化思想价值的挖掘和阐发，维护民族文化基本元素，使优秀传统文化成为新时代鼓舞人民前进的精神力量。"在新的媒介环境中，大学更应该融合网络技术，以优化、协同、共享为宗旨，对传统文化资源进行整合，构建多价值角度利用的资源体系。

第三节　大学在中华优秀传统文化网络传播过程中面临的挑战

中华大地有五千年的文明历史，中华文明是世界上唯一一个始终没有中断的古文化，中华文化曾多次孕育出当时世界最灿烂的文明之花。建设中国特色社会主义优秀文化，增强社会主义现代化文化力量，提高国民文化自信，必须植根于深入挖掘、继承中华优秀传统文化。尽管目前对传统文化的重视程度不断提升，但实现中华优秀传统文化的传承和创新还有很长的路要走。中华优秀传统文化的传播媒介与形态受计算机和网络信息技术的变革与发展影响较大。传播方式的多元化为传统文化的发展提供了有力支撑，极大地赋予了感染力和凝聚力。随着社会的不断发展，人们对文化需求也不断提高，对文化事业和产业的创新发展提出了更高的要求。这些情况都给大学的中华优秀传统文化网络传播带来了一定挑战。

一 中华优秀传统文化内容创新能力有待提升

所谓"传统"，是指那些在历史的发展中沉淀、流传下来的具有一定特点的风俗、道德、思想、作风、艺术、制度等社会因素。这些因素经过世代的强化、损益，具有顽强的生命力。中华文化作为世界上唯一不曾中断的、延续了五千余年的一种文化，其精神道德、社会行为等各方面的约束力是极强的。近年来，随着我们国家的发展强大、社会的稳定和谐，我们已经越来越认识到传统文化作为一个民族"精神根源"的重要作用，认识到中国传统文化中有着许多极其珍贵的道德追求和精神力量，比如爱国主义、守礼重义、道德完善、兼济天下、勤劳勇敢、吃苦耐劳、勤俭节约等。如今社会上兴起的"国学热"，就是在这一思想认识的基础上形成的。

（一）内容创新的历史追溯

在国学热潮的助推之下，优秀传统文化正逐步兴盛起来。鲁迅先生在给青年木刻家陈烟桥先生写的一封信中曾表达一个观点："越是民族的，就越是世界的。"如今面临传统文化"复兴"的问题，是不是也可以打开思路来探讨：越是时代的，就越是传统的？当然，应该承认的是，中华文化的精神核心内涵是有很强的稳定性和生命力的，但是也不应忽视同样以儒学为核心的中华文化在特定历史阶段都有着不同的表现形式，呈现出不同的审美特征。如李泽厚先生在《美的历程》中所描绘的：先秦文化呈现的是理性精神，楚汉时期则是浪漫主义，盛唐之音洋溢着青春的活力，而宋元山水意境中透露的则是冷静的哲思……虽然历代中也不乏"复兴"古代文化精神的追求和活动，比如唐朝韩愈、柳宗元领导的古文运动，元稹、白居易倡导的新乐府运动，明代中期由前后"七子"所发起的文学复古思潮，其无一不是借"复古"旗号来表达当时的社会文化要求，而明代中期的这场前后"七子"发起的文学复古思潮之所以没有产生大的影响，与他们"文必秦汉，诗必盛唐"，以模拟为创作法门，缺乏结合时代特征、表达时代精神面貌和文化要求的创新精神有关。

"以史为鉴，可以知兴替"。通过分析中国古代历史上这几次大的复古思潮的行为过程和结果，可以清晰地看到复兴传统文化就必须进行创新，必须将传统文化精神和时代特征相结合，创作出当代中国特色的社会主义精神文化。当今社会传承优秀传统文化还必须明确，继承和发展中华优秀传统文化不是"复古"，传统文化是当代文化的精神之源，真正认识了解传统文化的真实面貌是一个正本清源的过程。而继承和发扬传统文化始终是立足当代，放眼未来的。比如找到传统文化中的"礼治"与当今时代的"法治"精神的内在逻辑关系，如何将其结合共同为我们当今时代服务，这是如今进行文化的继承、发展、创新中比较重要的问题。而就目前学界的研究情况来看，这一部分传统文化的时代内容创新还是相当欠缺的，需要学界同仁的进一步努力。

（二）内容创新的基本原则

1. 增强系统性和深入性。当前，"汉服传统成人礼""春节六拜""国学诵读"等一系列吸人眼球的活动都在传递着教育对中华优秀传统文化的传承。对于我国的春节、中秋节等传统节日，在文化的传播过程中，我们似乎只是做到了简单的继承和复制，对于节日的内涵的深刻理解还有很大差距。另一方面，新媒体时代为了迎合大众利用碎片时间进行阅读的习惯，新媒体对传统文化传播时对其内容也进行了相应的筛选、删减或改编，内容缺乏完整性。虽然简短精悍的内容让人们在较短时间内对传统文化形成大概的了解，但是这种了解往往缺乏系统性和深入性。为此，高校应搭建中华优秀传统文化教育创新体系，借助新媒体传播优势，提升教育和传播的广度和深度。一是要顺应时代发展，以大学生喜爱和擅长的方式去阐释和传递中华优秀传统文化；二是要积极搭建多角度、全方位的立体实践格局，广开渠道，优选方法，不断增强"以文化人"的效果；三是要创新教育模式，改变"自上而下"知识传递，引入创新的教育方法和理念，增加互动、分享和参与环节，建构更大文化交流和价值对话的空间。

2. 体现多元性和多样化。新媒体时代网络传播传统文化呈现单一传播民族文化的样态，如建筑艺术雕塑、民族语言文字、民族风俗习惯、传统道德、民族生活方式、固有的社会关系、民族精神面貌、社会生产力等，很多作品都能够立足本民族文化特色，开展文化传播。其实，从形成发展的过程看，传统文化是在不同历史阶段、不同民族交叉融合影响下形成的具有特殊意义与价值的民族特性，因此，传统文化传播中要体现多元性和多样化，充分体现本民族文化与其他文化的复杂关系，体现民族文化形成发展的阶段性特点，充分展现传统文化的综合性和广泛性，使其在传播中更具立体感。

3. 融入更多时代精神。在网络传播的过程中要把博大精深的中华文明同时代精神、时代风尚进行融会贯通。对于中华优秀传统文化的现代传播，应秉承创新性发展的理念，在传播过程中丰富其时代内涵，注重其具有的当代价值，提取对民族发展、社会进步具有积极影响的部分加以转换。对传统文化中的消极因素和负面力量予以扬弃，并以人们易于接受的语言进行表达和传播，这样才能让阳春白雪的高雅传统文化融入大众的生活，得到广泛的传播。

二 受众对中华优秀传统文化的认识基础有待夯实

（一）受众在传统文化传播中的作用

人们通常所说的"教育"都是指社会对人的培养活动，具体说来，我们关注的始终是国家、社会、学校、家庭等主导的对其成员的知识灌输或精神引导等。同样，在谈及传统文化的现代传播时，我们的注意力也始终放在传播主体、传播内容甚至技术平台等层面，而往往忽视了传统文化的现代传播过程中非常重要，甚至对传播效果起决定作用的一环——受众。

我们都知道，一个人人生的起始平台往往与他所接受的"教育"（外部教育，如学校、家庭教育等）有关，但若是说到一个人最终稳定的文化素养、人格特征、终身成就等，则要更依赖于他的自我教育。而自我教育的动因是自我需求，其前提更是清醒的自我意识和自我认知。

（二）传统文化传播中受众的认识偏差

1. 片面追求中西文化表象造成的偏差

每种文化中真正有力量的精神内核都是给人以正向的、积极的精神引导和行为力量。但是，当今我国青年学生面临的一个主要问题是避开了中西方两种文化中积极的精神内核，而学习了中西方两种文化中浅表层的行为方式，如只迷恋中华文化中所谓古风诗文的朦胧美感，而不去进一步学习其中的精神力量；追求西方文化中提倡的自由、自我，而不能真正践行独立自主的拼搏精神。

有些青年大学生一方面追求、吹捧所谓的独立、自由、自我，追求打破偶像的生存状态；另一方面，他们又缺乏建构自我精神追求和操守的能力，所以就形成了他们既享受着中国式父母所提供的无条件、全方位的家庭保护和支持，又不服管教约束，追求个人行为的绝对自由。在与同辈关系上，他们不屑于中华优秀传统文化中的礼义孝悌谦让等品德要求，追求西方文化中的所谓平等，而又不能真正习得西方文化精神中的尊重和真正的独立，由此形成享乐主义、内心空虚、功利主义、精神弱化等认知偏差。

2. 西方物质及消费文化冲击形成的偏差

当今的中国是一个开放的社会，西方发达国家的各种文化娱乐活动、各种文化观念都进入中国。人们对西方的物质生活、精神世界追求，侵蚀、分解着我国传统文化的价值观。消费者对西方引进的新理念、新事物进入了一个具有极强诱惑力的心理旋涡，不知不觉中改变着自身的文化理念、民族价值观。

相对于中国传统文化学习要求的静观、内省、日复一日地勤奋学习，甚至"战战兢兢，如临深渊，如履薄冰"一刻不能松懈的道德要求，西方文化具有追求时髦、冒险和强烈的个性特征，对大学生具有更强的短期影响力。特别是大学生"三观"尚未成型，思想相对浮躁。在这样的年龄阶段，若没有从小积淀下的传统文化素养，没有社会、学校正确且有力的引导，他们很难真正认同中华优秀传统文化的精神内涵，更别说坚持克己勤勉地去践行。

文化心理学认为，情感认知和文化是相互影响、相互塑造的。因此，无论如何，生活于中国社会中，青年一代若是对中华优秀传统文化没有正确的认识和学习研究、继承发扬的态度，传统文化是无法真正得到弘扬的，而中国社会也势必陷入一种缺乏精神内核的、中西行为方式杂糅的混乱、虚无的精神状态。因此，切实研究传统文化的现代价值创新，切实加强对青少年的文化教育、引导，从小处做起，从细微处覆盖，真正让全社会认识、接受、主动地了解、学习、研究、传播、发扬中华文化的精神价值和力量，是做好传统文化的现代校园传播的必要前提。

三 中华优秀传统文化传播形式创新有待加强

(一) 创新传播形式的重要意义

由于中华优秀传统文化的整体性和内省性，提高传统文化素养往往需要长期、深入的学习和熏陶，如《大学》所讲的修身之道"知止而后有定，定而后能静，静而后能安，安而后能虑，虑而后能得"。中华文化真正的精神内核和力量所在并不简单地是某些花哨的形式所能完全表达的，儒家圣人修身齐家的方式、仁义孝悌的坚守、内圣外王的追求，墨家兼爱非攻的理想，法家"隆礼重法"的政治哲学思想，甚至中国广大普通劳动人民朴素、勤劳、坚韧的精神品质，都值得深入研究学习，这才是中华优秀传统文化的精神内核和力量之源。

当前，虽然社会上对"国学"的重视日益加深，但毋庸讳言，在大多数高校中仍存在着重学术轻文化的现象，尤其是许多理工科类高校，除了大学语文这样的基础专业课外，几乎没有开设任何有关传统文化类的必修或选修课。同时，如上文中所述，当今的青年大学生处于一个多元文化激荡、先进文化与落后文化并存、网络信息爆炸的时代，在这样的情况下，如果学校再缺乏必要的引导教育、思想把控，那么，即使大学生都可以通过网络获取大量的有关中华优秀传统文化的知识，但他们却难以产生去了解、去学习的想法和兴趣，甚至简单地将传统文化归于一些道听途说的"三纲五常"之类的落后思想，产生本能的厌恶和拒斥心理。因此，在当今时代，高校必须要把中华优秀传统文化的传承与创新重视起来，把优秀传统义化融进校园文化活动、校园网络传播与课堂教育将是大学必须要加强研讨的问题。

(二) 创新传播形式的初步探索

近年来，在传统文化的社会传播中，已经诞生了一些比较成功的案例，如中央电视台的《中国诗词大会》《中国汉字听写大会》《中国成语大会》，包括 2005 年推出的纪录片《故宫》和 2012 年推出的《国宝档案》等节目，都在社会上引起了比较好的反响，也对传统文化的传播起到了有效作用。以此反观传统文化在高校的传播，我们也可以借鉴学习这样的形式，充分利用网络、校媒平台推出一些有关传统文化的系列节目，同时注意受众与平台的互动，增强趣味性和吸引力，无疑能比较好地吸引青年学生的兴趣。但同时，也应该注意推出节目的内容选择、次序编排、连贯性、整体性、趣味性，而不能单单为了迎合学生的趣味忽视了节目的教育性和引导性。这既是高校传统文化教育可以加强的方面，也是尚且需要进一步开发、努力、创新的方面。

(三) 创新传播形式的基本指向

1. 指向学生发展的现实需要

当今中国传播优秀传统文化，目的不是把学生变成古人，不是简单学习古人的礼仪习俗、行为方式，而是要教他们真正认识、理解、汲取中华文化血液中流淌了千年的伟大精神力量。而大学生作为知识分子阶层，已经不能简单"使由之",而不"使知之"。要使他们"做什么",必须先回答"为什么"。给他们信服的理由,才可以带动他们心悦诚服地去相信,进而自觉地去践行、去传播中华优秀传统文化的精华。例如,今天讲屈原,我们要从时代文化背景、个人情感心理以及古人信仰追求等多方面来给学生分析屈原的选择,带领学生去理解屈原理想的彻底破灭以及他不愿随波逐流委曲苟活的坚贞和勇敢。只有从学生发展的现实需要出发去传播中华优秀传统文化,才能真正赋予优秀传统文化新的活力和生机。

2. 指向线下校园文体活动

高校要注意通过线下的校园文体活动来进行传统文化的传播,让同学们切切实实参与到活动中来。一方面,可以培养学生的集体精神和活动能力,在活动中接受传统文化的熏陶浸染,并且通过活动的竞争氛围与奖励环节,激发同学们对传统文化的荣誉感与喜爱。学生社团活动是大学教育的第二课堂,在发扬学生的主观能动性,培养学生实践能力,在提高学生的成就感与归属感方面发挥着不可替代的作用。将传统文化融进校园社团活动,无疑能够营造校园整体的传统文化学习氛围,提高学生对传统文化活动的认可度与参与度。但是,以往的校园活动中,往往由于指导者水平不足、经费有限、场地狭窄、宣传不到位等各种原因,导致校园文体活动效果也并不能完全发挥。在当前校园网络普及,校园媒体进一步完善的情况下,将校园文体活动与线上的传统文化传播活动与调查反馈等形式结合起来,无疑可以弥补以往校园活动中的许多不足,从而进一步发挥校园活动在传播传统文化、营造传统文化学习氛围上的巨大作用,进一步促进传统文化在大学校园的有效传播。

3. 指向线下课堂讲授与线上网络课程有机结合

在大学中的传统文化教育与传播过程中,课堂教育始终是学校教育的主阵地。将传统文化教育有组织、有体系地纳入课堂教育,开设传统文化系列的必修课程和选修课程,才是促进传统文化在大学有效传播的根本途径。这并不意味着高校必须拘泥于传统的文化教育方式,在课堂上要求学生去诵读、背诵许多不明其意的古代经典,这在当今大学课堂中无疑是不合适的。在当前传统文化教育中,既要回顾经典,更要立足当下,不仅要将古代文化内容与当下社会现实相结合,在授课方式上也要充分利用现代的科技优势。比如当前许多大学都已经开设了网络课程,那么对于传统文化这样需要耳濡目染、循序渐进积累素养的教学来说,将平时现场课堂讲授与线上的网络课程结合起来,无疑更能发挥其效果。例如,对于一本古代经典《礼记》,老师可以在现场课堂上着重进行精神内涵的阐释,让学生整体把握经典的文化内蕴,引导学生的阅读兴趣和理解方向,同时学校也推出与之相配套的网络课程来进行字句的讲读、文化背景的介绍等,方便学生课下进行阅读学习。

总之,对传统文化的弘扬不是简单地"复古",援引传统文化,还要立足当下,进行创新,运用互联网思维和市场手段,找准利益点,发挥各方的驱动力,才是我们建设中国特色社会主义文化的正确路径。

四 传统文化网络传播效果研判有待科学化

准确而全面的工作效果研判,是正确而有效开展工作的前提。有效的研判能够提高工作开展的前瞻性和预估性,从而为工作的开展提供正确的方法和思路。同时,及时而有针对性的效果研判也是检验工作成效、及时改进工作方法的必不可少的工作环节,对工作的进一步开展和改进有着十分重要的指导作用。

在高校,开展中华优秀传统文化网络传播是一项多部门参与、受众广泛、效果影响因素众多的工作。在对效果进行研判时既要注意测评传播效果的外显性指标,比如学生对中国古代文章、诗词歌赋的掌握情况,对传统节日、传统技艺的了解情况等,又要注意考量传统义化传播的内涵型效果,比如学生对中国传统文化中优秀民族精神的理解,以及传播是否促进了学生对传统文化兴趣的增加,是否促进了学生精神力量的增强和道德素质的提高等;与此同时,还要注意控制变量区分考评网络传播与其他传播途径的传播效果,从而切实把握网络传播的效果和优缺点。

(一)需加强研判环节的连贯性和完整性

中华优秀传统文化的现代传承受到党和中央的重视,受到许多传统文化学者的呼吁和支持,近年来在社会上也产生了比较高的关注度。但由于这一工作需要很强的体系性纲领标准和专门化人才,以及众多工作组织的合力完成,而高校内部对于传统文化在学校的传播工作尚处于依赖自主、自觉的状态,传统文化的网络传播往往缺乏有组织、有体系,前后连贯有序完整的工作程序和至关重要的研判环节。传统文化在高校网络传播的效果研判的缺失,是影响这一工作效率和工作效果的重要因素,应该引起相关部门的重视。究其原因,主要有以下三个方面。

第一,目前大多数高校的传统文化网络传播工作往往由学工部门组织校园媒体进行。其工作过程中不仅缺乏学校高层领导的指导和有序组织,也缺乏有深厚文化实力的学院、科系教师、研究者的有力支持。因此,一些高校中传统文化的网络传播并未形成体系,相对比较松散,主要由一些学生编写的微信推送和网络平台活动组成。这样的推送和活动本身就缺乏组织性和目的性，前后推送间也没有内在的联系和整体的体系。因此，这种形式的传统文化的校园传播，很难对其效果和方式进行研判。

第二，大多数高校没有专门的传统文化传播学院。传统文化的传播大多数情况下只是依附于学校的校园文化建设之中，在其中占据很小的一部分位置，没有人对此工作专门负责，工作活动附属于校园整体文化建设活动之中。其工作组织比较松散，常常是在某一个传统节日的气氛下举办几场活动，或者学校恰好请到了某个传统文化学者到校就组织一两场讲座等，这样的工作形式缺乏活动之前的研判如受众考察、活动方式选择与调整等，和活动之后的效果研判，如学生接受程度和接纳程度、学生的学习效果以及活动举办的经验教训和下次活动的组织安排、方式调整等。

第三，传统文化校园网络传播的受众范围较广。传统文化校园网络传播的受众主要是大学生。大学生来自五湖四海，其人生经历、思想认识、道德水平、文化素养、生活学习习惯，甚至其获取信息的方式偏好都不相同。因此，对传统文化的校园网络传播的条件、可行性、受众情况进行研判本身就有比较大的难度。

（二）需加强研判内容的全面性和代表性

在一些高校的工作中，虽然设置了对于优秀传统文化在校园网络中的传播效果进行研判这一环节，但是其研判内容多缺乏科学性和体系性，研判内容不全面，缺乏代表性，影响了研判的效果和效用。

首先，优秀传统文化的高校网络传播效果研判的一个首要要求应是全面。不仅要对所有的传播内容所形成的效果进行研判，更要依托网络信息管理平台对所有的受众进行反馈调查，不仅要在传统文化的网络传播工作开展之间进行研判以提高工作的前瞻性和预估性，更要在传播工作之后对传播效果进行研究评判以提高未来工作的效率和效果。当今的高校研判大多缺乏科学的有体系的内容设计，缺乏严谨负责的工作制度和体系，在研判内容上零散稀疏，未能全面地对于传播内容和受众进行完整的整体的有体系的研判。

其次，优秀传统文化在现代高校中的网络传播的效果研判工作除了要注意覆盖全面以外，还应注意研判内容的科学性和研判内容之间的内在联系和影响。传统文化的内容广博，同时学生接受效果的影响因素也繁多，不同受众可能对传统文化的不同内容部分感兴趣，因此，在做传播效果研判的时候，要注意区分是传播内容的影响还是传播方式的影响，也要注意考察传播效果在不同受众团体间的表现是否有差异，具体问题具体分析，工作应细致入微，不可笼统归之。

最后，在研判内容全面，注意观测研判要素间联系的基础上，优秀传统文化的现代高效网络传播效果研判工作还需要适当突出重点，对于不同的传播内容着重考察其在特定的有效的传播受众中所形成的影响和效果。对于传统文学或传统思想方面的传播内容，要着重测评其在社会科学类，尤其是文史哲等学科学生中的传播效果，并根据他们的反馈情况适当调节传播内容；而对于传统技艺类的传播内容，相关工作人员在进行测评时则要相对关注理工科学生的反应反馈，传播者要根据这些反应反馈调整传播内容和传播方式，使传播的传统技艺与现代高校学生的学习内容更好地融合。

（三）需加强研判方法的层次性和灵活性

科学的研判，不仅需要全面而合理地安排研判内容，更需要选择与研判内容、受众情况相吻合的多维研判方法。不能根据实际情况灵活选取不同的研判方式、方法，千篇一律地机械使用某种单一的研判方法是当今高校在进行传统文化的网络传播研判工作时的另一重要问题。

首先，对于传统文化的网络传播效果研判，需要覆盖全体受众进行多层次的效果考评。由于传统文化的丰富多元内容在不同团体的受众中产生的效果势必不同，所以在考评时不仅要覆盖全面，也要注意对不同团体受众的考评效果进行区分与比较。其中既不能以部分受众的接受效果代替全体受众的接受效果，也不能以这部分受众的接受效果代替那部分受众的接受效果。同时，考评者还应注意多种研判方法综合使用，客观效果考评和主观效果考评兼顾。研判者可以依据网络媒体平台的信息系统进行整体的信息采集与分析，也可以通过网络媒体平台对受众采取一些问卷调查的方式获得受众提供的传播效果反馈；但同时，研判者也不应忽视深层次的主观层面的效果考评，可以通过电子邮件等方式对受众团体进行深层的主观体验的采访，切实了解传统文化网络传播产生的深层效果。

其次，考评者还要注意根据不同的传播内容、针对不同的受众团体采取不同的考核方式，加强分类测评。细化测评的指标和内容，根据不同的传播内容采取不同的测评方式；同时要注意不同传播内容与不同受众团体之间的关联，注意考察特定团体的受众对特定内容的传播效果的不同接受程度，根据不同的传播内容，对于不同的受众情况，都要灵活采取有针对性的、合适的测评要素和评价标准，切忌"一刀切"，一个标准评到底，机械地以一种方法测评所有受众对所有内容的接受状况。同时，要加强对某些主要要素的测评关注度，重点加强对于受众接受程度、受众喜爱程度以及受众切实掌握程度等要素的评价，切实形成真实可靠有代表性的研判结果，为传播效果总结和下一步工作的开展打好基础。

最后，研判工作者还要注重对研判结果的民主评议，并且应该采取公示制度，了解受众对于研判结果的看法态度。研判工作做得是否成功，不仅仅在于研判过程的严谨科学，更不能缺少对于研判结果本身的科学有效的测量考评。这种考评除了根据一定的测评标准进行评价外，更重要的是采取民主评议的方法，在工作小组内部进行经验和问题的交流，展开批评和自我批评。同时，研判结果也应该以一种简单易懂的方式呈现给受众，毕竟研判工作主要是针对受众展开，只有他们对传统文化网络传播的效果和研判的科学性、有效性、公正性等才最有体会，也就最有发言权。但是也应注意，由于受众是以个体身份和立场对传播结果和研判结果进行评价，可能不能把握全局，再加上对于传统文化在高校中的网络传播效果研判的受众主要是学生，他们可能更具有年轻人的激情而相对缺乏成熟的理性，也缺乏科学系统的研判知识，因此其反馈评价可能缺乏全局视角，不具代表性，对于这种情况，研判者一定要认真区分，采取其中合理有效的一面，纳入整体的研判评价结果中。

（四）需加强研判结果的应用性和指导性

科学地运用研判结果，切实发挥研判结果在本校甚至全国的传统文化网络传播工作中的指导作用，是进行优秀传统文化在高校中的网络传播效果研判这一工作的根本目标和价值所在。但是如今由于工作体系不完善，缺乏系统连贯的工作指导和协调，许多高校的研判工作和传播工作脱节，造成研判结果利用片面甚至研判结果闲置的现象。

通过研判我们可以有效了解传统文化中的哪些内容在受众中的受喜爱程度较高，从而在接下来的传播内容的选择上可以合理地多安排该方面的内容，也可以以该内容为依托，依靠受众对该内容的了解和喜爱，接着安排与之有一定关联性的传统文化内容。同时，传播者也能够通过研判了解受众对于传播内容的接受掌握程度和传播方式的意见态度等。通过这些反馈，传播者可以在接下来的工作中补充之前有漏洞或者不完善的传播内容，同时根据受众的反馈改进传播方式和传播方法。效果研判还能够为传播者提供不同受众团体对于不同传播内容的喜爱和接受程度反馈，基于这样的反馈，传播者能够在以后的工作中更有针对性地对于不同的受众团体选取有差别的传播内容，使传播内容、传播方式和受众三者完美配合，达到更好的传播效果。

效果研判是优秀传统文化在高校网络传播工作中的重要一环，更是评价了解工作效果的标准，同时也是进一步改进完善工作方式的基础，应采取科学的工作方法，尤其要重视对工作结果的有效利用，使这一重要工作切实发挥其在总结评价工作效果、提供进一步工作改进依据等方面的重要作用。

第四章　大学在中华优秀传统文化网络传播中的理念重塑

第一节　国际化的传播视野

美国文化人类学家克鲁克洪在《文化与个人》中提出,"文化存在于思想、情感和起反应的各种业已模式化了的方式当中,通过各种符号获得并传播它,另外,文化构成了人类群体各有特色的成就,这些成就包括他们制造物的各种具体形式;文化基本的核心由两部分组成,一是传统(即从历史上得到并选择)的思想,一是与他们有关的价值"。[①] 英国著名的文化人类学家泰勒在《原始文化》中指出,"所谓文化或文明,乃是包括知识信仰、艺术、道德、法律习惯以及其他人类作为社会成员而获得的种种能力或习性在内的一种复合整体。"[②] 各国学者对于文化的定义有所不同,起到了相互补充的作用。文化构成了人类各个群体独有的特色成就,这些成就包括各个群体制造的事物的具体表现形式。

一　传承传统,打造民族艺术精品

在具有五千年文明史的古老中国,历代先贤对中国传统文化的丰富和传承做出了重要贡献,他们既是创造者,也是传播者。辉煌如汉唐,由于经济向好发展,中华文化通过贸易往来、使节互访等多种方式向国际传播,同时也吸收了部分外来文化,对世界文化的融合做出了卓越贡献。

[①] 〔美〕克莱德·克鲁克洪:《文化与个人》,高佳等译,杭州:浙江人民出版社,1986,第5页。
[②] 〔英〕爱德华·泰勒:《原始文化》,连树声译,桂林,广西师范大学出版社,2005,第98页。

我国文化学者宋蜀华、陈克进提出，"文化行为是人类社会最本质的特征，文化的形成与发展受该民族地理环境、历史传统、宗教信仰、经济发展和长期流行的价值观念所支配，是一个民族底蕴的体现，而中华民族传统文化是指各民族在各自独特的自然、历史过程和长期的生产生活实践中形成了各自独特的文化，并随着时代的变迁而变迁发展，构成了绚丽多姿的中华民族传统文化的大系统。"① 中国传统文化漫长的积累与沉淀，既对本民族的文明承继发挥着重要作用，又对民族融合产生重要的推动力量。在中华民族的大迁徙和大融合过程中，中国传统文化以特有方式在传承与弘扬。当我们细细梳理中国传统文化的发展传承史时，我们便能发现传播技术与手段在中华优秀传统文化传承过程中的重要意义，中华优秀传统文化正是依靠不断改进的传播技术与手段在丰富发展，并产生深远影响。可以说，如果没有科学合理的传播方式和手段，中华优秀传统文化就无法传承并且发扬光大。

（一）立足网络传播的时代需要

进入20世纪90年代，计算机技术和网络技术迅猛发展，成为信息储存和传播的重要手段，中华优秀传统文化借助互联网独特强大的传播方式，孕育了新的传播平台并被广泛接受。由此可见，计算机技术和网络技术的发展不仅改变了人们的学习和生活方式，也为中华优秀传统文化传播提供了新的重要手段。"西方国家在网络传播技术上的优先权导致了我国与西方国家在网络文化传播发展中的差距和不平等性，也是对我国传统文化的一种毁灭性侵害，甚至有一些人主张中国传统文化的出路在于抛弃过去。文化是一个民族凝聚力的重要因素，这种利用互联网实施的文化侵害是极其危险的，它危及民族文化的独立与自存，甚至有可能动摇民族和国家的根基"，② 只有推动中国传统文化在网络时代的传承和发展，才能让中国传统文化走向世界。中国传统文化自诞生之日起，就一直不断地丰富自己、发展自己。中国传统文化要变成有生命力的文化，必须在包容的基础上不断吸收世界先进文化，并与时代潮流相结合。正如习近平总书记在中共中央政治局第十二次集体学习时所谈到的："要使中华民族最基本的文化基因与当代文化相适应、与现代社会相协调，以人们喜闻乐见、具有广泛参与性的方式推广开来。"③ 我们要加大正面宣传力度，梳理中国传

---

① 宋蜀华等：《中国民族概论》，北京：中央民族大学出版社，2001，第22页。
② 高晏庆：《谈传统文化在网络时代的传承与传播》，《神州》2017年第5期。
③ 《习近平在中共中央政治局第十二次集体学习时强调　建设社会主义文化强国着力提高国家文化软实力》，《人民日报》2014年1月1日第1版。

统文化资源，综合运用大众产品展现中华文化魅力。

党的十九大报告指出："文化是一个国家、一个民族的灵魂。文化兴则国运兴，文化强民族强。没有高度的文化自信，没有文化的繁荣兴盛，就没有中华民族伟大复兴。要坚持中国特色社会主义文化发展道路，激发全民族文化创新创造活力，建设社会主义文化强国。"① 中国传统文化自诞生之日起，就一直不断地丰富自己、发展自己。中国传统文化要变成有生命力的文化，必须在包容的基础上不断吸收世界先进文化、并与时代潮流相结合。正如习近平总书记在中共中央政治局第十二次集体学习时所谈到的："要使中华民族最基本的文化基因与当代文化相适应、与现代社会相协调，以人们喜闻乐见、具有广泛参与性的方式推广开来。"② 我们要加大正面宣传力度，梳理中国传统文化资源，综合运用大众产品展现中华文化魅力。

随着网络和数字技术的迅猛发展，网络媒体呈现出多功能一体化的发展趋势。数字化时代中国传统文化的传播离不开信息资源的共享。在信息与技术的繁荣时期，中华优秀传统文化有新的传播载体和传播方式。立足网络这个大平台对中华优秀传统文化进行传播是时代的需要，可以扩大传统文化的受众群体，加快中华优秀传统文化的传播速度，使其在网络时代展现出中国特色。

（二）树立网络传播的国际视野

高校是网络传播最好的守护者与执行者，应该让全世界都知晓中华优秀传统文化，让其真正地走出国门、走向世界。那么，高校该如何在中华优秀传统文化网络传播的过程中守好自己的岗位、履行自己的职责呢？又将如何利用自身优势将中华优秀传统文化更好地推向国际舞台呢？很重要的一点是拥有广阔的胸怀，具有国际化的视野。

什么是国际化视野呢？国际化视野原本出自经济学的有关概念，也就是拥有国际眼光或者国际视角，从而衍生出全局思维和思考模式。国际化视野使人们能够站在更全面、更广阔的角度上观察经济运行趋势，从而为企业的发展开展全方位的服务。国际化视野的人才通常指的是精通外语、通晓国际商业或产业运作模式的战略性人才。由此可见，中华优秀传统文化传播者要具有国际视角和国际思维，时刻用全球一体化的思维来思考问

---

① 《决胜全面建成小康社会　夺取新时代中国特色社会主义伟大胜利——在中国共产党第十九次全国代表大会上的报告》，《人民日报》2017年10月28日第1版。
② 习近平总书记在十八届中央政治局第十二次集体学习时的讲话，《人民日报》2013年12月30日第1版。

题，不断调整、更新传播方法与传播方式，使其更好、更有效率地走向全世界。

从本质上来讲，具有国际化的传播视野与我党提出来的"文化走出去"战略不谋而合。只有"走出去"与"引进来"更好地结合，中华优秀传统文化的传播才能找到更科学和更合理的途径。随着国内外政治、经济形势的变化发展，文化在综合国力竞争力中地位和作用愈加凸显，文化"走出去"战略成为建设文化强国、增强国家软实力的必然选择和必由之路。

文化作为一个国家软实力的象征，越来越被各国重视。文化的有效输出和文化影响力的传播直接影响国家的形象。越来越多的国家涌入文化传播的大潮中，力求通过文化形象的塑造和文化的有效输出，达到软实力与硬实力的双向提升。中国也非常重视文化发展和中华优秀传统文化的传播。党的十八大以来，为推动文化走出去，党和国家出台了《关于进一步加强和改进中华文化走出去工作的指导意见》《关于加快发展对外文化贸易的意见》《关于加强"一带一路"软力量建设的指导意见》等政策和指导性文件，为对外文化交流、文化传播和文化贸易，努力讲好中国故事，传播好中国声音提供了有力的政治保障和政策支持。处于文化传播最前沿的高校应该响应国家的号召，努力推动中华文化的传播。

当今时代，数字技术空前发展，它所带来的让人身临其境、活灵活现的艺术呈现方式越来越成熟。新媒体技术兼容并蓄，吸收和借鉴不同媒体的传播优势，巧妙运用虚拟技术和人类仿生学技术，为广大受众带来身临其境般的艺术赏析；这种新颖的艺术表现形式，打破了传统艺术欣赏方式，使传统文化以更加生动更具感染力的方式呈现。

在中国，新媒体艺术作为新兴的艺术表现形式，其建构期恰逢中国传统文化的复兴时期，这为两者在形式和体系上的完善、融合和相互促进起到了巨大的推动作用，但同时也提出了如何相互介入、互相促进、科学融合的问题。因此，在互联网络技术飞速发展的背景下，如何利用新媒体手段和新技术形式将中华优秀传统文化更好地展现在世人面前，发挥其更大的艺术和审美价值，起到提升文化软实力的作用，是值得我们深思和探讨的问题。

二 创新方式，让传统文化走向世界

中国传统文化博大精深，历经千年的考验而经久不衰，其涵盖的内容涉及广泛，使广大文化受众很难成体系或者有指向性地学习、感受其精神内核。

面临此种形势，我们应当充分运用新媒体传播技术，强化对中国传统文化精华的分类梳理、提炼传播，不断塑造具有民族特色的文化精品，对人们进行循序渐进的精神洗礼，同时建构起更加符合现代形势的文化观与价值观，用新媒体语言凝练中国传统文化精神，便于世界了解中国传统文化的发展历程，从而更为广泛有效地传播中华优秀传统文化。

在全球化的大潮中，不同国家、不同民族之间的文化差异正逐渐缩小，彼此间的文化认同正在逐渐增强。近年来，随着经济的飞速发展，中国加大文化输出力度，一批具有中国特色的文化产品通过新媒体形式走向世界。这样的文化传播方式，有利于更多人了解中华优秀传统文化、欣赏中华优秀传统文化，有利于中国更好地保持与其他国家的文化交流，有利于中国塑造良好的国际形象，让中华优秀传统文化更好地走向世界。

中华优秀传统文化的传播，既是向全世界传递中国特有的文化，同时也是国际社会对中华优秀传统文化的接纳，这是一种文化双向流动的传播现象，有利于中华优秀传统文化走向世界。以北京奥运会开幕式为例，中国导演团队将现场表演与高科技精密结合，形象生动地描绘出中华优秀传统文化所蕴含的美妙、和谐的意境，向全世界展示了中华优秀传统文化的独特魅力。中国的一些传统文化也被国外运用到文化产业中，例如好莱坞拍摄的动画片就有《功夫熊猫》和《花木兰》等中国风元素，从其票房和影响力可见，这些都是中华优秀传统文化走向世界并被世界人们所接受的典型鲜活的案例。

在中华优秀传统文化传播过程中，新媒体技术利用现代化手段，打破了时间、空间的局限，基于网络的开放性与丰富性，为中华优秀传统文化的传播与研究提供了便利。值得肯定的是，中华优秀传统文化也正依靠新媒体技术实现了更为广泛的国际化传播，现代化的技术手段也为中华优秀传统文化的传播提供了更多与更大的可行性。

对中华优秀传统文化进行创新性传播，需要充分利用新技术手段打造融媒体产品，有效加强文化教育和文化传播规制，培养新时代文化传播意见领袖，帮助中华优秀传统文化不断走向国际。网络传播是中国与外界互通往来的桥梁，这座桥使中华优秀传统文化更有效地与外界相连，将中华优秀传统文化的魅力延伸开来，为博采众长的中华优秀传统文化提供了再创新的空间，可以让中华优秀传统文化快速地走向世界，向世界展现中华优秀传统文化的风采。同时也让世界更加清晰地、便捷地理解中华优秀传统文化。中国高校理应以国际化的视野和眼光，利用好网络媒介，让中华优秀传统文化发扬光大。

第二节 融媒体的传播理念

随着科技日新月异的变化，网络技术在中国的发展已经非常成熟。网络拉近了人与人之间的距离，加快了信息的传输速率，摆脱了时间和空间的限制。融媒体理念在网络技术高速发展的牵引下应运而生。

一 融媒体的性质和特点

2019年1月25日，中共中央政治局在人民日报社就全媒体时代和媒体融合发展举行第十二次集体学习。习近平总书记强调，我们推动媒体融合发展，是要做大做强主流舆论，巩固全党全国人民团结奋斗的共同思想基础，为实现"两个一百年"奋斗目标、实现中华民族伟大复兴的中国梦提供强大精神力量和舆论支持。习近平总书记在多次重要会议上强调，新闻宣传工作要走媒体融合的道路。融合发展关键在融为一体，合而为一，尽快从相"加"阶段走向相"融"阶段。融媒体冲破了传统媒体在形式和载体上的桎梏，为中华优秀传统文化的传播带来了颠覆性的变革，也提供了更多的可能性。它的性质和特点决定了在中华优秀传统文化传播上具有得天独厚的优势。

（一）融媒体的性质

（1）融媒体的定义。从媒介发展的时间顺序上看，融媒体其实也是一种新媒体形态之一。所以，融媒体本身包含一部分新媒体的传播平台，如智能终端等。

从媒介形态的具体特征上看，融媒体其实是全媒体、多媒体、跨媒体三种媒介形态的融合体，也可以看作三种媒介形态的共同体。即从媒体形态上看，融媒体是包括报纸、期刊、无线广播、有线电视、网络电视（IPTV）、网络视频、智能手机视频客户端深度融合的成果。从信息生产与传播层面看，融媒体是包括报刊的"采、写、编、评、印"与电视的"采、写、编、评、播"，再加上网络新媒体的"采、写、编、评、播、互动反馈"三套信息生产、传输、反馈系统深度融合的内容体。

（2）融媒体的本质。融媒体其实质是媒体融合，也是信息传输渠道多样化背景下的信息传播方法。即"要突破思维定式和传统内容生产逻辑，跳出原有舒适圈，保持对新媒体技术进化和媒介环境的敏感，在全新的媒介生态中涵养自身的新媒体秉性，并通过内容生产流程再造、技术手段引进、团队结构重塑等方式，建构起一个全新的内容生产、传播和吸引用户黏性的运作机制，随着媒体技术的进化升级和媒介生态的迅速变化而保持同步进化"。①

（3）融媒体是新旧媒体结合的产物。"'融媒体'是充分利用媒介载体，把广播、电视、报纸等既有共同点，又存在互补性的不同媒体，在人力、内容、宣传等方面进行全面整合，实现'资源通融、内容兼融、宣传互融、利益共融'的新型媒体。"② 通常来讲，融媒体对于外界来说是一个集广播、电视、网络等多种媒体形式为一体的，共同为一个项目活动服务的媒体活动形式。换句话说，传统的媒体形式主要包括广播、电视、报纸，而新媒体主要是利用互联网进行信息传播，将二者结合起来可以相互补充，融媒体也随之诞生。融媒体具备新旧媒体的优势部分，可以快速准确地传递信息，满足信息传播需要。

（4）融媒体是内容和服务结合的产物。在网络技术飞速发展的今天，融媒体利用大数据技术丰富了信息传播内容，同时也可以根据用户需要提供高质量服务。所以，媒体传播覆盖面更为广泛，无论是信息的产生处理还是对传统媒体平台的利用，融媒体都是对传统媒体的升级和转型。

（二）融媒体的特点

融媒体是互联网技术发展的一种趋势，具有四大特点，即互动性与即时性，海量性与共享性，多媒体与超文本和个性化与社群化。

第一，互动性与即时性：融媒体能够通过5G超高速网络现场直播的方式实现传者与受众的共时化在场，而其通过虚拟与增强现实技术、4K/8K超高清视频制作技术与互动媒体技术相结合，能够让传播者与受众之间实现共空间化的在场，也就是说让受众体验到极强的现场感和参与感，在形式上搭建起传者与受众双向互动的平台。

第二，海量性与共享性：融媒体在内容生产方面实现了共建共享，能够通过大数据、云服务等技术进行数据和服务共享，并以此为基础进行信息分析。

第三，多媒体与超文本：融媒体是融合了多种传统媒体手段而产生的新型媒介平台，文本也具有广泛性和整合性，能够整合成多个信息库。

第四，个性化与社群化：融媒体不断发展后，互联网"以用户为中

---

① 袁莉：《以文化人融媒体时代的文化传播之旅》，《电影评介》2019年第10期。
② 高昀：《浅谈广播媒体在"融媒体"时代的创新思路》，《新闻研究导刊》2017年第3期。

心"的模式逐渐成熟，网民可以自发贡献、提取、创造并传播内容，其速度、广度和深度，都是传统广播平台无法比拟的。在这种共建信息的融媒体情境下，拥有相同兴趣和观念的网民经常自发聚集形成兴趣社区，融媒体也相应地能够以社群为基础进行发展和反馈。

以上融媒体的四个特点凸显了它的四大优势。一是能够精确化传播且传播具有透明化特点；二是能够提高大众接受信息的信任感；三是能够实现品质与效益相统一；四是传播数量不再是媒体优势。

随着信息化时代的到来，只要无线电电波能够覆盖的区域，都可以进行宣传，从而使融媒体具有广泛性的特点。融媒体的兴起使传统媒体不再受到时间和地域的限制，更具新颖性，也使更多的人可以随时地、及时地接收来自这个世界的各种信息，这为中华优秀传统文化的及时、广泛传播奠定了良好的物质基础。

面对当今文化传播领域正在发生的变革与变局，媒体人，特别是传统媒体的媒体人，既要认清媒体融合发展的本质，也要深刻认识科学进步所带来的传播领域发展的规律。主动适应环境的变化，主动融入科技进步的潮流，发挥传统媒体信息渠道丰富、人才储备丰厚、文化底蕴厚重、采集加工能力强大、舆论引导权威等优势，在媒体融合发展大潮中有所作为。

二 融媒体在中华优秀传统文化网络传播上的优势

融媒体将传统媒体、自媒体、新媒体、网络媒体等形式进行有效整合，使之成为覆盖广、受众大、形式新的一种新媒体形式和新发展理念，在中华优秀传统文化的传播上具有很高的自洽性。

中华优秀传统文化的吸引力和展现出的文化自信，是中华民族最根本的闪光点。历史悠久的中华文明在新媒体技术发展过程中，形成了具有民族特色的文化产品，这些产品借助融媒体的先进传播手段、优质传播平台，为中华优秀传统文化的广泛传播创造了重要条件。

(一) 形式丰富，渠道多样

文化的表现形式比较复杂，是多种文化元素的抽象集合。因此，中华优秀传统文化的表现形式也相对比较复杂。历经几千年的深厚积淀，中华优秀传统文化的表现有时可能是一句优美的诗句，有时可能是一段优美的乐曲，有时也可能是一套舒缓而富有神韵的太极拳。这些复杂的表现形式需要多渠道、多种类的媒体形式展现出来，而融媒体的形式和传播渠道恰恰与中华优秀传统文化的传播需求相契合。在融媒体理念的驱动下，中华优秀传统文化能够以更好的方式展现在大众面前，一些中华优秀传统文化元素可以通过融媒体的多元表现形式，生动鲜活地走进公众视野。

（二）不受时间和空间的限制

"新媒体具有受众广泛、传播迅速、反馈及时的特征，融媒体环境下，传统媒体与新媒体结合，实现优势互补。"① 相对于传统媒体而言，融媒体可以做到时间和地域上的全覆盖，可以带来视听上的冲击，加入全新表现的形式，实现信息的互融互通。

在信息技术高速发展的今天，中华优秀传统文化必须依赖融媒体的发展理念进行传播。面临中华优秀传统文化吸引力不足、融入人们生活不够以及传播手段相对滞后等问题，中华优秀传统文化必须以新的形象、新的形式展现在大众面前，进而引起广大受众的广泛关注。

如今信息的传输体现了立体化和碎片化的特征，人们无时无刻不在承受着信息大爆炸的冲击。中华优秀传统文化必须借助融媒体的优势，在有限的时间里将信息精准投送，让浮躁的年轻人可以利用碎片化的时间，在不同的场景和场所感受中华优秀传统文化的魅力。

（三）传播效率更高

融媒体传播具有很多优势特征，它兼具实效性与时效性，既丰富了中华优秀传统文化的传播形式，也拓宽了中华优秀传统文化的传播路径，使其传播效率和效果获得大幅提升。融媒体传播既具有权威性，又具有开放性，颠覆性地解构了传统媒介传播模式，使中华优秀传统文化的传播范围更广泛、速度更快、效率更高。

以中央电视台的名牌栏目《中国古诗词大会》为例，第一，它运用了传统的广播电视媒体进行电视节目的直播，通过大平台媒介打响了知名度；第二，节目登录腾讯、优酷等各大知名视频网站，为受众提供了优质的资源，让大家可以通过点播、回看等方式，充分利用碎片化时间观看和了解节目；第三，在节目宣传上，开通官方微博、微信公众号推送等形式加强舆论影响、增加话题热度，增加了观众的兴趣度；第四，一些短视频App还推送相关选手的小视频，让中国传统文化爱好者可以通过碎片化时间有选择地观看自己感兴趣的片段和节目花絮。第五，栏目组还出版了相关书籍，提高节目的影响力。可以说，融媒体的理念让中华优秀传统文化有了新的活力和样貌，让人们更加喜爱。这不仅是形式上的创新，更是理念上的创新，大大提高了文化传播的效率。

---

① 吴德林：《融媒体环境下电视文化节目的传播创新》，《新媒体研究》2018年第12期。

(四) 受众体验更好

融媒体传播既具有现实性，又具有虚拟性。互联网强大的信息搜索功能和便捷的超链接功能使中华优秀传统文化信息在二次传播、多层次与多维度传播过程中能够被更快捷地检索、浏览和使用，真正实现了对中华优秀传统文化资源的保护、利用和开发。在强大的现实和虚拟交互过程中，用户能够感知中华优秀传统文化的强大魅力。中华优秀传统文化具有很强大的感染力，人们正可以通过现实和虚拟的交互体验，来加深对中华优秀传统文化的了解，达到文化输出的目的，提升国家的文化软实力。

同时，融媒体传播的多维性，无形地打破了传统媒介传播的单向传输模式，网络上的任何个体都可以参与到信息的生产、传递、共享和反馈活动中，从而形成了多维交互立体传播模式。中华优秀传统文化传播的受众可以在多维性的传播架构中，从原来的旁观者变成了参与者和信息的制造者，他们的参与度和对信息的认可度有了明显的提高。一些遥不可及的中华优秀传统文化元素变成了触手可及的信息元素，在不经意间流淌在人们的生活中，转化为受众的精神获得，优化了受众的体验。

三 大学如何运用好融媒体理念传播中华优秀传统文化

中国互联网络信息中心2020年6月公布的《第46次中国互联网络发展状况统计报告》显示，"截至2020年6月，中国网民数量达到9.40亿，其中学生网民占比23.7%，人数最多。"[①] 网络传播如何直击受众内心、让年轻人更加容易接受是媒体机构急需解决的问题。网络是融媒体传播的发起端，应该整合所有资源，重塑传播形式，通过多种渠道和表现形式展现中华优秀传统文化的魅力。运用融媒体理念传播好中华优秀传统文化、讲好中国故事，大学要着力做好以下四个方面工作。

(一) 倾力打造融媒体团队

随着传统媒体的衰落和自媒体、新媒体的发展，许多领域已经充分认识到融媒体传播理念的重要性。在这一大趋势下，许多大学的媒体宣传队伍也从各自为战转变成同下"一盘棋"，成立了融媒体中心。大学应该充分发挥学生的专业优势，打造融媒体学生团队。可以整合新闻学、计算机网络技术、市场营销、广播电视新闻学、播音主持等专业的优质学生资

---

① 中国互联网络信息中心：《第46次中国互联网络发展状况统计报告》，中国互联网络信息中心官网，2020年9月29日，http://www.cnnic.net.cn/hlwfzyj/hlwxzbg/，2021年9月30日。

源,组建融媒体团队,再由专业教师加以指导。通过对相关专业的优势资源整合,培养一批具有融媒体传播理念、熟悉融媒体技术的专门人才,为融媒体在中华优秀传统文化的传播上提供物质基础和人才保障。

办好校园融媒体机构有利于将中华优秀传统文化的精神内核转化为新时代青年人共同的精神追求,拓展育人的渠道和创新育人的方式;有利于营造良好的中华优秀传统文化传播氛围,为其在青年人当中的有效传播提供思想舆论保障,根植于青年人内心;有利于传播学校的办学特色和个性化育人优势,提升学校的社会影响力,进而掌握中华优秀传统文化传播的主动权。

(二) 抓好线上和线下的有机结合

只有实现中华优秀传统文化的落地生根,把中华优秀传统文化搬进现实来,使之变得触手可及、感同身受,才是有意义和有效果的传播。如果没有线上线下的配合,则很难有好的文化传播效果,也很难达到文化育人的目的。目前,许多大学生社团已经认识到线下活动在线上宣传的重要意义。许多线下活动需要大量的前期宣传,如何提升宣传效果、增加话题量和热度就变得尤为重要。融媒体理念恰恰解决了这一问题,通过立体式的宣传投放,使线下活动受到极高关注,增加了线下活动的推广度和知名度,有效地缓解了线下活动举办得卖力而无人问津的尴尬局面。

在线下的活动中,要注重树立品牌效应。优质的活动不在于量的堆积,而在于质的卓越。因此,在中华优秀传统文化传播活动的设计上要用心思,要掌握时代脉搏和话题热度,将中华优秀传统文化的推广和输出融入其中,让历史悠久的中华文化迸发出新时代的活力。

(三) 有效利用圈层文化效应

随着互联网的高度普及,由网络上的相同兴趣爱好的群体组成的文化圈子逐渐形成。圈层文化现象逐渐进入大众视野,成为时下舆论关注的热点。在青年人当中,圈层文化表现得淋漓尽致。不管是主动参与还是被动地盲从,绝大部分的年轻人,都可以根据不同情况被划入一定的文化圈层,形成一个个具有特点的圈层集体。在文化蓬勃发展的今天,在全球化趋势的推动下,圈层文化已然成为一种不可忽视的社会文化形态,他们因为各自的爱好、特点、性格等因素,积极地寻求同好、组成圈层,形成特殊文化群体。

圈层文化现象的繁荣是互联网技术发展的必然产物,是历史文化现象的变革和变迁的产物。在互联网高速发展的今天,圈层文化展现得尤为突出和明显。互联网让身处世界各地的人通过文化黏性聚集在一起,烘托出热烈交流的氛围。大家可以在同一圈层交流感悟、分享经验、分享信息。海量信息的涌入，让人们每日浸入在各类信息中，但人们对于信息资源的归纳、整理和对有益信息汲取的时间和精力是有限的，因此，圈层文化中的信息更加具有针对性和受众认可度。

圈层文化有其特有的传播模式和传播优势，圈层文化中的个体与个体之间具有很高的黏性，这种黏性有利于信息传播的扩散和渗透，对中华优秀传统文化的传播作用不可忽视。大学可以利用圈层文化效应，增强文化输出效果。

以 Cosplay 社团为例，如今许多高校都成立了 Cosplay 社团，他们经常会组织 Cosplay 的展示活动，而且线上线下活动开展得如火如荼。我们可以以此为借鉴，探索其在中华优秀传统文化传播方面的新路径，以圈层文化中的个体更能接受的方式展现和传播中华优秀传统文化，达到寓教于乐的目的。

（四）聚焦主题，运用好融媒体思维

在中华优秀传统文化的网络传播中，要充分运用好融媒体传播思路，通过一个话题或者一个热点，利用微博、微信等多种方式，将线上的话题互动交流、热点内容传播与传统的线下海报宣传结合，转换思维方式，找准传播定位，加宽传播口径，凝练鲜明有趣的主题，让中华优秀传统文化的传播效果更佳。大学在凝练中华优秀传统文化的主题上要有思变求变的精神，要紧扣受众文化需求，注重与受众的双向互动，达到以文化人、以文育人的目的。

四 中华优秀传统文化融媒体传播应注意的问题

融媒体在中华优秀传统文化的传播上有其自身的优势，但有些问题也不应被忽视。在网络高速发展的今天，一些信息的传输和使用变得便捷，但一些负面信息和垃圾信息掺杂在海量信息中，涌向毫无防备的人们。

通过网络平台诋毁民族英雄、恶意抹黑中华优秀传统文化的反面案例，为融媒体平台传播中华优秀传统文化敲响了警钟。如何在海量信息涌入的当下，做好信息的筛选和甄别变得尤为重要。利用融媒体传播理念做好中华优秀传统文化传播，应注意以下几个方面问题。

（一）选用优质信息资源

在中华优秀传统文化信息资源的选用上要谨慎小心，对传播的资源和内容要进行严格把关。相关人员要提高政治站位，以高标准、严要求的工作作风来进行中华优秀传统文化信息资源的筛选和运用。在校学生往往处于人生观、世界观、价值观树立和养成的关键阶段,其价值选择和是非判断能力有限,很容易受到不良思想的侵蚀。一些外来文化和自由主义思潮的影响使得部分青年人对中华优秀传统文化的认同产生了动摇,这是值得警惕的。

(二) 做好信息的分类和采集

中国传统文化博大精深,富含的信息传输元素不胜枚举,对这些信息要进行有效的分类、整合和汇总。信息的分类和采集专业性强,关系到中华优秀传统文化传播的实际成效,需要有专业人士的参与和指导,确保信息的分类科学合理、信息的采集全面有效。要做好线上信息与线下信息的分类对接,让线上虚拟的、抽象的文化信息可以具象地走入人们的生活,若无法达成信息线上和线下的交互使用,就会大大影响受众的体验。

(三) 加强对信息传播平台的管理

融媒体涉及的媒体领域较广,信息端口较多,管理困难。因此,大学在中华优秀传统文化传播上要注意对信息输出平台进行严格管理,时刻绷紧意识形态工作这根弦。对于平台的管理、使用和维护,要做到精准、高效、严谨,定期对平台的运营和维护队伍进行培训,加强思想教育,提升业务能力。严格执行网络安全管理相关规定,确保传播平台安全使用。同时,注意对信息平台互动交流的管控,把握互动交流的舆论导向。

第三节 生活化的传播设计

在信息化时代的大背景下,网络技术对经济社会发展和人们的生产生活产生了深刻影响。网络、媒体已经成为中华优秀传统文化传播的主要阵地和重要途径,同时也为中华优秀传统文化传播带来了新的机遇和挑战。在新的技术手段和社会发展背景下,传统媒体的垄断格局被新媒体打破,运行方式已经发生巨大改变。如今,传播碎片化、信息碎片化、受众阅读碎片化、阅读时间碎片化以及诠释解读碎片化已成为人们阅读的新特点。

传播中华优秀传统文化,我们要正面信息碎片化的时代背景,正面日益变化的社会生活环境,这是我们必须要深入思考和解决的问题。进入21世纪,伴随经济社会的快速发展和社会物质财富的不断增加,人们更加关注自身生活质量的提升。人们的日常实践活动是一个不断发展变化的过程。我们要全方位、多角度地研究如何将中华优秀传统文化的传播融入生活中,从而促进中华优秀传统文化的深刻发展。

一 生活化与生活世界

"生活化"这一词语是由"生活"与"化"相组合构成的,指的是生活方式的转变、生活状态的改变以至于达到自然的生活状态。

"生活世界"一词最开始从哲学领域的概念沿用而来。西方现象学家胡塞尔提出:"科学的'危机'表现为科学丧失生活意义","实证科学正是在原则上排斥了一个在我们不幸时代中,人面对命运攸关的根本变革所必须立即做出回答的问题:探讨整个人生有无意义。"① 在这里,胡塞尔用"经验直观世界"和"日常生活世界",首次提出了生活世界理论。这里所提出的"生活世界"理论,从他一系列论述来看,指的就是我们日常生活着的客观世界,在这个世界里存在很多人们已知和未知的东西。同时,在这个世界生活的人们,也根据自身和周边环境的实际情况,采用与这个世界相适应的各种生活方式。

二 网络传播语境对中华优秀传统文化带来的负面影响

当前,中华优秀传统文化的传播面临着许多棘手的问题,如传播效率较低、传播方式落后、传播手段单一、传播渠道较为狭窄等,对中华优秀传统文化的有效传播带来了负面影响。互联网技术的高速发展为中华优秀传统文化的对外传播带来了新的契机和机遇。为此,我们应充分利用新媒体传播技术和新媒体传播媒介,进一步优化中华优秀传统文化的传播策略。

中华优秀传统文化是极其宝贵的教育资源,高校要高度重视中华优秀传统文化的教育价值。但从实际情况来看,高校对大学生的中华优秀传统文化教育更多地采用传统传播模式,如课堂教学、专家讲座、学术报告等;而对新型传播媒介,尤其是网络传播未给予应有的重视,导致中华优秀传统文化传播呈现出诸多问题。

(一) 传统文化传播的主导地位被弱化

在新媒体时代,普世主义、新自由主义、实用主义、功利主义、历史虚无主义等各种思潮肆意横行,对中华优秀传统文化的主导性产生极强的负面影响,甚至公然挑战中华优秀传统文化的主导地位。由于网络传播的信息在发布、审查方面存在一些漏洞,受众对网络信息中隐含的错误观

---

① 〔德〕埃德蒙德·胡塞尔:《欧洲科学危机和超验现象学》,张庆熊译,上海:上海译文出版社,1988,第57页。

点、反动言论很难进行理性判断和有力回击，导致中华优秀传统文化的传播被弱化，一些博人眼球的负面信息却甚嚣尘上。

（二）传统文化传播的准确性被降低

在自媒体时代，每个人都可以成为一个信息发布平台，大家可以依据自己的个人喜好、知识储备和社会阅历关注、编辑、转发或评论网上发布的各种信息。有些传播者缺乏去伪存真的态度，对发布的信息不加审视、不予求真，势必大大降低中华优秀传统文化传播的准确性。更需引起警惕的是，为了博得大众眼球、引来人们的关注度，一些别有用心者故意断章取义或曲解本意，大大降低了中华优秀传统文化传播的准确性。

（三）传统文化的厚重性被消解

中华优秀传统文化，是中华民族历经五千余年发展所形成的最具民族特色、最深沉的精神追求，是中华民族独特的精神标识，影响了全体中国人的思维方式和行为方式，具有厚重的历史感。然而，一些媒体在传播中华优秀传统文化时，主动迎合受众娱乐化需求，这种现象正在颠覆和解构具有普遍性、民族性和崇高性的价值观，最终消解中华优秀传统文化的凝练性和厚重性，动摇了思想文化根基。

三　中华优秀传统文化网络传播的路径特点

与传统媒体相对单一的传播方式相比，贴近生活化的网络传播更具优势。文化传播者应当充分发挥网络传播在文化传播工作中的积极作用，克服其负面作用，探寻有效途径，增强实效性，提高亲和力，让受众更加容易接受。在熟人效应仍发挥重要作用的当今社会中，网络传播更多地体现为以熟人关系为核心的信息传播，能够有效提高公众的认知和接纳程度，增进受众与政府部门之间的亲近感。熟人关系也是生活化的一个重要方面，网络传播借助生活化的语言和生活化的传播方式，可以将空洞的说教、晦涩的表述转化为具有个体差异的情感体验、生动形象的生活故事等，提高认同感。

（一）传播内容更贴近受众

将中华优秀传统文化的传播内容融入日常生活中琐碎小事，以贴合受众的生活话语、人生经验、直观体验等，让受众更加容易接受。比如，可以以大学生日常生活中的小事为切入点，讲明其中的中华优秀传统文化价值，教育引导学生领悟其中的深刻道理，进而实现学习文化、启润心智的目标。

（二）传播形式更具多样性

创新中华优秀传统文化传播形式，实现多元化传播。可以利用图片、文字、视频等方式，调动和刺激受众的感受，激发他们接收信息的欲望，有效促进人与人之间的交流与互动。同时，网络传播方式更加适合快节奏的生活方式，人们可以利用闲暇之余接收到更加有效的信息，网络信息传播为中华优秀传统文化的弘扬与传承提供了新的途径。

（三）传播方式更具吸引力

网络传播多以隐形、间接的方式，使受众在网络信息接收中形成对中华优秀传统文化的认同感。越来越多的网络传播方式兼具信息量大、更新速度快、适应人群广等特点，无形中吸引更多受众参与网络传播活动。以影音文化产品为例，多样化的传播方式，让受众可以随时随地感受文化产品的生动鲜活。

（四）传播效率更加高效

新媒体具备全方位、立体化的传播途径，传播效率裂变优势明显。可以通过新媒体多样化的传播方式、高效率的传播渠道，达到纵向、深入、有层次传播的目的，强化了传播的作用，有效地提升了文化影响力。

四 生活化视野下中华优秀传统文化网络传播的目标定位

马林诺夫斯基在《文化论》中指出"文化是直接或间接的满足人类的需要"[①]。中华优秀传统文化是五千年中华文明的精髓，是中华民族不断发展壮大的精神命脉，是满足中国人精神需要、实施文化育人的重要内容。伴随着融媒体的发展兴盛，当代大学生可以随时随地感受中华优秀传统文化的魅力。中华优秀传统文化能以多种形式呈现给当代大学生，这种文化与技术的深度融合使得中华优秀传统文化在融媒体发展的背景下迎来新的传承与繁荣。中共中央办公厅、国务院办公厅印发的《关于实施中华优秀传统文化传承发展工程的意见》，为中华优秀传统文化的传承发展及育人作用发挥提供了重要遵循。

在数字媒体的大背景下，各传播主体皆应主动承担传播中华优秀传统文化的重任，小心、警惕商业化、低俗化对中华优秀传统文化的冲击与侵蚀，以优秀传统文化特质与需求为导向，深化对中华优秀传统文化内在价值观的挖掘，从而塑造新时代具有中国特色的传统文化价值观，重视对民

---

① 〔英〕马林诺夫斯基：《文化论》，费孝通译，北京：中国民间文艺出版社，1987，第15页。

众进行正确与合理的人生观、世界观、价值观、服务观和利益观的引导，做到"内化于心，外化于行"，塑造良好的民族风尚，着力构建文化自信，从而达到"文化强国"助力中国梦实现的目的。

（一）着力打造传统文化的传播新高地

在互联网时代，社交媒体通过广泛的话题传播、迅速的事件聚焦能力，逐渐成为网络舆论的"风暴眼"，有些与主流舆论观点相背离的意见甚嚣尘上，使传统观念受到非理性的挑战。高校中华优秀传统文化传播者要打破固有思维模式，冲破传统媒体的桎梏，主动融入互联网空间，积极占据舆论高地。要通过各种社交软件和媒体平台的应用，创新形式与内容，与学生有效互动，树立权威意识，做到权威发声，努力打造中华优秀传统文化传播新高地，有效促进中华优秀传统文化的有序高效传播。高校相关部门要密切加强配合，营造良好的文化氛围，有效建立社交媒体，建设丰富多元的中华优秀传统文化学习平台，构建符合青年学生特点的话语体系，发挥好引领青年、凝聚青年的阵地作用。

（二）充分体现传统文化表达之美

网络传播中华优秀传统文化想要吸引广大青年学生主动参与、发挥作用，要做到抓人眼球，就要做到如下几点：一是紧贴时下热点事件；二是善用网络流行语；三是表达方式更年轻化。例如：故宫在网络传播上，用独特的创意深入挖掘藏品的文化内涵，紧扣网民的文化品位和接收方式，改变中华优秀传统文化"高深莫测"的印象，让中华优秀传统文化在新媒体空间具有更强劲的传播力。

在发扬中华优秀传统文化上，高校要主动运用新媒体传播优势，在遵循文化传播规律、新媒体传播规律的基础上，紧扣青年学生的文化追求、心理认同，突破中华优秀传统文化传播范式，创新文化类型，为大学生提供优质的中华优秀传统文化服务，在保持主流价值的基础上，注重彰显个性，让古老的中华优秀传统文化焕发生机活力，契合当代青年学生的文化心理、价值追寻、文化认同，实现文化润物细无声的育人功能。

（三）虚拟空间与现实空间充分衔接

随着互联网技术的飞速发展，当代大学生逐渐进入"网络化生存"状态，但虚拟的空间所带来的幻觉或者幻象影响着人们正常的价值观判断。在文化传承过程中，高校应该充分做好线上虚拟空间与线下现实空间的有机结合。中华优秀传统文化离不开青年人的传承，通过线上与线下的互动，可以更好地契合青年人的个体需要，营造良好的中华优秀传统文化传播氛围，提高文化传播的效率。

第四节　文化育人的传播思想

从一定意义上说，谁赢得了互联网，谁就赢得了青年。习近平总书记强调，"坚定中国特色社会主义道路自信、理论自信、制度自信，说到底是要坚定文化自信，文化自信是更基础、更广泛、更深厚的自信，是更基本、更深沉、更持久的力量。"① "自媒体"时代的到来，这是媒介发展史上的一次巨大、深刻的革命，对传统信息的传播方式和传播理念产生深远影响，对当代青年学生的思想意识、学习及生活方式产生深刻改变，同时对高校"文化育人"产生重大影响。不可忽视的是，网络媒体的发展给高校"文化育人"带来了新的危机。

一　高校"文化育人"范式的深层危机

(一) 随意粘贴中的"批判意识"危机

在自媒体时代，每个人都可以成为一个"发声源"，都可以不经意间成为文化的传播者，使得文化传播带有更强的个体色彩。在这个时代，文化传播带有浓厚的商业气息，个人生活领域的每个角落都渗透着同一性的思维方式。这种文化传播的氛围对大学生的文化素质教育无疑产生重大影响，尤其不利于中华优秀传统文化的教育与传播。当代大学生掌握并利用技术，但实质上却越来越受到"技术的操控"，最直接的影响就是批判思维逐渐地丧失。马尔库塞指出："一体化、功能化的语言是一种坚决地反批判、反辩证法的语言。在这种语言中，操作的、行为的合理性吞没了理性的超越性、否定性和对立的要素。"② 在自媒体时代的大学生，深感自身具有无限的"自主性"，并带着这种肆意放大的"自主性"陶醉于自媒体平台中，由此带来的后果就是随意粘贴复制信息，在这样的过程中，其批评意识正在一点点地被蚕食。

(二) 道德"虚无化"危机

自媒体因其传播便捷的特点，极易成为青年学生的宣泄渠道，通过这

---

① 《习近平主持召开哲学社会科学工作座谈会强调　结合中国特色社会主义伟大实践加快构建中国特色哲学社会科学》，《人民日报》2016年5月18日第1版。
② 〔美〕赫伯特·马尔库塞：《单向度的人——发达工业社会意识形态研究》，刘继译，上海：上海译文出版社，2012，第89页。

种方式进入一个"新的世界"。相对于现实世界,这个"新的世界"是一个虚无的网络世界,它崇尚"自由主义",每个人都是"自由"的、不受约束的个体。在现实生活中,当代大学生面临着学业就业、情感交友、工作生活等诸多压力,当压力无处释放时,自媒体这个虚无世界成了重要的"言论场",他们可以自由宣泄牢骚、抱怨甚至是谴责,一些虚假的、激烈的言辞很容易在这个虚拟世界里引发新的、更大的争论,道德的作用得不到充分发挥。在网络世界中,道德的"虚无化"现象较为明显,从深层次来讲,其折射了人性的"恶"的一面,而要想更大程度地杜绝这种现象,只能寄希望于人性中的"善"。

(三) 大众话语的信任危机

在网络时代,大学生每天要接受海量信息,对他们来说,获得信息的量不重要,重要的是如何获得正确的有价值的信息。"在海量信息面前,个体要依据自己喜好和价值观来选择信息难度加大,难免产生'无助感',受众想看什么、不想看什么、在哪里看,容易陷入信息的选择困惑中。所以说,自媒体过于丰富的信息反而使其处于一个尴尬境地:对于自媒体自身而言,海量信息让其成为垃圾信息、虚假信息的收容站;对于受众而言,容易陷入信息海洋中不能自拔,既浪费时间又浪费精力,同时也容易被网上意见牵着鼻子走,失去自己的价值判断。"[①] 如此而言,在网络上会扩散着大量具有商业性、虚假性、欺诈性的信息,这对文化传播是极其不利的,具有极强的负面作用。

二 高校发挥中华优秀传统文化育人功能的原则

(一) 充分发挥主观能动性原则

在中华优秀传统文化教育实践中,高校是一个重要的教育载体,在教育实践中,高校虽坚持着文化育人的原则,但在真正的落实过程中更多地是采用了直接灌输的方式方法,结果不但没有达到预期的教育效果,甚至引起了学生的反感,引起大学生对中华优秀传统文化传播的抵触。

针对这种情况,高校教育工作者必须高度重视,一是反思自身在教育内容和教育方式上的缺点与不足;二是必须将"以人为本"的教育原则融入中华优秀传统文化教育中。在明晰教学或传播要点的基础上,因地因人制宜,根据大学生成长机制、认知特点,采用大学生喜闻乐见的表现形式,使传播话语体系更加贴近学生、贴近实际,满足大学生的现实关切,

---

① 周晓虹:《自媒体时代:从传播到互播的转变》,《新闻界》2011年第4期。

让大学生深刻地汲取中华优秀传统文化的滋养,实现其健康成长。

"有调查,才有发言权。"开展大学生中华优秀传统文化教育,是高校教育工作者的使命与担当。在开展工作之前,教育工作者要对大学生的文化素养进行充分了解,这样才能做到有的放矢。青年学生充满生机活力、富有创造精神,是肩负中华民族伟大复兴的接续奋斗者,作为高校教育工作者,应该积极教育引导青年学生汲取中华优秀传统文化养分,自觉从中华优秀传统文化视角解读当下社会的各种现象,进而正确认识困扰自己的社会问题;要充分调动青年学生学习中华优秀传统文化的兴趣热情,创新教育方式方法,丰富完善教育内容,以科学的育人策略、良好的学习氛围提升学习教育效果。

(二)坚持动态管理原则

高校文化育人工作是动态化教育过程,需要根据教育实践不断调整完善;高校教育工作者要坚持与时俱进,紧扣青年学生思想变化特点,及时调整教育内容和教育方式,积极顺应青年学生的思想需求和文化需求。要不断寻求接地气的现代语言表达方式去传播中华优秀传统文化,注意对育人效果好的措施和手段不断进行总结、凝练、固化,同时,及时根据实际需要科学调整育人思路和方法。高校应从机制上提升大学生文化教育的效果,逐渐探索建立高校文化育人的长效机制,同时要充分发挥高校教师的育人积极性和主动性,将文化育人工作融入高校教师教书育人工作全过程。

(三)坚持创新发展原则

党的十九大报告中提出,要"推动中华优秀传统文化创造性转化、创新性发展"①。中华优秀传统文化的形成,本身就是一个不断吸收外来文化、不断创新发展的过程。传播中华优秀传统文化、实现其文化育人功能,也必须在思想和行动上、在内容和形式上有所创新。高校在中华优秀传统文化的育人实践工作中,第一,要在文化育人理念上创新,将文化育人贯穿教育教学全过程,增强文化育人的影响力;第二,要在文化育人内容上创新,深入挖掘中华优秀传统文化的思政元素,并将这些元素运用到课堂教学和大学生思想政治教育全过程;第三,要在文化传播方式上创新,结合新时代青年的思想特点、学习方式,对中华优秀传统文化进行现代诠释和创新表达,激发学生学习和传承的热情;第四,要在文化育人工

---

① 《决胜全面建成小康社会 夺取新时代中国特色社会主义伟大胜利——在中国共产党第十九次全国代表大会上的报告》,《人民日报》2017年10月28日第1版。

作体制机制上创新，构建符合高等教育发展规律、符合高校人才培养规律、符合青年学生成长成才规律的文化育人工作机制。

三 构建中华优秀传统文化育人作用发挥的长效机制

（一）校园环境：营造校园传统文化育人氛围

大学生活是人生中最美好、最宝贵的时光，大学校园环境对学生精神境界的提升具有重要作用，规划有序的校园环境和人文气息浓郁的文化氛围，能有效提升青年学生的文化素养和精神境界。如今，各大高校纷纷建设新校区，从高校中华优秀传统文化教育的角度来看，高校在校园规划、硬件设施建设方面，要注意融入中华优秀传统文化的精神内涵，进而提升校园的文化品位；丰富中华优秀传统文化教育载体，强化教学楼、公寓及校园公共设施的文化传播功能，增强校史馆、图书馆等场所的育人功能。

（二）课程建设：拓展校园传统文化育人渠道

对于高校来讲，中华优秀传统文化教育、传播的主要渠道是课堂。加强和改进当代大学生世界观、价值观、人生观培育工作，推动中华优秀传统文化课程建设，将中华优秀传统文化纳入高校人才培养方案中，以此发挥课堂教学的主渠道作用。课程建设过程中，高校应精心设计中华优秀传统文化教学内容，创新教学设计，增强教学效果，发挥育人作用；应加强中华优秀传统文化教材建设，规范教育教学内容，形成融知识性、趣味性于一体的教育体系。

（三）文化活动：实现高校美育和德育相互促进

参加社团学生活动是大学生学习生活的重要组成部分，高校教育工作者要充分发挥社团活动的文化育人功能，注重将中华优秀传统文化融入各类社团学生实践活动中。一是开展各类弘扬中华优秀传统文化的文体活动和实践活动，比如，可以组建太极拳社团、话剧社团、国学社团等，积极发挥中华优秀传统文化的育人功能。二是可以通过文化类讲座和爱国主义教育，加强学生价值观的塑造。三是在清明节、端午节、中秋节等中国传统节日时，开展学生团体活动，通过节日活动中的服饰、饮食、用语等方面知识的学习，促进学生对中华优秀传统文化的学习。四是可以以学团组织、学生党支部、"青马班"、"学习筑梦小组"为单位，开展清明祭扫、重走抗联路等活动，加强学生的爱国主义教育，强化学生对中华优秀传统文化和红色文化的学习。高校通过开展一系列特色的文化活动，可以为师生营造良好的学习中华优秀传统文化的氛围。

（四）文化素养：发挥教师榜样示范引领作用

立德树人是高校教师的重要使命，培养学生良好的思想素质是教师的职责所在。"学高为师，身正为范"，教师对学生的教育不仅在于口耳相传，更在于躬身示范。高校教师既要做知识的传授者、文化的传播者、思想的引路人，更要成为大学生成长成才的榜样、学生前进的指路明灯。为了能够更好地、充满正能量地影响到每个学生，促进学生积极进步，高校教师要自觉地学习传播中华优秀传统文化，从其中汲取营养，从文化的习得中找到教书育人的文化脉络，增强奉献意识，秉持认真负责的职业操守，进一步提高个人的文化修养。要主动引领青年学生学习和传承中华优秀传统文化，加强同青年学生的中华优秀传统文化的学习和交流，激发青年学生学习传承中华优秀传统文化的热情。

四 构建高校网络文化育人模式

（一）加强网络文化育人顶层设计

当前，国家越来越重视中华优秀传统文化的传播与发展，出台了一系列政策、制度。网络技术和新媒体平台的成熟发展，为高校中华优秀传统文化的网络传播带来挑战的同时，也带来了新的发展机遇。做好顶层设计，是推动网络文化建设、实现网络文化育人功能的基础性工作，是构建目标明确、措施务实、组织严密的育人体系的重要工作。对于高校来说，一是可以成立网络文化育人工作领导小组，加强党对网络文化育人工作的全面领导，负责全校网络文化育人工作的规划制定、制度设计、统筹安排、组织实施和指导考核；二是高校二级学院要成立相应的组织，定期研究网络文化育人工作的具体落实；三是应加强制度建设，构建科学系统、可操作性强的制度体系，确保网络文化育人工作规划有效落实；四是提高网络文化育人工作者的政治意识、法治意识和意识形态工作水平，确保网络文化育人作用有效发挥。

（二）构建主流文化育人价值传播平台

高校是引领和推动网络技术发展的重要阵地，一方面，高校的人才资源优势能有力促动全媒体在高校育人工作中的应用和发展；另一方面，充满创造力与生命力的青年学生则是推动高校舆论生态、传播方式发展的重要力量，都为高校构建主流文化育人价值传播平台提供了重要支撑。新媒体是大学生接收信息与知识的重要来源，因此，建设形式多样的文化传播平台可以打破学生学习文化知识的时空限制，实现融媒体对大学生的文化育人功效。高校一是应当高度重视文化传播平台建设，将之纳入大学文化建设范畴，总体推进；二是加大投入力度，建设一批学生喜闻乐见的传播平台；三是应创新传播方式，让大学生能随时随地享受文化盛宴；四是加强运营维护，确保文化传播的网络安全。

（三）推动高校文化育人队伍建设

随着新媒体建设的发展，高校在完善人才培养机制上要有所侧重，一是应充分运用新媒体平台文化价值观的引领功能，组建一批素质高、能力强的新媒体网络文化教育传播队伍。二是要加大新媒体平台人才队伍建设力度，优化资源配置，实现新媒体技术与大学文化育人的有效衔接。三是要加强顶层设计，积极推进新媒体平台职业化专业化建设，扩大新媒体的传播力。四是要推动高校新媒体平台综合统筹体系建设，统筹协调各领域文化资源，竭力构建校园内新媒体联盟，切实有效发挥新媒体文化资源育人功能，进一步提升高校中华优秀传统文化网络传播力度和效度。

（四）构建品牌化网络文化育人体系

在网络媒体迅猛发展的背景下，开展中华优秀传统文化网络传播，构建文化育人新体系，对高校来讲，是挑战，也是机遇。高校应树立品牌意识，积极构建具有品牌效应的文化育人体系，彰显高校特色、突出学生群体，以厚重的文化底蕴增加高校文化育人的辨识度，不断提升新媒体文化传播质量，强化校园新媒体的舆论传播力和影响力。

第五节 创新开放的传播思维

新媒体时代，中华优秀传统文化网络传播面临新挑战。主要表现在：强国文化霸权主义背景下，意识形态控制现象有增无减；"数字鸿沟"背景下信息传播量不对称，文化传播结构格局失衡；传统的、自上而下的信息管理模式在大数据共享的冲击下被迫瓦解；道德主体虚拟化，网络色情、暴力等问题层出不穷。因此，我们需要重塑中华优秀传统文化网络传播的理念，让文化真正"以人民为中心"。

一 传播的过程是让文化"活起来"的过程

文化作为一个民族的魂与根，已成为世界范围内公认的衡量经济社会发展水平的价值维度。文化是动态的，中华优秀传统文化需要适应当代社会的发展。只有让中华优秀传统文化融进现代网络，它才会焕发更加旺盛的生命力。随着科技的进一步发展，大量以传统文化为背景的网络应用程序走进现代市民的生活。

（一）网络游戏中的文化风暴

信息工程飞速发展，网络游戏因其娱乐休闲、交流交友等诸多功能，一经问世便得到青少年们的喜爱和追捧。网络游戏不仅仅是闲暇时间打发时间的一种工具，同时也是文化传播的载体。中国有着数量惊人的网游用户，我们可以借助网络游戏传播中华优秀传统文化，把中华优秀传统文化通过游戏作品的方式呈现给网游用户。

当前，许多网络游戏中融入了文化元素。它们以中华优秀传统文化为依托，运用中国网民所熟知的文化内容来减少前期创作成本，而且让玩家在游戏过程中带有亲切感。网络游戏中包含了中华优秀传统文化符号，将古代的建筑、书法、绘画、服装等元素融入游戏，依靠3D技术将其展现出来。国产网游为玩家营造出"古代江湖"的虚拟世界，它们的设计几乎都离不开"家庭集体主义"，还有对于中国传统习俗节日、生活方式以及家国情怀等行为渗透，这和外国的网络游戏就有了差别，游戏中的侠义观念也是游戏设计者传输给玩家的中华优秀传统文化的一部分。

（二）网络传播助力文创产品

文创产品是当今世界文化圈的一大热点话题，英国、法国、美国等西方发达国家都在大力推动文化创意产品。文创产品是文化和经济价值直接挂钩的表现，是"行走"的文化。近年来，博物馆文创品走进人们的视野。以故宫博物院为代表的各类博物馆依托一种平易近人的形象——运营新媒体账号走近人们的生活，不仅把文化展现在大众的眼前，而且创造了巨大的经济财富。

文创产品是中华优秀传统文化传播的重要载体，无论从它要表达的文化要义，还是自带的文化要素，都成为设计者、供给方、消费者进行中华优秀传统文化交流的重要载体。通过网络平台，宣传推广文创产品既能传播中华优秀传统文化精神内涵，又能推动其创造出巨大的经济价值。

（三）网络应用程序中的传统文化

互联网的发展为中华优秀传统文化文艺作品提供了更加广阔的平台，人们通过这个平台把自己对中华优秀传统文化的喜爱和理解以及创新应用呈现在大众面前。例如，网易云音乐就为古风歌曲开辟了专栏，在这里不仅可以听到专业歌手的歌曲，而且可以上传分享自己作曲作词的古风歌曲。

"古风"被越来越多的青少年所喜爱和传承，比较突出的是汉服，青少年在节假日身穿汉服已经成为一道亮丽的风景线。现在网络程序App

中也有"掌上汉服""汉服荟"等专门的软件为人们介绍汉服的历史以及出售汉服,通过汉服让人们更充分地认识汉文化的博大精深。

我们现在常用的视频软件中也有专门的中华优秀传统文化纪录片。例如,在腾讯视频、爱奇艺等视频网站上线的《上新了,故宫》。在当代人热衷于观看的短视频中,中华优秀传统文化同样占据一席之地。例如,抖音短视频就有关于中国武术、戏曲以及老手艺"盘扣"等的热门消息。年轻人观看视频的过程,也是吸收和汲取中华优秀传统文化的过程。

二 文化是共享的:网络传播中要打破"次元壁"

(一)增强用户间的黏合度

随着网络社交平台的兴起,大量网民有了自己的"圈子"。如新浪微博的话题、QQ的兴趣部落、豆瓣小组、某个明星的"粉丝"团等,都将有一定兴趣爱好的人通过社交网络聚集在一起。中华优秀传统文化在网络传播中也需要搭建起"圈子",这一"圈子"要更加专业化、多元化,整合用户资源,增强用户间的黏合度。

目前,中华优秀传统文化的网络社群不断扩大,部门分类多,但是资源分配不协调:有的部门成员多,专业人士也多;有的部门成员少,关注度少,并且缺乏专业人士的指导帮助。中华优秀传统文化的网络群体要将小众的、专业的社群推广到大众中去,让网民了解真正的中华优秀传统文化。

中华优秀传统文化的传播要懂得如何巩固好"圈子"成员的认同感。首先,要让社群文化得到社会的肯定,其次要加强引导成员的交流,增强他们对中华优秀传统文化的认同。在一个群体中,会有"中心成员"和"边缘成员",处在圈子边缘的成员可能会出现对中华优秀传统文化一知半解的状态,如果放任不管,可能会导致这部分成员脱离社群。我们要做的就是使边缘成员"中心化",让活跃的成员为他们答疑解惑,加强交流互动,增强圈子里的成员的文化认同感和组织归属感。

(二)打破社群间的壁垒

文化是社会成员所共享的。因其热爱中华优秀传统文化而结成的网络社群,其成员会关注共同的话题,也会关注其他不同的话题。比如有的成员喜爱中华优秀传统文化,又热爱漫画,可能会给中华优秀传统文化网络社群中的其他成员介绍一些以中华优秀传统文化为背景的漫画,或给漫画"圈子"的伙伴介绍中华优秀传统文化中漫画的影子,引起双方的兴趣和交流。

网络社群的初衷是聚集志同道合的陌生人，加强对共同感兴趣的文化的理解和传播。中华优秀传统文化的网络社群不是将中华优秀传统文化局限，更不是成员标新立异的载体，它要打破"次元壁"，要扩散出去。要和其他的网络社群彼此交流，只有这样才能有更广阔的发展空间，实现共赢。

三 网络传播过程中要坚持传统文化是"人"的文化

（一）喜闻乐见的传播方式

中国在创造文化影响力方面已经有了现实基础和具体实效，中国的文化市场和消费力是全球增长最快的。中华优秀传统文化的传播离不开网络的发展，让广大受众容易接受、乐于接受，需要中华优秀传统文化以喜闻乐见的方式呈现出来。

故宫文化是目前大众比较了解和感兴趣的，很大的原因就在于《上新了，故宫》的播出。它是首档聚焦故宫博物院的文化创新类真人秀节目，在每期节目中会邀请拥有大量粉丝的艺人作为嘉宾，探寻故宫历史文化。年轻的朋友在看感兴趣的明星的同时，往往会被博大精深的故宫文化所吸引。

网络游戏、动漫以及网络文学都是当下比较受追捧的娱乐方式，它们同样可以作为传播中华优秀传统文化的方式。新时代媒体的发展不断促使、提醒、鞭策官方媒体从传统、刻板的定位中跳出来，找到新的发声方式和表达价值观的形式，欣喜的是我们能不断看到官方媒体的这种新变化。互联网语言是一块有效的"敲门砖"，不经意间拉近了互联网用户和新闻内容的距离。而视频制作技术的迭代更新，也丰富了节目内容和展现形式，增加了看点。

（二）人民才是真正的"精神领袖"

新媒体时代打破了传统大众媒体的庄严性和权威性。在虚拟的网络空间里，部分网民戴上面具，编造新身份，借匿名的方式，通过网络宣泄个人情绪，让网络平台成了吐槽、抱怨的空间。

"精神领袖"出于某种动机在网络上欺骗和误导网民，将个人主义情绪和观点进行社会化的传播。在虚拟的网络下，部分人肆无忌惮，转发评论扩散负面情绪，旨在引发社会怨恨情绪。强大的网络技术平台也是一些霸权主义国家侵入一个国家文化的落脚点，冲动的网民极容易被利用。我们在应用网络时要警醒这一情况，对不良信息要学会抵制、举报。人民是历史的创造者，是真正的英雄。在网络空间里，人民才是真正的"精神领袖"。面临网络世界中不良信息传播,要充分发动人民,让人民发声、让正义发声,共同建设干净向上的网络空间。

(三) 警惕糟粕文化的网络传播

"在利用网络传播中华优秀传统文化时,要以人民为中心,以人民的幸福生活为导向,同时也要沉淀文化内涵,使其不落俗套"。① 文化是人类的文化,是人类在实践中产生的,文化的网络传播也要坚持"以人为中心"的原则。

在网络传播的过程中要警惕糟粕文化对人精神的侵害。新媒体时代,人们在网络上的目的性与选择的主动性更强。人人可以参与到网络话题的讨论中,可以自由地获取信息和发表见解,网络传播者和受众高度重合。在这一大背景下,糟粕和粗俗文化传播开来,"毒鸡汤""土味视频"等网络内容很容易误导涉世未深的青年学生。这类行为必须要警醒,传播中华优秀传统文化要坚持底线,不应该给中国文化抹黑。

青年学生要自觉抵制糟粕文化,不能成为糟粕文化的传播者。我们应该利用网络平台宣传中华优秀传统文化、讲好中国故事,做优秀传统文化在新媒体时代的传播者。面对网络糟粕文化,我们要以坚定的文化自信予以有力的回击和抵制,让中华优秀传统文化得到真正的传承。

(四) 整合"碎片化"信息

中华优秀传统文化在网络传播的过程中,很容易被"碎片化",即原来完整的信息被拆分成很多块,受众容易因此断章取义。碎片化的原因有二:一是传播内容字数非常少,且篇幅有限,文字表述不连贯性,所要阐述的中心思想难以全面,容易被断章取义或者过分解读。二是因其操作非常简便,公众可不受制约地提出和参与各类话题。我们要进行信息整合,首先要让发布者真正明白中华优秀传统文化,对其有系统的认知和把握,而不是发表零星看法。其次,我们要让人们认识到自己不仅可以做发布者和受众者,还可以做"监管者",努力打造和谐明净的网络空间。

(五) 主动顺应"大数法则"

大数法则来源于庞大的数据统计和科学的分析。在大数据传播时代,对于普通民众来说,建立以日常生活为基础的社会秩序,就是通过搜集多数人的日常行为总和,并通过科学的分析和研究判断所得到的平均数,来表现出被监测者的持续性状态或者更加具有稳定性倾向的规则性集合系统。有外国学者认为,网络技术给人民带来便捷的同时,也拉远了人与人

---

① 陈荟词:《中华优秀传统文化网络传播的创新路径》,《青年记者》2019 年第 32 期。

之间的距离。后现代社会是典型的陌生人社会,人们对彼此了解得太少。在后现代社会中,人们如何能保持对彼此之间的信任并产生合作关系,减少合作成本,完全依赖于大数据的帮助。大数法则给人们带来了共同认可的秩序与规范。人们可以通过微信、微博等自媒体形式将自己的生活和对生活的想法、感受等放到网络上,通过强大的搜索引擎和各种视频和信息咨询软件来搜索和查阅大量的新闻和消息。中华优秀传统文化网络传播要主动顺应新媒体时代出现的这一法则,在传播内容和传播方式上要有所改变,增强中华优秀传统文化的传播语势。

四 大学要把网络传播作为传统文化通向世界的"桥梁"

文化是民族的,也是世界的。中华优秀传统文化不仅要通过网络平台在本国传播,更要把网络平台作为中华优秀传统文化向世界传播的一座"桥梁"。要让中华优秀传统文化通过网络传播的方式走向世界,就要强化政府在中华优秀传统文化网络传播中的"主体人"意识。党的十八大以来,习近平总书记多次部署新时代网络强国建设。大数据时代背景下,国际意识形态斗争愈发激烈。我们在通过网络向外弘扬中华优秀传统文化的同时,也要防备霸权主义国家通过网络进行文化渗透。

政府在网络监管中要发挥"过滤网"的作用。西方发达国家作为世界信息流动的中心,掌握了世界信息的话语权。有一些西方国家打着信息自由流通的旗号,要求发展中国家公开信息,放弃对信息的监管。这一文化传播理念明显夹杂其"政治意图"。这一现象也警示中国在网络进行优秀传统文化传播的过程中,既要强化主体意识,坚定维护我们的优秀文化,又要考虑其他国家的接受程度,采取合理的网络传播形式进行传播。国家意志作为一种主流意识形态,要坚持以人为本,做大做强主流媒体,让世界感受中华文化的魅力。

经济全球化、世界一体化,一方面消解了区域性文化,另一方面使不同文化的碰撞成为常态。"文化是一个开放的价值体系,是一个动态的发展过程,它的生命力在于传播与交流。"[①] 要想提升一个国家的文化软实力,必须借助于各种先进的媒体手段进行有效的文化传播。离开大众传播的实践探索,单纯停留在纸上谈兵的文化传播研究层面,就不能形成具有影响力的文化软实力。规范文化网络传播的秩序,使文化传播朝着更好更

---

① 许烨:《新媒体时代中国文化网络传播的伦理审思》,《湖南省社会主义学院学报》2019年第1期。

健康的方向发展,对于不断增强国家文化软实力、提振中华民族的文化自信具有十分深远的意义和重要的影响。

网络传播对中华优秀传统文化来说是机遇,也是挑战。在大数据全球共享的背景下,要让中华优秀传统文化屹立在世界文化之林,就要在保持中华优秀传统文化特色的前提下,以人民为中心,坚持利用互联网技术进行文化创新和传承,适应时代发展潮流,让中华优秀传统文化在网络传播中再次焕发生机。

第五章 大学推动中华优秀传统文化网络传播的实现机制

第一节 构建战略协作机制

在推动中华优秀传统文化网络传播的过程中,"碎片化"以及大学内部行政部门间的权责不清是阻碍中华优秀传统文化网络传播的直接原因。调查显示,网络传播的队伍建设、工作协作机制虽然得到改善,但各自为营的工作观念与工作方法并未完全消除。大学推动传统文化传播过程中,部门协作效率有待提高、流程有待明确、责任有待框定、管理有待完善。在具体工作中,大学与媒体平台、地方政府间的沟通与协作是十分必要的,但从实际执行来看,部门协作机制尚不成熟,沟通协作依然存在一定问题。此外,从推动传统文化网络传播的过程看,跨部门协作已经成为构建协作机制研究的热门话题之一。用构建战略协同工作机制来解决大学各部门"碎片化"的问题,对提升优秀传统文化网络传播实效具有积极意义。

一 明确战略协作机制参与主体

战略协作机制的参与主体应包括学校、学生、社会和政府有关部门。协作机制首先应充分考虑学生在传统文化认同、继承、传播中的主体作用。在校园环境下对传统文化的继承和发扬,其核心力量应该是广大学生,其目的也是不断增强学生的文化自信,所以学生作为战略协作机制的核心,要一切围绕学生,不断调动和激发学生的积极性、参与度和认知力,从而实现传统文化在校园的广泛深入传播。其次,学校作为传统文化传承发扬的重要场所,其自身性质、办学使命和育人目的都决定着其在传统文化传播中的重要作用。从学校内部组织上看,大学校园推动传统文化传承和网络传播的协作机制参与主体主要包括学校办公室、党委宣传部、公寓管理中心（部门）、学生工作处、学校团委以及各二级分院（学院）的团委。通过学校办公室或党委宣传部对传统文化网络传播内容制定或审核，宣传部通过制作推广视频、学校主题明确的宣传内容、图片，团委对传统文化的内容推广宣传，具体措施包括：网络平台发布、直播平台发布、微信公众号发布、微博互动等形式。学生工作处发动辅导员群体，打通网络传播的"最后一公里"，在学生经常出入场所进行网络推广。再次，政府和社会在学校推动传统文化传播的过程中起到重要的导向和支撑作用，政府部门的政策引导、资源共享、媒介辅助等，对学校传统文化传播提供必要的支持。同时，社会环境，特别是网络大环境对学校传统文化传播起到至关重要的影响作用，也关系到校园传统文化传播的实效。战略协作机制参与主体既构成一个有机协作的整体，又各自承担相应职能，负责各自业务工作中的文化传播任务。

二 把握战略协作机制协作范畴

传统文化网络传播战略协作机制的协作范畴应涉及传播机制、政策、渠道、内容及监督保障等方面。从学校层面上看，大学推动中华优秀传统文化网络传播的协作范畴是保障网络传播实效的重要一环，从实现优秀传统文化的网络传播实效出发，应在大学校园内准确把握有效协作范畴，完善制度细节，使各参与主体在达成共识的基础上保持网络传播功能的一致性。以吉林省某高校为例，根据调研发现，该校的部门协作范畴主要集中在目标执行和监督反馈两个方面。在中华优秀传统文化网络传播方面，"一平台多功能"战略协作机制只整合了学生学分补充、综合测评成绩（德育成绩）和优秀传统文化网络传播目标。部分日常网络传播目标、线下活动互动、学生工作督查等职能并没有在协作机制中得以体现。通过制定网络传播平台和各相关部门"一平台多功能"考核办法，可以使全体师生在参与优秀传统文化网络传播与传承中重视实效、偏重评价，也有效避免优秀传统文化网络传播过程中参与和评价程度不高、缺乏细节、可操作性较低等问题。从整体上看，学校应积极主动与政府部门、社会有关团体等建立协作联动工作机制，就传播的内容、政策依据和媒介渠道等实现资源共享。

三 构建战略协作的交办督办机制

此机制主要体现在政府和学校两个层面。政府有关部门对传统文化的网络传播制定相关管理制度，对学校承担的相关工作，要从教育教学监管、网络信息监管、传播渠道监管等多个方面加强对传统文化网络传播的导向把握。从学校层面来看，交办督办机制是构建战略协作机制的主要内容。大学在推动中华优秀传统文化的网络传播中，通过网络手段引导青年师生对传统文化的自觉传承。在日常网络平台信息发布、学生在网络平台的互动、传统文化网络传播的思想引领中，如果发现问题不能现场解决，或需要跟踪整改，则应按照协作机制的责任分工和二级分院（学院）属地化管理的原则，通过确定事项的类型性质，及时移交至对应的二级分院（学院）或相关部门进行处理。通过学校党委宣传部或学校团委对二级分院（学院）或相关部门的反馈情况进行初审，对未按规定要求、时间处置或处置不到位等情况，经讨论后予以督办，并跟踪事项的动态办理情况。对不按规定完成处置、反馈的案件，进行重点督查督办，并纳入学生工作考核评估或宣传工作考核评估。

四 组建战略协作机制的部门联席会议

联席机制可建立在政府与学校、学校各部门之间。其中，学校在上级教育行政部门的指导和协调下，可与政府有关部门建立联席协商机制，就传统文化网络传播的内容、载体和形式等进行有效沟通，进一步畅通传播渠道，提高传播实效。在学校各部门之间，也要建立相应的部门联席会议制度，坚持在优秀传统文化网络传播过程中"一事一议"，定期召开部门间的协调协商会议，会议应围绕中华优秀传统文化在网络传播途径、协作部门和主要负责人之间开展，也可以由学校办公室或学校党委宣传部对会议召开频次、内容和程序进行规定。通过学校办公室或学校党委宣传部对二级分院（学院）或相关部门反馈情况进行初审，对未按规定要求、时间处置或处置不到位等情况，经讨论后予以督办，并跟踪事项的动态办理情况。对不按规定完成处置、反馈的案件进行重点督查督办，并纳入学生工作考核评估或宣传工作考核评估。

在学校的内部管理中，规章制度往往只给出方向性指导或原则性政策，不指明具体工作措施，鉴于规章制度的这一特点，在构建中华优秀传统文化网络传播协作机制的部门联席会议时，对部门协作机制进行整体性思考，对优秀传统文化网络传播工作进行实地考察和访谈。建立部门联席会议的交办督办机制，这是推动大学优秀传统文化网络传播的战略机制的重要抓手。大学在推动中华优秀传统文化的网络传播中，通过网络手段引导青年师生树立传统文化的自觉传承，在日常网络平台信息发布、学生在网络平台的互动、传统文化网络传播的思想引领中，如果发现问题不能现场解决，或需要跟踪整改，则应按照协作机制的责任分工和二级分院（学院）属地化管理的原则，通过确定事项的类型性质，及时移交至对应二级分院（学院）或相关部门进行处理。

五　完善战略协作机制的信息共享

网络传播的信息共享是大学推动优秀传统文化传播的重要机制，扩大传统文化网络传播的范围和提高文化育人实效，离不开网络信息资源的收集、处理、共享。近年来，互联网日渐成为信息传播的主渠道。然而，在传统文化走出去的过程中，现有的技术手段与平台渠道或多或少地存在形式单调、技术落后、内容枯燥等问题，难以吸引海外受众，特别是青年受众的主动参与。中华文化走出去在打造精品力作、讲好中国故事的基础上，还要不断升级传播技术手段，全方位拓展海外传播的平台和渠道。

要善于整合文化传播资源。要强化新媒体，特别是社交媒体平台完善信息共享，增强中华文化在校园以外的传播影响力。根据调查研究显示青年大学生群体更习惯于通过新媒体获取中华优秀传统文化信息分享。依托于互联网、手机的新型社交媒体已成为信息共享的主渠道。因此，统筹利用大众媒体和新兴媒介渠道，发挥社交媒体平台在精准推送、同好集聚等方面的分众传播优势，可以有效提升中华优秀传统文化的分享覆盖面。

要提高大学校园的网络共享水平。在建设数字局域网或优秀文化网络传播等内部交流网站的基础上，通过协作机制的流程，梳理需要进行信息共享的网络传播主题内容、网络传播数据，列出信息共享目录，对可公开可共享的信息进行网上流转、共享，建立"大学中华优秀传统文化网络传播共享综合平台"。

要探索有效的大数据时代决策方法。新时代的网络平台建设要遵循大数据时代网络平台建设的基本规律，协同机制各部门通过探索大数据的决策方法有效提高学校思想政治教育育人的信息处理能力，从中挖掘有效思想政治教育信息，从而进行科学决策和网络传播创新。

第二节　完善传播工作体制

一　创新"互联网+"校园传统文化网络传播的渠道

中华优秀传统文化的表现形式多种多样，从学校层面上看，主要体现在学校的教育教学各环节、学生的衣食住行各方面、校园的精神和物质文化各层面，构筑网络传播媒介平台应该是多样化的，要以推进文化创新和传统文化发展活力为目的。构筑网络传播媒介平台是完善传播工作体制的基础。融媒体时代的互联网发展技术让网络传播媒介呈现出多元化的特点。尤其在大学校园环境中，大学生比较容易接受新鲜事物，网络直播平台、微信公众号、微博互动平台、网络"表白墙"社区等大众传播媒介呈现了媒体终端的个性化特点。传播优秀传统文化的网络渠道通过网络互动、留言、弹幕、表白的方式与学生形成互动。

网络的兴起使中华优秀传统文化的传播获得了新的载体，优秀传统文化网络传播需构筑网络媒介平台。首先，建立中华优秀传统文化学习网站、数字报传播媒介平台，使青年师生能够快捷地分享与中华优秀传统文化的相关故事，为师生获取最典型的文化育人提供便捷的服务。其次，通过创建网络论坛和直播号的形式强化网络组织活动的能力。网络论坛可以通过"第二课堂"的形式完成，通过"易班"网络论坛的形式组织学生参与，通过直播号的形式组织教师参与有关弘扬和传播中华优秀传统文化的讨论。

新的传播渠道连接经典与大众，让传统文化的扩散及传承方式更加便捷多元。要借助新媒体平台，使优秀的传统文化有更多的机会走出固有的小众圈层，继而以更加符合年轻人解读和理解的方式，得以重新繁荣绽放。同时，不断创新表现形式与内容创作，让更多的受众，尤其是青年大学生用户重新感受到中华文化的博大精深，并积极参与到文化符号的传承中来，使中华优秀传统文化在新时代背景下迸发出更强劲的生命力与感召力。

二 把牢"互联网+"校园传统文化网络传播的过程控制

（一）传播的主体控制

传播的主体是指从事传播工作的人员，大学实施网络传播的主体包括思想政治教师、学校记者站的记者、直播平台的自媒体终端、传统文化活动的宣传组织者、学校党委宣传部或相关部门传统文化网络传播内容的编辑、校园电视台的主持人等，同时还包括从事中华优秀传统文化研究的工作者，诸如邀请为学生讲课的非物质文化遗产传承人、为传播工作提供技术支持的传媒专业教师等。大学推动中华优秀传统文化的网络传播受众是具有广泛性和复杂性的大学生，所以对中华优秀传统文化网络传播者的职业素养和知识技能都有一定的要求。青年学生的特点是敢于尝试新鲜事物、容易受到网络传播内容的吸引。优秀传统文化网络传播的主体应具备政治性强、社会责任感强的特点。

大学推动中华优秀传统文化网络传播的主体控制是保障网络传播实效的重要一环，加强战略协作机制的动态设计和及时控制，从实现优秀传统文化的网络传播实效出发，注重发挥网络信息技术在网络传播中的作用，通过在大学校园内准确把握有效协作范畴，完善制度细节，使各参与主体在达成共识的基础上保持网络传播的功能在内的一致性。以吉林省某高校为例，根据调研发现，该校综合协作机制的部门协作范畴主要集中于目标执行环节（即传统文化网络传播）和监督反馈两个方面。在中华优秀传统文化网络传播方面，"一平台多功能"战略协作机制只整合了学生学分补充、综合测评成绩（德育成绩）和优秀传统文化网络传播目标。部分日常网络传播目标、线下活动互动、学生工作督查等职能，并没有在协作机制中得以体现，当网络传播的功能受到阻碍因素无法解决问题而必须使用管理手段时，便需要部门间的协作。这主要包括传统文化网络传播过程中的社团组织、网络平台发布、网络传播评价、教师参与指导等方面，呈现"网络平台发布互动、各部门协调配合"的局面。部门协作的范畴并不涉及参与推动传统文化网络传播政策制定、完善政策协调的内容。在传统文化网络传播与反馈方面，当前监督方式主要是内部监督和网络平台赋分，并纳入相关的考核评估。通过制定网络传播平台和各相关部门"一平台多功能"考核办法，使得全体师生在参与优秀传统文化网络传播与传承中重视实效、偏重评价，通过协作范畴的构建，也有效避免优秀传统文化网络传播过程中参与和评价程度不高、缺乏细节、可操作性较低的风险。

（二）传播的受众控制

要善用社会及市场资源做好传播受众的凝聚，增强中华优秀传统文化传播控制的覆盖面和影响力。大学在推动优秀传统文化传播的受众控制主要依靠学校做好顶层设计的同时，着力统筹社会的力量、学生的力量、学校的力量，发挥学校对校园文化传播活力，推动优秀传统文化的广泛传播。青年师生在校园内外的传统文化传播方面有着得天独厚的优势，他们嗅觉灵敏，传播力和渗透性强，日益成为传播中华优秀传统文化的生力军。

大学推动中华优秀传统文化的受众主要是在校青年大学生，也包含在校教师。中华优秀传统文化的受众具有不同的文化底蕴、不同的学科背景、不同的成长背景。网络时代的互动性给了传播者和受众者转换角色的自由，尤其是在自媒体高度发达的校园环境，网络传播的受众不再被动地接收信息，而是主动地掌握和控制信息，并参与到信息的提供和传播之中。

传统文化的网络传播要牢牢把握学生这一主体，要把握学生身心发展规律，增强育人的主动性、针对性、实效性。大学生是推动社会进步的主要力量之一，他们意识的觉醒，往往是传统文化光大和传承的先声。通过有关调查得知，大学生对于传统文化网络传承的基本理解是：青年学生了解传统文化的途径既有传统的渠道也有网络等新渠道，民俗、饮食、服饰是大学生熟知的传统文化，但是他们也通过浏览网站、博客和收看网上视频等方式，去猎取他们不太熟稔的国学、历史等传统文化知识。绝大多数大学生认为传统文化在部分遗失，并开始尝试使用互联网纾困传统文化。因此，把握受众主体的认知和文化接纳特点，才能实现传统文化有效的网络传播。

传统文化的网络传播要把准学生脉搏，摸透学生受众的心理特点、思想特征和接纳方式。要在创新教育和传播方式上狠下功夫、下狠功夫。要遵循科学的传播规律，研究借鉴成功的、典型的案例，让传统文化的网络传播接地气，力求做到对广大学生的精准传播、分众传播和有效传播。要积极探索广大学生喜闻乐见的传播方式，让优秀传统文化入耳、入脑、入心。

（三）载体的控制

文化传播的核心目的是以文化人、以文促情、以文建信，而中华优秀传统文化网络传播的"最后一公里"问题在实施过程中显得力不从心。大学在推动中华优秀传统文化的过程中，利用互联网载体推动中华优秀传统文化走出去的针对性调研及实效性评估，是提高校园传播针对性和贴近性的关键所在。通过对青年大学生的认同调研，可以深入研究不同学科、不同年龄受众的文化传统、价值取向和接受心理，因地制宜地开展工作，使中华文化不但能在校园走近学生，也能"入脑入心"。网络载体的另一方面控制体现在开展中华文化走出去的效果评估更具实操性，通过对青年大学生受众的持续追踪调研，可以准确把脉更广泛青年大学生在推动中华优秀传统文化网络传播过程中对于中华文化的认知度和需求度。

中华优秀传统文化网络传播的载体包括文化载体、网络载体、大学载体。弘扬和传播中华优秀传统文化是引导青年大学生进行文化继承、文化发展的重要方法。网络传播在校园传播媒介中具有重要的作用，网络的普及和通信设备的发展使得青年学生网络生活较其他群体更加活跃。在网络环境中传播中华优秀传统文化，要把握青年大学生网络接受特点，积极探索网络传播规律。大学载体具有文化环境浓厚、传统文化传承和网络传播环境较好、网络传播工作队伍素质高的特点。

三 构建"互联网+"校园传统文化网络传播的参与机制

中华优秀传统文化网络传播的师生参与略显不足，主要体现在大学组织的弘扬中华优秀传统文化的社团活动中，参与者多是大学生课余文化比赛的发起者，多是为荣誉和比赛。要积极探索和健全有效的师生参与机制。大力培养和增强大学生的参与意识，提高教师和学生的参与程度。

首先，建立学生参与的良性互动机制。良性互动包括网络媒介平台的参与和评价，通过学生报名参与、平台管理赋分，通过网络环境的动力机制、激励机制和保障机制，使学校和学生之间在网络平台建立互动关系，使网络传播的中华优秀传统文化实效在这种互动过程中脱颖而出。

其次，激发学生的主动参与。一方面，要充分发挥传统文化网络传播的及时、快捷、清晰等特点，以青年学生感兴趣的短视频、互动话题等形式吸引学生参与。另一方面，通过发布、宣传、评选学生传统文化网络作品的方式，让学生主动融入传播过程，并采取激励措施，让学生的主动性持续持久。

再次，以宣传教育引导学生积极参与。二级分院（学院）鼓励、提倡人人参与，如通过社团活动形式组织线上传统文化节，通过网络媒介平台传播中华优秀传统文化，丰富校园文化活动，烘托大学校园生机勃勃的氛围。

最后，彰显传统文化与时俱进的时代特点。提高传统文化和现代社会协调融合，才能进一步推动实现中华优秀传统文化的网络传播，2020年春天，新冠疫情席卷神州大地，在全民抗疫期间，"云课堂""线上文化社团"成为新风尚。据不完全统计，全国高校累计推出2000多场线上中国传统文化课堂引导居家隔离的师生员工锻炼身体、共享传统文化魅力。通过开展太极拳教学、传统武术教学、书法云课堂、戏曲云赏析等等"云传播"也星火燎原，通过互联网，用中华优秀传统文化与现代社会协调融合，发挥传统文化在现实生活中的活力，在向百姓传递疫情防控知识同时，为时代英雄们鼓与呼，提高传统文化网络传播的云端影响力，推动传统文化网络传播走进千家万户。

第三节　构建网络话语体系

话语体系的分类是一个复杂的综合工程，通常包括话语形态和话语技巧；在人们交流的过程中根据语言交流的传播者、受众和载体的不同，可分为群众性话语、统治者话语和对外交往话语；根据话语表达的所属领域的不同，又可以分为日常性话语、政治性话语和外交话语；在中西方的语言体系分类中可以分为中国式话语和西方式话语；根据话语所在国制度的不同，划分资本主义话语和社会主义话语；根据话语所在地理位置的不同，可分为东方话语、北欧话语、南非话语等。总之，由于人们对话语的认识与理解不同，它的侧重点就不同，分类也就不同。在互联网和大众传媒迅猛发展背景下，互联网技术、信息技术不仅影响和改变了人们的日常生活和工作方式，而且对中华优秀传统文化的传播形式也产生了极大的影响。优秀传统文化的网络传播更是充分利用网络并融入其中，主要是通过运用网络传播方式，或者是将中华优秀传统文化的元素植入其他网络平台的内容中进行传播。大学在推进这种聚焦于"云课堂""网络互动性"的传统文化传播体验来自高校青年大学生所营造的校园网络话语体系。

构建中华优秀传统文化的话语体系，是新时代中国化马克思主义理论创新发展的应有之义。以新时代为背景，构建具有新概念、新范畴、新表述，同时具有中华优秀传统文化网络传播特点的话语体系，可以深化对传统文化发展规律的科学认识。网络话语体系是网络传播媒介中的语言共同体，是不同于书面语言、口语表达的话语体系。要通过构建网络话语体系，汇集大学生的创造精神和集体智慧，为中华优秀传统文化网络传播的实现提供智力支持。

一　提升运用网络话语体系传播优秀传统文化的能力

(一) 提高传播者的网络媒介素养

在新媒体传播背景下，青年大学生智能手机普及率高达百分之百，大学在优秀传统文化网络传播的过程中，青年大学生每个人既是接受者，也是传播者。网络传播与传统传播形式下的媒介相比，新媒体媒介还注重传播态度的直接平实，视觉呈现方式的新颖生动，即时交互的体验和参与。传统文化网络传播意识应利用疫情危机下的这一契机，通过提高传播者的网络媒介素养从而主动占领线上阵地。

大学行政部门以及学生工作部门等通过互联网媒介平台宣传、发展传统文化过程中，应注重提高网络媒介素养。要提高中华优秀传统文化网络传播者的媒体参与意识，积极探索微信、微博、快手、抖音等自媒体平台的媒介传播规律，提高对自媒体平台网络技术的应用水平。在当今校园环境中，网络已经成为青年大学生学习和生活的一部分。传统文化的网络传播者应掌握互联网传播的客观规律，增强自身媒介参与意识，主动与大学生探讨、交流其感兴趣的传统文化热点话题，了解和掌握网络话语的形式和特点，重视网络话语在大学生日常网络生活中的作用，实现传统文化话语与网络话语的有效融合，以丰富的传统文化话语内容和网络表达形式来对大学进行传播和引导。

提高传播者网络技术应用水平是加快优秀传统文化网络传播的关键。大学的传播者应当积极参与提高网络技术应用能力培训，通过阅读学习、实地考察的形式与其他老师和学生进行交流和学习，熟悉网络环境，了解网络传播的模式和特点，掌握基本的网络应用技能，如对网络信息进行编辑、评论、转发能力、图像处理能力、信息组织能力。

(二) 探索符合大学生心理需求的话语体系

网络话语能更好地体现中华优秀传统文化网络传播实现的过程，也是大学在推动优秀传统文化网络传播过程中承担具有当今国情、表达智慧而构建起来的一整套不同于书面语言、口语表达的话语体系，它是大学在实现推动中华优秀传统文化网络传播过程中以主人翁的身份与地位，主动从网络环境和青年大学生思想状态的现实状况出发思考中华优秀传统文化网络传播中的现实问题，主动建构一整套体现网络传播和情感表达的网络话语体系，具备新时代网络传播特点、展现中华优秀传统文化时代魅力，既区别于书本中对传统文化传播语言表达体系，又区别于中华优秀传统文化在口耳相传的口语化话语表达范式，构建主动应对大学生对传统文化的关切，主动体现网络传播环境的现状、情感表达。通过构建网络话语体系，汇集青年大学生的创造精神和集体智慧，主动为中华优秀传统文化网络传播的实现提供智力支持与智慧涵养。

探索和构建中华优秀传统文化的网络传播话语体系需要大学的中华优秀传统文化传播者调整传统的工作理念，充分尊重大学生的主体性和自主性。以往的中华优秀传统文化网络传播形式单一，往往只是通过网站向大学生传播和宣传。当自媒体已经完成颠覆式发展，大学推动传统文化在大学生群体中的传播应当以大学生群体的思想动态和情感需要为着力点和立足点，结合互联网传播的规律和特点，开展中华优秀传统文化的网络传播实践活动，有效提高传统文化网络空间的影响力。例如，在校园网络平台对优秀传统文化进校园的艺术文化展演进行宣传和传播，当网络媒介平台出现与主流意识形态不同的声音时，要从大学生的精神世界出发，运用符合大学生心理需求的话语和形式进行引导，以最大限度地引导学生认知。这就要求优秀传统文化的话语体系构建要遵循大学生的心理需求。

作为传播主体的教师、团委工作人员、辅导员要深入到大学生的网络生活当中，用学生身边的事、学生讲过的话和学生平等交流，把握学生对传统文化认知的动态，并尝试建立和学生的共同语言。因此，在网络媒介平台进行传统文化舆论引导时，传统文化网络传播的主体就要运用生活化的、生动的、能反映大学生内心发展需求的传统文化网络话语来引导其形成正确的世界观、人生观和价值观，只有这样，才能够说进大学生的心里去，拉近与大学生的心理距离，生成大学生喜闻乐见的中华优秀传统文化网络传播话语体系。

（三）掌握传统文化网络传播规律

大学生群体对中华优秀传统文化的网络传播话语接纳和吸收的实际效果是衡量其话语体系构建是否合格的重要标准。网络空间出现了不同的表达形式，以其特有的创意、情绪感染力和活力去迎合大学生的审美标准和接受心理。

大学推动中华优秀传统文化网络传播的过程中，一方面，要善于插入能够传递情感并富有正能量的"表情包""动图""漫画""段子"等来增强话语表达方式的感染力和亲和力；另一方面，可以选择手绘长卷的方式，采用动画手法，将中华优秀传统文化网络传播所要展示的内容或主体以动态的形式展现，将内容接地气而又有温度地表现出来。以传播优秀传统文化的典型著作《论语》为例，学校相关部门可以将特制的精美手机壁纸发布在微信公众号、微博等网络平台，学生根据自己的喜好和理解下载设置屏保图片；在网站和客户端通过漫画连载的方式讲解孔子与弟子的故事，形象化、生动化地加深青年学生对孔子生平的认识，加强对《论语》的理解，提升大学生对中华优秀传统文化网络传播话语的获得感。

二 提升运用网络话语体系传播优秀传统文化的实效

（一）提炼网络媒介平台网络话语

构建中华优秀传统文化网络传播的话语体系，应主动从社会主义现代化建设实践中提炼时代话语，在网络空间传播过程中讲好中国故事、传递好中国声音。网络媒介的话语体系来源于实践，中华优秀传统文化网络传播的话语内容也必须从社会实践生活当中去汲取和提炼。大学校园的互联网媒介平台的留言、评论、互动甚至是发布内容即是网络话语内容的源头活水。大学文化的传播主体应当善于从网络生活的实践中挖掘出适合与传统文化网络话语相结合的时代话语，使大学生产生情感共鸣和形成正确的价值观，增强大学生对中华优秀传统文化内容的理解度和接受度。网络信息化时代，大学推动传统文化网络传播实效的提升离不开对网络话语的吸收和融合。新媒体时代，网络话语的出现为传统文化的网络传播话语注入了新鲜血液。在网络空间当中，网络话语以其富有生活化、鲜活性和幽默性的特点符合大学生群体的个性化发展和心理需求，受到大学生的喜爱。

大学推动传统文化网络传播，应当主动了解网络话语的特点和形式，积极主动运用网络话语与大学生进行沟通和交流，认识到网络话语对开展网络思想政治教育活动的重要性，从而采用辩证的角度从网络环境中提炼符合大学生心理需求的，有利于大学生树立正确的世界观、人生观和价值观的优秀网络话语，并将其融入传统文化网络传播话语当中，促进教育者与大学生进行平等的交流和互动，从而丰富思想政治教育网络话语的内容，提高思想政治教育网络话语的鲜活性、感染力和号召力。

（二）继承中华民族传统文化的优秀话语

大学推动中华优秀传统文化网络话语内容的丰富和创新离不开对中华民族传统文化中优秀话语的继承和发展。源远流长的中华优秀文化蕴含着丰富的话语资源，对大学生的道德素质、行为规范的塑造和培养具有重要的价值意义。大学推动优秀传统文化的网络传播呈现出"碎片化"趋势，造成传统文化网络传播的局限，不利于优秀传统文化的丰富和发展。因此，大学的传播主体需要对优秀传统文化中的话语资源进行挖掘和吸收。

（三）探索网络话语表达方式转型

传统的网站单向灌输式宣传削弱了宣传的效力，满足不了大学生的需求，甚至引起大学生对中华优秀传统文化网络传播的反感和抵触。大学的优秀传统文化传播主体要积极探索表达方式创新，做到与大学生进行真诚的情感沟通与互动。要充分尊重网络传播中大学生的主体地位。大学推动中华优秀传统文化网络传播的受众主体是在校青年大学生和教师，关心和正视大学生关注的热点问题，积极主动引导大学生参与话题讨论，用商量、探究、对话的方式代替强制性的灌输，通过对话与讨论，时刻了解大学生的思想动态，倾听他们的想法，与大学生拥有共同语言，逐渐消除双方的话语差异。通过转变强制和强硬的命令式表达方式，采用互动、交流、引导的方式教育和引导大学生，往往容易达到事半功倍的效果。在网络传播社区或论坛的讨论、互动中引导大学生进行自我思考和自我觉悟，使大学生在潜移默化中接纳并使用中华优秀传统文化的话语，可以为大学推动中华优秀传统文化网络传播构建提供重要保障。

（四）推广讲故事式的传统文化网络传播

传统的叙事式网络传播是中华优秀传统文化网络传播中比较常见的表达方式，难以吸引大学生的关注和兴趣。积极探索讲故事式的网络传播表达方式，以生动的传统文化故事形式在大学生群体中推广和传播传统文化，容易使传统文化情景再现，这就要求大学推动传播主体与网络话语有机融合，把大道理融入小故事中，创造情感体验的文化氛围和故事氛围，让充满意义的传统文化变得更加生动有趣，使其更加贴近大学生奋斗的青春，进而以循序渐进的方式将优秀传统文化网络传播话语渗透到大学生的思想观念当中，增强传统文化网络话语的情感震撼力和思想感染力。

（五）培育大学生网络话语体系的意见领袖

大学生网络意见领袖对网络话语体系引导和话语体系构建具有积极作用。网络话语体系能更好地体现校园生活中的传统文化网络传播实现的过程，网络话语体系的意见领袖也是大学在推动优秀传统文化网络传播过程中承担具有当今国情、表达智慧而构建起来的一整套不同于书面语言、口语表达的话语体系中的敢于引领网络舆论的自媒体，意见领袖是大学在实现推动中华优秀传统文化网络传播过程中以主人翁的身份与地位，主动从网络环境和青年大学生思想状态的现实状况出发思考中华优秀传统文化网络传播中的现实问题，网络的意见领袖所展示的是一整套体现网络传播和情感表达的网络话语体系，它们往往具备新时代网络传播特点、展现中华优秀传统文化时代魅力，这种网络舆论的引领既区别于书本中对传统文化传播语言表达体系，又区别于中华优秀传统文化在口耳相传的口语化话语表达范式，通过重视网络意见领袖的树立和培养，构建主动应对大学生对传统文化的关切，主动体现网络传播环境的现状、情感表达。通过构建网络话语体系，汇集青年大学生的创造精神和集体智慧，主动为中华优秀传统文化网络传播的实现提供智力支持与智慧涵养。

大学的社团、学生组织要吸收思想积极、要求进步的有为青年，鼓励他们在网络环境中通过发布、评论、互动、留言等形式提高影响，成为大学校园的网络达人。大学生网络意见领袖能够利用大学生互相关注的特点，来开展朋辈教育，用网络语言感染学生，用网络方式团结学生，减少大学生对传统文化的抵触情绪。与普通同学相比，大学生网络意见领袖更熟悉传统文化网络传播的话语表达技巧，对形成网络话语体系、引导社会热点具有更加有力的作用。网络环境中大学生交流互动的网络语言更加幽默、直接，大学生网络经验和网络语言都比较成熟。大部分网络意见领袖是在网站、论坛、微博上通过突出的发布量、评论量、关注量、互动量等产生的，不是通过教师任命、学生选拔、学生组织换届等方式形成，在青年学生中具有一定的威信。在传统文化网络传播中应当重点培养意见领袖的综合素质，积极引导具有正确的政治导向、在同学中影响力较强的党员、学生干部或普通同学成为网络意见领袖，同时也要注重提高大学生网络意见领袖的自我管理水平，懂得聆听他们的想法和感悟。要了解和掌握大学生意见领袖的思想动态和现实状态，发现他们的闪光点和擅长引导的话题领域，并适时在网络空间中给予适当的鼓励和赞扬。中华优秀传统文化的网络传播可以适当赋予大学生网络意见领袖一定的网上权力，并为其提供培训机会和会议场地，完善其成长服务体系。

第四节　打造传播阵地平台

互联网搭建的宽广平台成为大学推动中华优秀传统文化网络传播的重要阵地。为打破传承与传播的界限，激发传统文化薪火相传的新活力，要在大学校园构建多平台融合的中华优秀传统文化全媒体传播平台。

一　建设数字报刊

中华优秀传统文化蕴藏着中华文化基因与精神信仰，开展传统文化数字报建设，抢占网络终端新阵地，成为打造中华优秀传统文化网络传播的基础。数字报是一种集采、编、发一体化的解决方案平台软件，可以将中华优秀传统文化的内容转化为大学生群体喜闻乐见的 Flash、Html、PDF 等格式的文件包，以满足大学校园师生对不同格式数字报纸的需求。

数字报成为大学推动中华优秀传统文化网络传播的融媒体新阵地。打造传统文化数字报建设更好地筑牢传播阵地平台让传统文化在青年大学生中持续"活起来"，中华优秀传统文化网络传播的实现要以此来激发传统文化新活力，互联网、直播平台的兴起，通过数字报平台建设，使青年大学生充分理解和利用改变人们的生产、生活方式，在遵循大学校园环境、人文环境、媒体环境基础上，借势新兴网络技术的发展，将传统文化数字化、形象化、具体化的以数字报的形式为在校师生送上文化大餐。高等学校以做好优秀内容生产、技术赋能提质创新、传播渠道精细裂变、全校师生共同参与长久转化为路径，以数字报的形式深化中华优秀传统文化代表的传播内容在互联网空间的广泛传播，结合学校参与、丰富网络传播内容、创新传播形式三个方面打造传播阵地平台，夯实阵地平台，有效促进大学推动中华优秀传统文化网络传播的实现。高校要以数字报的形式深化中华优秀传统文化在互联网空间的广泛传播，有效促进大学推动中华优秀传统文化网络传播的实现。

二　打造文化网站

互联网平台要积极引入传统文化，丰富内容供给，营造健康生态。2019年春节，《啥是佩奇》微视频传递出过年回家、合家团圆的亲情民俗。很多媒体借势推出"啥是"系列新媒体原创产品，传递中国年味文化。因而，可以打造专业性传统文化网页、网站，打造网络传播平台。吉林省某高校推出第二课堂项目"承典铸魂"，旨在引导青年大学生传承中华优秀传统文化的经典，铸就青年大学生青春之魂，通过网站宣传留言、互动、宣传的形式丰富传统文化传播，广受校园师生欢迎。建立传统文化传播网站，可以加强资源整合，推动实现中华优秀传统文化在青年师生群体中的传播。

在网站建设中可以巧妙借助最新的流行元素，以中华优秀传统文化故事为素材，使学生了解中华优秀传统文化的深刻内涵。

传统文化网站建设与大学生思想政治教育相结合，通过网络讲座、网上班级打卡、"第二课堂""PU口袋校园"等形式深入阐释文化内涵。纵观深受大学生喜爱的网站平台，从央视"百家讲坛"网站到中国诗词大会网站，再到近两年来"名家大家解读经典"等网站付费知识经济的走热，充分表明青年师生对中华智慧结晶的渴求，说明传统文化领域的学术成果能够通过传播性强、影响力大的网络媒体和新媒体传播渠道，吸引更广泛人群的参与，极大地增强文化的影响力和生命力。

网站平台建设要统筹线上线下趣味文化活动，吸引青少年网民广泛参与，进一步强化青少年传承弘扬中华文化的自觉。青年是文化传承的主力军，具有喜爱网络、高效使用网络、关注网站的特点，这使得短视频、二次元、网站浏览、互动、"弹幕"等形式在大学校园环境中屡见不鲜。在网络平台建设过程中，可以将中华优秀传统文化传播视觉化、简易化，让青少年群体易于接受、积极参与，帮助他们掌握中华优秀传统文化所承载的道德理念和伦理规范，在传承弘扬文化中健康成长。

能够与学生、家长、社会群体进行积极互动，发布有效信息，及时做出妥善处理的网站平台，更能在较短时间里赢得信任。在传播中华优秀传统文化、建立和丰富网站平台阵地的过程中，要尊重这一规律。

三 运用移动客户端

大学在推动中华优秀传统文化传播平台建设过程中，传播形式是关乎传播实效的重要一环。改革开放以来，随着生活水平不断提高，手机、电脑、便携式上网设备普遍应用，创新传播形式成为实现大学推动中华优秀传统文化网络传播的重要载体。学校不同于家庭环境，电视媒介相对缺乏，只有结合师生思想特点，创新传播形式，才能抓住新时代大学生思想紧紧围绕主流舆论阵地、综合服务平台、社区信息枢纽三大功能。通过注册客户端这种线上线下"台网联播"传统文化节目目前深受大学生欢迎，新技术和平台也为综艺节目的宣传和营销带来了新的模式和方法。比如深受广大青年师生欢迎的中华优秀传统文化节目《上新了，故宫》《我在颐和园等你》在宣传造势方面也引入了多项新方法，创新传播形式做到在各大社交平台和视频网站创建相关话题，开通网站建设、客户端注册吸引青年群体。

借助客户端的巨大传播力，可以将学生培养成为中华优秀传统文化的欣赏者、享用者甚至是传承者。吉林省某高校传承中华优秀传统文化话剧坚持课上课下结合，坚持"第一课堂"与"第二课堂"相结合，除课上专业老师教学，课下专业教师带领学生走进学生社团排练，做到人人参与，通过下载注册客户端，采取全员参与注册在线互动，结合中华优秀传统文化与青年思想教育打造原创舞台剧《原点》，在"第二课堂PU口袋校园"发布，经过客户端参与的在校师生两万余人次。在新的信息技术及传播渠道发展形势下，大学推动中华优秀传统文化网络传播还需要构建优秀传统文化传播的大格局。要突出挖掘传统节日的当代文化属性和广泛社会属性，强化青年大学生民族文化认同感。传统节日蕴含深厚的文化精髓，在网络传播过程中突出家国情怀和亲情表达，有助于强化大学校园环境中尤其是青年大学生的认同感、归属感、获得感，进一步增强民族凝聚力。2019年的春节，一条网络直播从校园内火到校园外。在网络直播平台、微信平台的客户端直播视频里，从青春活泼的孩子到步履蹒跚的老人，四代人在一声声"妈"的呼唤声中，依次出场，引发网民同款"四世同堂"短视频接力效仿。其背后不仅是被孝道文化等中华传统美德所打动的世界各地网友从中感受了的温暖,还有新媒体手段的客户端平台传播阵地的崛起。好的宣传来自生活,大学校园生活中缺乏专业的宣传人才,即使有了很好的素材也可能因为没有及时宣传报道而被埋没,直播平台、微信平台等自媒体客户端的兴起使得大学生自媒体进入到一个迅猛发展期。

在大学环境中,网络直播客户端的受众广泛,传播影响力巨大,校园传播平台中其广度与范围远远超过其他媒体,注册客户端引领青年师生为传统文化的传播贡献自身力量,也为青年参与中华优秀传统文化传播打下了良好的受众基础。网络直播客户端的获取方式多样,网络终端的多样性,手机、平板、笔记本电脑都可以实现信息的获取,极大丰富了师生群体对于中华优秀传统文化传播的选择性。吉林省某省属院校 2019 年毕业生晚会的网络直播客户端参与人数首次超过全校在校生人数,网络直播客户端不仅仅是学生群体参与,更有家长、校园工作人员共同参与,网络直播相比其他传统的传播媒体相比,突出特点是互动性强,有弹幕、讨论区等,使得原本由单纯的观看变成了集观看、交流、沟通为一体的综合性活动。网络直播的时空适应性强大,现代的快节奏生活与工作方式使得人们的活动区域变大,时间跨度拉长,零碎化的时间与较远的距离使得长时间的观看一场演出变得极为困难,但适应此类方式的网络直播客户端相比较其他传播方式更能得到认同。

大学推动优秀传统文化的传播要坚持移动优先,立足校园文化、深耕传统文化,以"客户端+"促进中华优秀传统文化的网络传播与实现,切实打通宣传思想工作服务师生的"最后一公里",打造校园电视台、广播、网站、微信、微博、平台号、直播的"七位一体"融合传播平台,形成以中华优秀传统文化为品牌的载体多样、渠道丰富、覆盖广泛的移动传播矩阵。紧密结合青年马克思主义学会阵地建设,动员中华文化名家大家"触网"开讲,深入阐释文化内涵,让传统文化入脑入心。

四 借助公众平台

随着腾讯对微信功能的不断完善,公众平台已衍生为服务号、订阅号和企业号三大类。大学推动中华优秀传统文化网络的过程中,充分利用好这些平台,构建与读者之间更好的沟通与管理模式,是实现高效互动的有效手段。

通过公众号推送文化资讯,大学师生对直观的图片、短视频、音频更容易接受。特别是投票、评论及菜单栏自动回复等功能加强了信息发布者与读者之间的双向沟通与交流,使文化传播更具体验感、更具吸引力。

微信朋友圈功能更体现了"圈子"特点，在使用和互动过程中内容更加私密，也更加真实可信，如果进行深入探究、开发，都有可能很好地用来传播优秀传统文化。随着腾讯对微信功能的不断完善，公众平台已衍生为服务号、订阅号和企业号三大类。大学推动中华优秀传统文化网络传播的过程中，充分利用订阅号旨在为媒体和个人提供一种新的信息传播方式，构建与读者之间更好的沟通与管理模式，从而实现高效互动。

这种传播在一定程度上来说比大众传播更加精确有效，对青年大学生群体来说，作为一种传播传统文化的方式更容易取得良好的效果。微信的"群组聊天"的功能能够充分节省人力物力，实现信息的多向交流。通过群组聊天的方式在校园内开展与优秀传统文化相关的交流讨论，突破了时间、空间等限制，且该平台具有语音发送功能，更便于参与互动。个人生活、工作、娱乐等状态的展示，发布以后仅仅只有微信互为好友的朋友之间评论、留言或互动，这是区别于其他网络平台的显著特征。比如，QQ空间的发布内容、形式与此类似，但QQ空间网络平台的留言所有浏览这一条信息的网络来客都能看到，在一定意义上讲不利于隐私保护。朋友圈平台的传播内容和传播形式是青年大学生中喜闻乐见的，大学的师生更容易接受微信朋友圈的中华优秀传统文化的传播。这种传播在一定程度上来说比大众传播更加精确有效，作为一种传播传统文化的方式更容易取得良好的效果。

以《师说》传统文化讲座宣传为例，大学党委宣传部或相关部门在经过筛选确定主题后，将《师说》的相关内容、学者讲座的梳理相关信息直接传递给学生，学生在接收信息的过程中学习吸收，并通过网络平台的聊天、朋友圈互动等功能互相传递信息。与此同时，学生使用微信将产生的相关反馈信息（如公众平台的浏览量、评论统计数据信息）上传，党委宣传部或相关部门据此进行传统文化引进信息的调整，学生通过群组聊天、朋友圈分享的方式在整个过程实现学校组织与学生个体之间不断地动态的双向交流，《师说》的创作背景、传统文化视角下师道精神的传承、青年大学生多媒体条件下的学习和传承、学习心得分享等，这样的网络传播不但营造了传统文化传播的广度和校园氛围，还能逐步激起学生的兴趣，注重实效和宣传深度，促进广大青年学生主动关注、有效获取《师道》的学习内容、传统文化信息。微信的"群组聊天"功能能够充分地节省人力物力，实现信息的多向交流。通过群组聊天的方式在校园内开展与优秀传统文化相关的校园内学生社团组织，比如邀请校内名师或校外名人讲解，也可以在网络平台直接发布传统文化语音链接，通过配音和阅读的形式提高学生参与兴趣。与此同时，参与讲座的同学可以实时交流，分享自己了解到的信息。

第五节　加强传播队伍建设

大学的根本任务是立德树人。针对目前我国高校的传统文化网络传播队伍建设过程中存在的问题，必须加强高校的传统文化网络传播队伍建设，以全面提升传统文化网络传播的效率。大学校园的重要宣传阵地大部分由党委宣传部承担，党委宣传部在校园电视电台、校园广播、校园报纸、校园宣传屏幕、校园网站等平台具备专业型、实践型的工作队伍。在网络传播平台阵地，却未能建立有力的网络传播队伍。要提高大学的传统文化网络传播水平和质量，就要加强对高校的传统文化网络传播队伍的建设，建立合理的人才引进制度和人才管理制度，积极引进优秀的人才。大学应重视传统文化网络传播队伍的建设，全面提升传统文化网络传播工作的组织性与计划性。大学校园的重要宣传阵地大部分由党委宣传部承担，党委宣传部在校园电视电台、校园广播、校园报纸、校园宣传屏幕、校园网站等传统工作的阵地平台具备专业型、实践型的工作队伍。当今社会面临自媒体时代的客户端、直播平台客户端、微信平台的信息发布、朋友圈信息分析、数字报终端自媒体等网络传播平台阵地，却鲜有高校具备一支有力的网络传播队伍。一支优秀的传统文化网络传播队伍是大学推动中华优秀传统文化网络传播实现机制发展和建设的根本。要提高大学的传统文化网络传播的水平和质量，就要加强对高校的传统文化网络传播队伍的建设。应充分认识到队伍建设的重要性。建立合理的人才引进制度和人才管理制度，积极引进优秀的人才，不断提高整个传统文化网络传播队伍的工作水平。大学应重视传统文化网络传播队伍的建设，全面提升传统文化网络传播队伍的水平，并体现出传统文化网络传播工作的组织性与计划性。

一　以思想政治建设为引领，推动网络传播队伍建设

互联网媒体是重要的宣传思想文化阵地。大学弘扬中华优秀传统文化时，必须旗帜鲜明地把讲政治作为校园传播队伍建设的首要任务和根本要求。要坚持正确政治方向，坚持正确舆论导向，做政治坚定、引领时代的传播工作者。

网络宣传要坚持正确政治方向。在做大做强校园新闻网、大学微博、校园文化网络社区等高校校园网络的同时，还要重视以手机短信、彩信、手机报为主要模块的移动媒体的网络建设。坚持推动中华优秀传统文化与中国共产党历史的结合，大力宣传中国共产党在中华优秀传统文化继承和发扬方面的新主张。注重讲好红色故事，充分利用新兴网络媒体开展丰富多彩的具有红色传承意义的网上思想教育活动。统筹规划与协作机制的各部门要加强校园传统文化网络传播建设过程中坚持中国共产党领导的思想政治教育重要功能；充分利用新兴网络媒体开展丰富多彩的具有红色传承意义的网上思想教育活动，诸如宣传毛泽东诗词的中华优秀传统文化继承与发展、毛泽东思想的传统文化军事家思想继承与发展、为人民服务的传统文化网络传播实践等；整合大学校园中国共产党的建设资源融入大学校园文化建设，共同构成思想政治教育和中华优秀传统文化网络传播的合力。充分利用校园媒介拓展传播渠道，充分利用党的宣传平台，党委宣传部领导下的校报、校园广播、校园电视台等传统高校官方媒体的网络化生存途径和方式，加强政治引领，做好舆论引宣传，最终实现网络传播队伍建设的传播工作队伍、网络载体、师生主体与传统载体互通互融、共建共享的新局面。

宣传队伍建设要坚持以政治性为核心。习近平总书记强调："我们党立志于中华民族千秋伟业，必须培养一代又一代拥护中国共产党领导和我国社会主义制度、立志为中国特色社会主义事业奋斗终身的有用人才。"加强传统文化的网络传播也要全面贯彻党的教育方针，解决好培养什么人、怎样培养人、为谁培养人这个根本问题。政治性决定了宣传队伍有目的、有计划地对受教育者施加影响，以达到传播政治意识、价值观念、道德规范的目标。这就要求广大传统文化的传播者要必须坚定马克思主义信仰，善于从政治上看问题，在大是大非面前保持政治清醒，从而肩负起培养担当民族复兴大任的时代新人的历史使命。

此外，在宣传队伍建设中要发挥协作机制的各部门思想政治教育功能。充分利用校园媒介拓展传播渠道，加强政治引领，做好舆论引宣传，最终实现网络传播队伍建设的传播工作队伍、网络载体、师生主体与传统载体互通互融、共建共享的新局面。

二 以制度创新为动力，优化网络传播队伍成长环境

大学推进中华优秀传统文化网络传播队伍建设与创新和完善人才管理体系及人才激励机制是密不可分的。多数大学的宣传工作由党委

宣传部完成，鲜有大学设置新媒体中心或类似的网络传媒机构，要以制度创新为动力，优化网络传播队伍成长环境，充分激发教职员工的积极性和创造性。

完善和创新激励机制。要注重业绩实效、绩效考核方式，向采编一线、优秀新媒体人才、关键岗位倾斜。学校应激发传统文化网络传播队伍的工作热情，合理设置传统文化网络传播队伍的职级岗位比例，在评定职称、评先、评优上给予一定的优惠政策，遵循人性化原则，积极听取相关教师的建议，尽量使体制能够照顾到所有教师的利益需求。

落实信息员制度。积极调动一线辅导员、教师等工作在学生工作一线的人员，发掘典型、树立榜样，适当创新学生自媒体的激励机制，充分调动青年大学生参与弘扬和传承中华优秀传统文化的积极性。

完善和创新培训机制。在加强大学传统文化网络传播队伍建设的过程中，要加大传统文化网络传播队伍的培训力度，提升队伍工作水平和质量。

三 以能力培养为重点，搭建网络传播人才成长平台

要优化人才引进政策。对推进优秀传统文化网络传播实现的发展急需的策划、网络、运营等经营性人才，要采取特殊政策予以引进。不仅仅局限于教师，也可面向优秀的具备丰富经验的青年大学生，通过个人申请自荐、组织考察选调、定期岗位轮岗等方法培养复合型人才。

要加大人才培养力度。要从人才发展、人员培训、业务能力提升等方面将中华优秀传统文化网络传播作为衡量和评价人才的重要标准。要加大传统文化网络传播带头人和中青年骨干网络传播教师的培养力度。加强大学传统文化网络传播队伍传播方法的培训。加强传统文化网络传播队伍能力建设是中华优秀传统文化网络传播的关键。但就目前而言，受到多种因素的影响，中国高校传统文化网络传播队伍目标责任建设和能力培养还存在一定的问题，严重影响了传统文化的网络传播广度和深度。基于此，必须要采取积极有效的措施，重视高校传统文化网络传播队伍能力培养，并制订相应的培训计划、强化体制保障等，不断加强高校传统文化网络传播队伍的工作水平。

要搭建交流学习平台。联合省内、地区内、同类型高校共同启动"互联网+中华优秀传统文化"共享行动。整合现有文化资源共享信息平台，推动优秀传统文化网络传播和在线学习，集中展现学校的历史积淀、办学传统和建设成果。推进校园传统媒体与新媒体的有机融合，加强网

络文化发展研究，推动学生优秀网络文化产品创作和推广。开展区域优秀传统文化研究传播行动。加强校际交流，互相学习借鉴。邀请网络自媒体、直播等融媒体行业专家来校授课，有针对性地开展多层次、多类型的岗位培训，促进传统媒体从业人员技能转型升级、历练成为网络传播的人才。

第六章 中华优秀传统文化网络传播案例解析与创意设计

第一节 优秀传统文化与大学实践

人类积累了几千年的文明史，任何一个国家、一个民族都是在承先启后、继往开来中走到今天的。当代中国是历史中国的延续和发展，当代中国思想文化也是中国传统思想文化的传承和升华。习近平总书记指出，"我们要善于把弘扬优秀传统文化与发展现实文化有机统一起来，紧密结合起来，在继承中发展，在发展中继承"①。中华优秀传统文化是中华民族的"根"和"魂"，蕴藏着丰富的智慧，拥有巨大的时代价值和强盛的生命力。传承创新中华优秀传统文化，让子孙后代受益，是大学的职责所在和重要使命。当前一些高等院校开展中华优秀传统文化传承创新取得了不少实践经验。我们有必要从大学文化实践的角度，通过实证分析的方式，系统阐释大学传承中华优秀传统文化的经验做法和现实举措，以推进中华优秀传统文化在大学校园乃至社会的创新实践和繁荣发展。

一 建立传统文化研究基地

中华优秀传统文化蕴含着中华民族在长期实践中培育和形成的独特的思想理念、道德规范以及政治理想。新时代大学要不断增强传承弘扬中华优秀传统文化的责任意识，以科学的精神研究阐发中华优秀传统文化中的思想精华和道德精髓。大学要加强对中华优秀传统文化优秀基因的提炼与

---

① 《习近平在纪念孔子诞辰2565周年国际学术研讨会暨国际儒学联合会第五届会员大会开幕会上强调 从延续民族文化血脉中开拓前进 推进各种文明交流交融互学互鉴》，《光明日报》2014年9月25日第1版。

挖掘，深入开展科学研究，让优秀文化基因更好地服务人、发展人、塑造人。

（一）国家设立高校中华优秀传统文化传承基地

大学要加快落实习近平总书记关于教育的重要论述和全国教育大会精神，积极推进中华优秀传统文化全方位融入学校教育。2019年10月，教育部认定北京理工大学传统手工艺术传承基地等25个基地为2019年全国普通高校中华优秀传统文化传承基地。结合国家政策要求，这些高校传承基地对标各项任务指标创新工作、细化落实工作目标、编制人才培养方案、设置教学课程计划、建设学生实践社团、开展文化普及教育、打造校本文化特色，切实履行传承使命，扎实推动中华优秀传统文化传承创新，较好地促进了中华优秀传统文化的传承创新。

（二）武汉大学建立中国传统文化研究中心

中国传统文化研究中心（中心网站：http://ric.whu.edu.cn/）设在武汉大学的国家级人文科学重点研究基地，其前身为武汉大学中国文化研究院，于1996年4月成立。该中心为跨学科研究中国文化的机构，涉及历史、哲学、文学等学科，下设中国社会变迁与文化转型研究室、中国思想文化研究室、楚文化与楚地出土文献研究室等机构，办有《人文论丛》年刊。它发挥武汉大学文、史、哲、外语、图书馆各学科的传统优势，长期以来在学术上相互渗透，形成了以中国传统文化研究为中心的学术交流和协作关系，并且在中国传统哲学、楚文化、明清文化、明清社会经济等研究领域形成了优势和特色。该中心以学术研究为主，同时进行高级人才的培养，为研究生、本科生开设了有关中国文化的各门课程。自1996年以来，中心开始招收硕士研究生。中心承担了国家民委社会科学基金项目，逐步成为国内培养中国文化高级专门人才和国内同行研习中国文化的重要基地。

（三）山东大学建立中华传统文化研究与体验基地

山东大学中华传统文化研究与体验基地（基地网站：http://www.whjd.du.edu.cn/）坐落在山东大学中心校区，建设面积2600平方米，2011年举行基地揭牌仪式，由孔子学院总部/国家汉办与山东大学共同建设，是中国高校唯一一所集文化体验与教学、人才培养与培训、理论探索与研究于一体的综合性教学科研机构。基地依托国家平台和大学优势，以弘扬中华优秀传统文化为宗旨，努力实现传统文化创造性转化和创新性发展的目标。中华文化体验馆是基地的重要组成部分，主要功能是开展基于体验的文化教学与教育。多年来，该基地一直在深入研究和不断完善基于体验的文化教学与文化传播教育范式，关注传统文化的当代呈现与教育转换，在学科建设与学术成果、课程建设与产品研发、公共服务与孵化推广等方面实现综合发展，初步形成独具特色的人才培养、学术研究与社会服务平台。近几年，该基地学术影响力不断扩大，已形成包括专著、委托研究、资政报告、博士学位论文、博士后出站报告、学术期刊论文等多种形式的成果集群。基地的教育实践与研究成果受到学生、民众和社会的充分肯定和广泛关注，得到国家部委、相关机构以及诸多海内外大学校长、驻华使节、专家学者和社会知名人士的鼓励和支持。目前，该基地的建设理念、教育模式以及相关成果被推广到国内地方政府和几十所高校。由基地研发和开设的《中华文化体验与传播》课程已成为山东大学通识教育的核心课程。

武汉大学、山东大学等结合自身优势，找准传承方向，建立研究基地，系统研究传承办法，深入推进传承实践。它们创新实践的成果为其他高校进行中华优秀传统文化传承研究提供了实践经验。

二　发展传统文化学科体系

理论的深入和实践的发展会加快促成学科的形成。随着大学对中华优秀传统文化研究实践的深入，研究人员逐渐聚集成人才优势，丰富的理论和实践成果为学科建设奠定了坚实基础。学科的形成将会进一步激发更为深入的研究实践，从而促进这个学科的繁荣发展。

沈阳师范大学重点培育戏剧艺术学科体系，培养京剧表演专业人才，取得了较好的实践效果。沈阳师范大学于2002年成立戏剧艺术学院，是教育部首批中华优秀传统文化传承基地。学院现有5个本科专业，即表演、舞蹈表演、音乐表演、戏剧影视美术设计、播音主持艺术。其中，表演专业为国家级一流专业，包括京剧表演、影视表演、服装表演与设计。京剧表演专业是辽宁省优势特色专业、百强专业，是戏剧艺术学院重点专业，专门培养京剧表演专业人才。自2002年以来，该学院学生在国内外各种专业比赛上崭露头角，在全国大学生艺术表演、全国艺术院校京剧学生大赛等多项国家级重要赛事中获得优异成绩。京剧专业师生代表辽宁省先后出访韩国、日本、英国、黎巴嫩、美国、约旦、印度等国家进行文化交流演出活动，对向世界传播中华优秀传统文化做出了积极贡献。该学院学科建设为京剧表演专业人才源源不断地产出提供了根本保障。该学院京剧表演教师队伍建设、学科建设经费投入、京剧学教育与实践课程建设等促进了京剧学专业的稳定发展。

三　健全传统文化课程体系

课程是文化的重要载体。大学应将中华优秀传统文化教育纳入学校教育教学课程体系，并不断健全完善传统文化课程体系，为传统文化教育可持续发展提供基础和保障。2013年11月，习近平总书记视察山东时发表重要讲话，要求山东省切实加强社会主义核心价值体系建设，弘扬中华优秀传统文化。2014年11月、2015年4月，习近平总书记两次对山东工作作出重要批示，要求山东省着力建设社会主义核心价值体系，用好齐鲁文化资源丰富的优势，加强对中华优秀传统文化的挖掘和阐发，为做好改革发展稳定各项工作提供强大的精神力量。

大学是文化传承创新的排头兵。山东大学积极行动，以优势学科为支撑，对墨子、庄子、孙子、曾子、管子、荀子、晏子等思想学说的思想意蕴作阐释辨析，充分阐发东夷文化、齐文化、鲁文化、莒文化以及泰山文化、黄河文化、海洋文化、运河文化等特色文化，从而搭建了优秀传统文化课程体系。

该课程体系由三个分体系构成。一是国学经典课程体系，包括：国学智慧与领导韬略、儒家文化与管理智慧、传统文化与当代社会、易经管理与卓越领导力、《老子》的生命智慧、《道德经》中华文明的宇宙观、《论语》新解等22门课程；二是人文素养提升课程体系，包括：中西文化的差异与比较、全球化下的中国文化、黄帝内经与养生智慧、唐诗的境界、宋词的情感世界等9门课程；三是通用能力培养课程体系，包括：中国公众信仰与社会稳定、公务员素质培养与公务礼仪、语言艺术与个人魅力等15门课程。

山东大学中华优秀传统文化课程体系紧紧围绕"四个讲清楚"，即讲清楚每个国家和民族的历史传统、文化积淀、基本国情不同，其发展道路必然有着自己的特色；讲清楚中华文化积淀着中华民族最深沉的精神追求，是中华民族生生不息、发展壮大的丰厚滋养；讲清楚中华优秀传统文化是中华民族的突出优势，是我们最深厚的文化软实力；讲清楚中国特色社会主义植根于中华文化沃土、反映中国人民意愿、适应中国和时代发展进步要求，有着深厚历史渊源和广泛现实基础，深入研究阐发中华优秀传统文化的丰富哲学内涵、人文精神、科学思想、价值理念、道德精髓，致力推进中华优秀传统文化转化创新。

山东大学中华优秀传统文化课程体系目标指向明确，课程设置清楚，具有很强的操作性，同时注重发挥传统文化的指导作用，指导学生用文化认知社会、规范行为,在时代化表达上下足功夫,学以致用,学用结合,全面提高学生适应社会发展的基本能力。无论是该课程体系本身的价值,还是建设课程体系的思路和方法,都为其他大学研究开发或丰富发展课程体系提供了借鉴参考。

四 创办传统文化优秀社团

大学生社团作为学生开展活动的重要阵地,具有传播性广、融入性强的特点。大学创办发展中华优秀传统文化社团,有利于学校良好文化氛围的建立,有利于促进学生全面发展,有利于学校文化传承创新职能的实现。因此,大学要积极创建中华优秀传统文化社团,把中华优秀传统文化融入社团建设发展中,发挥社团在大学文化建设中的重要作用。

长春师范大学积极发展社团文化,在传承弘扬中华优秀传统文化方面做出积极探索实践。该校以创办中华优秀传统文化社团为切入点,学校创办了芰荷国学社团、西窗剪纸社团、青云曲艺社团、茶韵茶道社团、博弈棋艺社团、尚武武术社团、丹青书法社团、言颂朗读社团、中华传统节日文化社团、慧心手工艺社团等十大传统文化社团,重点推出诗歌、戏曲、剪纸、书画等传统文化团日活动,以此普及传统文化知识,丰富青年大学生文化底蕴,繁荣校园文化,激发青年大学生对中华优秀传统文化的认知自觉性,打牢大学生文化根基,增强青年文化自信。

沈阳城市学院创办绿岛戏曲团,传播戏曲知识,发展戏曲文化。作为弘扬传统文化的校园社团——绿岛戏曲团,设置在沈阳城市学院美育教学部,由专业教师担任指导教师,为戏曲爱好者提供一个自我展示的平台,为大学传承戏曲文化做了有益探索。戏曲团通过开展丰富多彩的文化活动,发挥学生的主动性和创新精神,进一步丰富了校园文化生活,有利于培养学生健康的审美情趣和提升学生的艺术修养。

大学要"丰富拓展校园文化,推进戏曲、书法、高雅艺术、传统体育等进校园,实施中华经典诵读工程,开设中华文化公开课,抓好传统文化教育成果展示活动"[①],同时,青年大学生需要才能发展、能力锻炼和才能展示的平台,因此,为传承中华优秀传统文化,大学需要创办接地气、有底蕴的优秀传统文化社团。

---

① 《中办国办印发〈关于实施中华优秀传统文化传承发展工程的意见〉》,《人民日报》2017年1月26日第1版。

五 拓展文化教育实践基地

文物承载着灿烂文明，传承着历史文化。挖掘和保护传统文化遗产，功在当代，利在千秋。习近平总书记在中央政治局第二十三次集体学习时强调："历史文化遗产不仅生动述说着过去，也深刻影响着当下和未来；不仅属于我们，也属于子孙后代。保护好、传承好历史文化遗产是对历史负责、对人民负责。我们要加强考古工作和历史研究，让收藏在博物馆里的文物、陈列在广阔大地上的遗产、书写在古籍里的文字都活起来，丰富全社会历史文化滋养。"[1] 文化遗产承载着一个民族的文化基因，折射着一个民族的精神特质。保护历史文化遗产，有助于增进文化认同、增强文化自信。《中共中央关于制定国民经济和社会发展第十四个五年规划和二〇三五年远景目标的建议》明确指出，"传承弘扬中华优秀传统文化，加强文物古籍保护、研究、利用，强化重要文化和自然遗产、非物质文化遗产系统性保护。"[2] 中办国办印发的《关于实施中华优秀传统文化传承发展工程的意见》指出：做好文物保护工作，抢救保护濒危文物，实施馆藏文物修复计划；加强新型城镇化和新农村建设中的文物保护；规划建设一批国家文化公园；推进地名文化遗产保护；实施非物质文化遗产传承发展工程；实施传统工艺振兴计划；大力推广和规范使用国家通用语言文字，保护传承方言文化；开展少数民族特色文化保护工作；实施中华民族音乐传承出版工程、中国民间文学大系出版工程；推动民族传统体育项目的整理研究和保护传承。[3]

大学要在文物保护、挖掘、修复和发挥文化遗产作用上发挥自身优势，加强与地方文物保护单位的密切合作，积极作为，讲好文物和文化故事，让文物活起来。广东交通职业技术学院在塱头古村设立中华优秀传统文化教育实践基地。拥有600多年历史的塱头古村，是广东保存规模最大的古村落之一，先后入选广东省首批古村落、中国历史文化名村。气势恢宏的岭南建筑、世代传颂的励志故事、耕读传家的优秀家风，是进行中华优秀传统文化教育的宝贵资源。基地落成后，学校将立足实际，开展系列

---

[1] 《习近平在中央政治局第二十三次集体学习时强调　建设中国特色中国风格中国气派的考古学　更好认识源远流长博大精深的中华文明》，《人民日报》2020年9月30日第1版。

[2] 《中共中央关于制定国民经济和社会发展第十四个五年规划和二〇三五年远景目标的建议》，《人民日报》2020年11月4日第1版。

[3] 《中办国办印发〈关于实施中华优秀传统文化传承发展工程的意见〉》，《人民日报》2017年1月26日第1版。

教育实践活动，提升了学生的人文综合素养，继承、保护和发扬了塱头古村的优秀文化。西安医学院把城固县作为学校的"中华优秀传统文化教育基地"。城固县历史悠久，文化资源底蕴深厚，是西汉著名的外交家、"丝绸之路"开拓者张骞的故里，在此建立"中华优秀传统文化教育基地"是弘扬民族精神、增强文化自信、大力加强学校思想政治工作的一项重要举措，有助于拓展文化实践空间，提升文化育人效果。

大学与文化重点保护单位、重地、重镇合作设立中华优秀传统文化教育实践基地，能够较大程度地发挥大学的智库优势和教育优势，对文化遗产保护、传承、弘扬具有重要且无可替代的作用。同时，为大学开展文化育人工作提供教育实践基地，也有利于夯实青年学生的文化根基，奠定文化自信的基础。

六 打造传统文化网络阵地

网络化是现代社会最鲜明的特征之一。传承创新中华优秀传统文化离不开互联网。中华优秀传统文化网络传播是网络时代文化发展繁荣的重要途径之一。"要综合运用各类载体，融通多媒体资源，统筹宣传、文化、文物等各方力量，创新表达方式，大力彰显中华文化魅力"。① "实施网络文艺创作传播计划，推动网络文学、网络音乐、网络剧、微电影等传承发展中华优秀传统文化"。② 大学要积极开展中华优秀传统文化网络传播阵地建设，打造优质的文化网络传播平台。

美国学者 Geoffrey Cowan 和 Amelia Arsenault（2008）提出公共外交宣传有三个层级："独白""对话""合作"，三个层级之间需要因地制宜、审时度势地综合运用。③ "当前，中华优秀传统文化网络传播呈现独白式发展的特征。这是一种单项的灌输式传播，独白式的发展模式限制了传播广度。如果读者发现优秀内容后，能够借助网络简洁快速地分享给更多的读者，把更多优质内容传递给读者，同时能够以对话的方式交流体会，必将延伸思想的宽度，实现对话式发展。因此，突破网络分享限制、建立无

---

① 《中办国办印发〈关于实施中华优秀传统文化传承发展工程的意见〉》，《人民日报》2017年1月26日第1版。

② 《中办国办印发〈关于实施中华优秀传统文化传承发展工程的意见〉》，《人民日报》2017年1月26日第1版。

③ Cowan, G. et al, 2008: "Moving from Monologue to Dialogue to Collaboration: The Three Layers of Public Diplomacy", *Annals of the American Academy of Political and Social Science*, March.

障碍对话的交流平台,有利于促进中华优秀传统文化基因网络有效传播的实现"。① 在互联网上搜索中国传统文化网站、微信、微博、App 端等,关于中国传统文化的阵地平台林林总总。大学专门建立微信公众号和微博号、开发 App 开展中华优秀传统文化网络传播的案例不多。长春中医药大学打造的"传统文化大家学"App 成为学校对师生开展传统文化教育的重要平台。浏览全国各大高校官微号可以发现,对中华优秀传统文化的传播基本处于开辟专栏、不定期更新作品的非系统传播状态。

《关于实施中华优秀传统文化传承发展工程的意见》要求,实施中华文化新媒体传播工程和网络文艺创作传播计划。这就要求,大学要创建具有传统文化特色的网络传播阵地,不断增强阵地的时代感和吸引力,把传统文化精髓融合网络作品,创作优质育人资源,借助网络平台传播推广惠及更多的人群,从而促进中华优秀传统文化更广、更深入地传播。

七 实施传统文化惠民工程

文化源于实践,是实践的系统表述。文化是实践的产物,也只有在实践中才能体会其深刻内涵,才能切实领会文化的博大精深。马克思主义实践论为大学开展广泛而深入的文化实践提供了理论依据。"注重实践与养成、需求与供给、形式与内容相结合,把中华优秀传统文化内涵更好更多地融入生产生活各方面"。② 大学要不断加强弘扬中华优秀传统文化的实践能力,实施传统文化惠民工程,以大学反哺社会的方式,逐渐延伸和放大优秀传统文化对社会的影响价值。

2010 年沈阳市在全国率先开展艺术惠民"双百万"工程,就是让市民由文化的被动接受者变成文化的主动创作者。沈阳音乐学院、沈阳师范大学、沈阳大学、东北大学、辽宁大学、鲁迅美术学院都开展了艺术惠民活动,这不仅极大丰富了沈阳人民的精神文化生活,而且使沈阳的城市文化生态发生了重大改变。

大学要充分发挥学校文化教育的优势,实施传统文化惠民工程,繁荣文化事业,让文化走进基层,走向大众,使普通百姓能够方便、快捷地学习文化知识、掌握文化技能、提高文化修养、满足文化需求,实现高校服务社会和传承文化的重要职能。

---

① 赵士初:《网络时代大学传承中华传统文化路径研究》,《长春师范大学学报》2019 年第 9 期。
② 《中办国办印发〈关于实施中华优秀传统文化传承发展工程的意见〉》,《人民日报》2017 年 1 月 26 日第 1 版。

第二节 传统文化数字化传播案例解析

一 长春中医药大学推进"中华优秀传统文化认证制度"

（一）案例基本情况

2018年，教育部颁布《关于开展中华优秀传统文化传承基地建设的通知》，要求全国建设中华优秀传统文化传承基地，这为新时代中华优秀传统文化传承与创新创造了很好的发展契机。长期以来，长春中医药大学十分注重加强对医学生中华优秀传统文化的教育，在实践中不断提高青年学生中华优秀传统文化素养，坚定学生文化自信、坚定中医药文化自信。近年来，学校大力实施"中华优秀传统文化滋养工程"，在弘扬中医药文化及中华优秀传统文化方面进行了诸多创新实践。

长春中医药大学始终坚持以"立德树人"为根本任务，建立吉林省中华优秀传统文化教育研究基地并推进"优秀传统文化学习认证制度"。学校创建中华优秀传统文化教育研究基地的目的是深化对中华优秀传统文化的研究，通过开展"双创""双融"研究、校园文化建设中加强中华优秀传统文化教育等方面的研究，坚持理论与实践相结合，坚持创新性发展和创造性转化相结合，努力为弘扬和传承中华优秀传统文化建设贡献力量。

在具体实施中，长春中医药大学积极推动传统文化课程改革，开展并鼓励教师将传统文化和哲学辩证思维融入课堂教学。学校于2018年11月实施"中华优秀传统文化认证制度"，学校每年举行两次传统文化认证考试，其认证分数与学校传统文化相关课程的学习相关，实行学分互认、成绩互认制度。学校规定认证考试成绩及格（60分以上）的学生，将得到课外人才培养学分，成绩良好（80分以上）还可抵一门任意选修课。自2018年至今，学校已经举行7次考试，共有16300余人报名参加，2434人已获得认证证书。这项制度促进了学校人人热爱传统文化、人人学习传统文化、人人传播传统文化的良好局面的形成，真正实现了传统文化融入学校教育教学体系中的目标。

中华优秀传统文化学习认证制度是学校党委实施"中华优秀传统文化滋养工程"的重要内容，学校组织相关领域专家组成题目编写组，建立中华优秀传统文化学习题库，开发自主学习平台"传统文化大家学"

App，在方便师生常态化学习的同时，也为开展传统文化学习认证考试、知识竞赛提供了网络平台。此外，学校还利用官网、官微，打造传统文化线上题库和微课堂。题库收录了16大类1万道题目，出题范围囊括中华上下五千年文明；官微"微课堂"定期推送传统文化专题，运用新媒体方式传播传统文化知识。

长春中医药大学党委始终将传承中华优秀传统文化作为一项长期的重要工程和战略任务来抓，领导高度重视，统筹规划、科学设计、制度保障，加强政策扶持，形成党政协同推进、各部门各司其职的良好态势。一处处富含中医药文化特色的校园景观提高了师生的文化品位，陶冶情操、浸润心灵；"杏花节""中医药文化节"等特色活动吸引广大市民和师生感受校园文化氛围，领略博大精深的中医药文化魅力；每年举办两次的中华优秀传统文化学习认证考试和中华优秀传统文化知识竞赛进一步激发广大学生对中华优秀传统文化学习的热情。

作为中医药学子，身上不仅肩负了传承中华优秀传统文化的重任，更是肩负着振兴中医药事业发展的时代大任。弘扬优秀传统文化对于一所学校的发展来说至关重要，它不仅影响校园整体氛围，更会潜移默化地影响学生对于传统文化的深层认知和理解，筑牢学校文化软实力的根基，提升广大师生的文化自觉与文化自信。

(二) 特色分析

"中华优秀传统文化学习认证制度"是长春中医药大学贯彻落实中共中央《关于实施中华优秀传统文化传承发展工程的意见》的创新举措，是对中华优秀传统文化知识学习的一次全新尝试，属国内首创。

长春中医药大学将中华优秀传统文化学习认证学习成绩与校内有关传统文化课程相结合，实施学分互认，实现了传统文化融入学校教育教学体系的目标。其开发自主学习平台"传统文化大家学"App，开展线上与线下学习互动活动，让校内师生走进、传播和热爱传统文化，同时，校外传统文化爱好者也可以通过学校组织的认证考试，获得由学校颁发的认证证书。通过网络平台搭建，学校把此项学习认证制度扩大至校外，引领全社会学习、弘扬和传承中华优秀传统文化。

二 陕西师范大学坚持开展手写录取通知书传统文化教育

(一) 案例基本情况

"尺牍铸师魂，飞鸿传佳音；此笺寓真意，桃李自成蹊。"每年高考结束，陕西师范大学总会如约地向录取考生发出一份手写的录取通知书。

手写录取通知书一直是陕西师范大学的传统，开笔仪式每年都会在陕西师范大学的校园如期举行。学校的退休老教师、在职教师和校友们共同为新生书写录取通知书。每年连同录取通知书一起寄给新生的还有一些特别的礼物。至 2022 年 7 月，这样的传统文化教育实践已经坚持了 16 年。

2022 年 7 月 18 日上午，陕西师范大学 2022 年毛笔手写录取通知书暨"悦临经典"大学生假期书法临摹打卡活动开笔仪式正在进行。吕九如、文占绅等十余位退休老教师，中国书法家协会会员吕全斌，陕西省书协副秘书长雷婉萍，陕西书画艺术研究院副院长雷世斌等校外友人，西安报业传媒集团白重暄、陇县中学李健顺等校友，李继凯、王双怀等十余位在职教师，共同为 2022 级新生书写录取通知书。

2022 年是陕西师范大学坚持毛笔手写录取通知书的第 16 年。16 年来，手写录取通知书持续改进创新，从普通铜版纸到吸墨更好的布纹纸，再到柔韧而浸润的宣纸……这份费时、费工、用心、用情的录取通知书，是学校的老教授们用毛笔一笔一画写成，饱含着老师们对新生的关爱，通知书配以汉泥封印和剪纸剪影的设计，展示着中华民族独有的文化印记。2022 级的录取通知书延续了往年古朴的风格，通知书内页宣纸四周印有双凤衔灵芝图案，取自学校教育博物馆镇馆之宝"双凤纹空心砖"，寓意美好祥瑞。经过更新换代、改进创新，如今的录取通知书就是一幅精美的书法作品，很多同学都会装裱珍藏。这份独特的录取通知书，传递着文化自信，成为同学们心中的骄傲。

今年连同录取通知书一起寄给新生的还有金秋特制的银杏叶题字书签，每一枚都独一无二，题写着在校师生对 2022 级新生的殷殷祝福。"西部红烛，两代师表"，是对新生的期望，也是学校的担当，是建校 78 年来学校怀抱教育强国之志，对国家、民族、对教育事业的赤胆忠诚和无私奉献的精神内核和真实写照。"教师是太阳底下最崇高的职业"，唤起新生对教师职业的认同感、自豪感，树立崇高的职业理想；篆书"学高为师，身正为范"八个大字，勉励学生勤奋钻研，恪守正道，立志成长为学识扎实、品德高尚的国之栋梁。

开笔仪式上还展出了纪念卫俊秀先生逝世二十周年师生书画篆刻作品 70 余幅，在校师生通过学习卫俊秀先生雄伟博大、气吞山河的书法，领悟先生博览群书、才高德劭的"博雅"精神。参与学校"悦临经典"假期书法临摹打卡活动的大学生代表现场临帖，书写纪念书签，书签主体内容是学校已故著名学者、书法家霍松林先生所作《陕西师大赋》摘句，以"楷书四大家"之一的元代赵孟頫小楷字体集字而成。优秀传统文化的创新表达，让同学们学在其中，也乐在其中。同学们利用假期临摹习字，提升书写能力，展现出很高的参与热情。

作为西部地区唯一一所教育部直属、世界一流学科建设的师范类高校，陕西师范大学累计培养各类毕业生50余万人，其中近30万人服务西部教育事业，学校培养的国家公费师范生占国家招生总数的1/4，90%的国家公费师范毕业生扎根中西部基础教育一线。2007年国家决定在教育部直属六所师范大学实施师范生公费教育政策，学校深感责任重大，启动了一系列教师教育改革，力求为国家特别是西部基础教育培养更多优秀教师。十六年传承，笔墨挥洒间，饱蘸树人之志；一撇一捺里，含藏师者仁心。手写录取通知书作为一系列教学改革的先导，是开学第一课，是"育人"的前置课，旨在从入学开始就唤起大学生对书写、对中华优秀传统文化的重视。

(二) 特色分析

手写录取通知书是陕西师范大学系列教学改革的先导，是推进全员、全过程育人的切实举措，是实施文化育人的传统形式。手写录取通知书是对全体新生从入学即开始进行的一次传统文化教育，是对青年学生正确"三观"教育培养的优秀案例，将对"三观"形成初期的学生产生深远影响。一项传统文化教育实践坚持十余载，并将继续坚持下去。这是一所大学对待传统文化应有的态度和格局。新时代，借助互联网技术，这种文化教育实践引发了更为广泛的热议和思考，理应成为更多学校借鉴的教育实践方式。经过多年的创新实践，这项活动增加了新内容，并赋予了新内涵。

手写录取通知书是对传统书写文化的教育宣传，经过网络传播，书写文化再次被推到人们的视野当中，是推动书写文化回归的一次启示和反思。手写录取通知书要进一步加强网络传播，尤其是自媒体传播，不断将书写文化传递到每个人心中，并提醒每一位师范生提升文化底蕴和师范技能，唤醒更多的人热爱书写，传播传统文化。自媒体宣传将会与学校官媒宣传形成良好的协同效应，共画一个关于书写文化宣传的同心圆。这与新中国成立70周年全国同唱《我和我的祖国》有异曲同工之妙。

网络作为思想文化宣传的工具。大学要不断发挥网络的工具作用，将传统文化与新媒体新技术深度融合，探索文化深度传播的创新举措。手写录取通知书是一种"大宣传"工作格局的实践举措，有利于提升学校文化软实力，促进学生爱学校、爱师范，提升学校办学声誉，促进文化育人。

三 长春大学成立网络安全学院（网络国学院）传播优秀传统文化

（一）案例基本情况

长春大学网络安全学院（网络国学院），旨在培养具备中华优秀文化素养与现代信息技术的复合型人才，为实现中国互联网时代的文化自信提供人才服务。它是东三省第一家网络安全学院，是吉林省唯一一家网络空间安全硕士点单位，承担长春大学网络安全学科本科、硕士研究生教学任务。学院拥有一支结构合理、教学经验丰富、科研能力较强的跨学科团队。学院突出"以网络技术安全为基础，以网络文化安全为特色"的发展理念，形成了"一点一地一中心、两院两会双目标"的发展格局。其中，"两院"指的是网络国学院、网络安全学院。

国家互联网信息办公室 2016 年 1 号函批准，由中国文化网络传播研究会联合长春大学成立网络国学院。网络国学院坚守中华优秀文化，致力于为网络空间提供内容建设支持。学院以"互联网+国学"为内容，构建"诗书礼乐"教学体系，探讨中华优秀传统文化的创新发展与网络化安全传播，研究网络综合治理体系。开展全媒体环境下中华优秀传统文化的网络教育，营造清朗网络空间，培养具有计算机网络基础技能和中国优秀文化素养的综合型创新人才。学院聘请国内相关专家、学者担任学术委员会成员。学院全面展开"诗书礼乐进校园"活动，与长春市教育局、朝阳区教育局签署合作框架协议书，投入建设了"虚拟演播室+直播录播室+网站+微信公众号"的网络传播平台。

长春大学网络国学院积极推动优秀传统文化，实现创造性转化、创新性发展。围绕中央提出的"网络强国"国家战略广泛凝聚网络文化研究人才，深入探究网络世界文化本质，积极推动优秀传统文化与社会主义核心价值观融合发展，成为全国性网络文化建设与传统文化传播的知名品牌，引领形成了国内优秀传统文化网络传播的新风向，为突出科研优势，长春大学网络国学院深耕中华优秀传统文化网络传播研究，并积极参与到国家网络文化安全发展建设的各项工作中。

长春大学网络国学院与西影视频达成战略合作，双方将在联合出品、内容互动、宣发推广、推动优秀传统文化网络传播等方面进行深入合作。双方在共同推进优秀视听内容创制的基础上，加强在影视内容、新媒体节目的内容创意策划、生产制作、平台资源整合等方面的能力，开展深度合作，联合推动传统文化相关优秀影像产业的发展。双方联合运营推广，通过西影网·西影视频展播优质节目内容，并分发至"学习强国"学习平台、央视频、人民网人民视频等媒体平台，打通全媒体宣发渠道，输出高品质、高价值的视频内容，打造文化交流发展新优势，建立多层次、多方位交流合作机制。双方以此次合作为开端，借助平台和品牌效应，一起推动文化发展及影视产业的发展，携手用影像传递国学文化新力量，展示时代风采。

（二）特色分析

长春大学网络安全学院（网络国学院）突出网络技术安全和网络文化安全两个办学特色，是一个致力于中华优秀传统文化网络传播的大学品牌。

长春大学网络国学院推进"互联网＋传统文化"教育教学改革，构建"诗书礼乐"教学体系，开展网络文化安全教育教学，推动中华优秀传统文化进网络，探索网络综合治理体系。这为新时代推进"互联网＋传统文化"，构建网络文化安全提供了中国方案。

长春大学与西影集团战略合作，大学为中华优秀传统文化网络传播提供内容供给，西影集团开展网络平台建设和宣传推广，为中华优秀传统文化网络传播提供技术保障。这一合作模式走出了一条推进中华优秀传统文化创造性转化、创新性发展的校企合作之路。

四　浙江传媒学院成立短视频学院传播优质校园文化

（一）案例基本情况

浙江传媒学院是浙江省政府和国家广播电视总局共建的、具有鲜明行业特色的高水平传媒类高校，是全国培养广播影视及其他传媒专门人才的主要基地之一，是浙江省从事影视媒体技术理论和技术研究以及人才培养的核心基地。

该校与科大讯飞、字节跳动、宽泛科技等多家企业签署框架协议，致力于新时代传媒人才培养和数字经济产业发展。

随着5G技术的蓬勃发展，网络视听行业迎来历史性、突破性发展机遇，呈现出蓬勃发展的良好局面，浙江传媒学院与字节跳动联合成立浙江省短视频学院，全省独家。双方在浙江传媒学院就业指导中心（创业学院）建立就业实习实践基地，联合培养一批优质短视频创作者及校园IP，实现专业与行业的接轨，深入推进产教融合、合作共赢。

截至2022年7月，浙江传媒学院官方抖音号拥有"粉丝"28.5万人，已发布500多部作品，单条最高阅读量破亿，成为该校展示多彩校园生活、传播优质校园文化的重要窗口。该校与北京字节跳动科技有限公司签约，将有利于学校进一步拓宽对外合作渠道，搭建学生实践实训就业创业高端平台，推进短视频创作与理论研究，培养高素质传媒人才，以及进一步讲好浙传故事、传播好浙传声音等具有积极意义。

（二）特色分析

短视频学院是互联网时代应时而生的产物，是新时代培养传媒人才、推进产教融合的创新举措。浙江传媒学院与数字企业合作，大力实施国家创新驱动发展战略，双方在内容平台与传播渠道建设、人才培养与教学课程研究、短视频创作推广等方面开展广泛深度合作，开创校企合作的新格局。校企双方发挥各自的特色与优势，为高校人才培养和学生就业实习提供平台和基地，努力为社会培养和输送具有优秀视频制作能力、新媒体运营技能、敢于挑战和创新的优秀人才。

传播中华优秀传统文化是大学的责任与使命，更是新时代传媒人的责任与使命。浙江传媒学院短视频学院网络传播校园文化的案例为我们开展中华优秀传统文化网络传播带来新的启示。"短视频＋中华优秀传统文化"或可成为高校推动传统文化"破圈"的不错选择。高校宜不断加强与技术企业合作，促进"短视频＋中华优秀传统文化"网络传播，实现携手共进，合作共赢，不断增强公民，尤其是大学生的文化底气、文化自觉和文化自信。

第三节　基于新媒体传播的创意设计

一　高校有声图书馆

现代社会信息技术自动化、移动互联化趋势逐步深入，通信技术和互联网产业用多种形式将多样的传播方式提供给大家。在新兴传播渠道中孕育出的移动听书 App，将场景的限制打破，将更多的便捷带给体验者。换句话说，移动听书 App 具备了"互联网＋"时代的无数可能，是阅读与互联网融合下的新兴产物，拥有着十分广阔的前景。以喜马拉雅 FM 为例，2017 年该平台用户量达到两亿，活跃用户日均收听超过 95 分钟。各大高校通过与听书类 App 的合作，加强有声书建设，搭建自己的有声资源系统，建立有声图书馆，服务学生，服务社会。

（一）有声书的创新优势

1. 读者对象扩大化

盲人、幼儿、文盲等文字识别障碍群体有阅读的需要，但由于自身条件限制而没有办法进行阅读行为,而有声书的出现为他们搭建了阅读的平台。同时,随着我国社会老龄化趋势明显地增强,有声书的出现是将一种新的读书方式提供给老年人,让阅读更加轻松便捷,从而扩大读者群体的范围。

2. 碎片时间科学化

有声书用"耳朵听声音"取代"眼睛看文字"让用户解放了双手和双目,使用户的使用场景变得更加随意化。有声书完美地将用户的碎片时间占据。在零散的时间学习和阅读,这样的形式既让时间得到了科学有效地利用,又便捷地学习了知识。相较于传统纸质书,有声书更符合现代媒体的特点,适用场景广泛,操作使用便捷,传播影响力大。

3. 文化传播网络化

作为出版物形式之一的有声书,同样将出版的责任和使命肩负起来。随着经济的发展,我们的生活节奏逐渐加快,移动电子产品也普及得越来越广泛。人们在休闲娱乐和社交活动时间上的花费也都变为线上的软件上,很少有人会规划出专门的阅读时间,纸质书受到了巨大的冲击。而有声书的出现让人们没有时间阅读的问题得到了很好的解决。用更现代化、娱乐化的方式承载着书籍的使命。

(二)高校有声图书馆建设的战略意义

国家新闻出版广电总局印发的《全民阅读"十三五"时期发展规划》明确提出:"提高数字化阅读的质量和水平,组织引导社会各方力量共同参与和加强全民阅读宣传推广。"新媒体环境下的移动听书类 App 是数字化阅读的典型代表,高校有声图书馆建设正是"社会各方力量参与"的表现。目前国内不少学者,如刘思光、刘洁漩等,都对将有声书资源或听书服务引入图书馆进行了理论探讨。一些公共图书馆与高校图书馆(如云南大学图书馆、武昌理工学院图书馆等)已开展了建设有声书资源的实践探索。高校图书馆必须正视数字化和有声读物阅读所带来的机会,科学合理规划有声图书馆的建设,这样才能将高校图书馆的社会服务功能和文化传播功能最大化地发挥出来,为传统文化的传播贡献自己的一份力量。

(三)高校建设有声图书馆的几点建议

1. 加强校内资源整合,建立专兼结合的制作团队

建立专业的有声读物制作团队于高校图书馆而言很难实现,但利用自身的基础资源优势与学校的相关专业合作,在一些有专业领域特长的教师,以及有相关意向的工作人员做引领,以大学生勤工助学和创新创业相

结合的方式，鼓励有专长的师生参与到整个制作过程中来，形成创作制作团队，是目前全国高校比较容易实现的科学方法，这种生产方式需要图书馆、全日制师生共同努力。如果高校组织得好，效益和效果是显而易见的。首先，大学生具有较高的审美和文学修养，能够轻松了解大学生或同龄读者的心理需求，能够有效准确把握读者脉搏，精选公益图书资源。其次，大学图书馆拥有大量的纸质图书资源，内容丰富，可选择面广，有利于团队的规划设计和内容的选择。最后，在制作有声书的过程中，进行了海量的内容筛选，极大地扩展了团队成员的图书阅读量，提升了团队成员的文学素养和知识水平，还会增强团队成员的沟通协调和团结协作能力。这既能提高学习效率又能够乐在其中。

2. 拥抱移动网络新媒体，开发特色有声读物资源

高校图书馆可以尝试与移动听书 App 合作，将现有的各种学科专业类、地方特色类、文化科普类馆藏资源建设成有声读物数据库。现在市场上专业的移动听书类 App 有很多，以主打知识付费的得到 App 和主打大众知识普及的蜻蜓 FM、喜马拉雅 FM、荔枝 FM 为代表，这些平台都拥有专业的制作团队和技术团队，所提供的技术服务是专业的，网络上的宣传也是非常有流量的，但由于版权和资金限制，他们对优质资源内容的储备严重不足，很难创作出许多既能达到符合读者预期又能提高用户的知识水平的优秀作品。因此，优质的作品是目前移动听书 App 最缺乏的资源。高校图书馆丰富的馆藏资源，是移动听书 App 的有益补充，是最好的战略合作伙伴。高校图书馆负责提供作品内容设计，移动听书 App 负责提供平台、技术以及作品的网络宣传推广。这种合作让图书馆馆藏资源的展示形式更加丰富、多元化，既增加了图书馆数字化和网络化的资源建设比重，又能推广出本地图书馆的特色馆藏资源，因而将图书资源的利用率大大提高，也会很大程度地提高高校社会影响力。扩充了移动听书类 App 产品的种类、功能，提供更有质量、更有深度、更具学术性的作品，在市场同质化竞争中形成自己特有的风格和独特的优势，扩大受众群体，拓展市场，增强老用户黏性。因此，加强合作对于图书馆馆藏地资源建设有很大的帮助，使读者多维度的阅读需求得以满足，更有利于提升移动听书 App 平台的品质，构建品牌形象。

高校有声图书馆的建设是新时代背景下中华优秀传统文化网络传播的大胆尝试，是传统文化传播和网络新媒体相结合的创新产物。高校有声图书馆的建设可谓打造了一个阅读的新世界的大门，也打开了高校在中华优秀传统文化传播上的新格局。

二 高校短视频传播中心

随着智能手机、5G 技术和新媒体技术的发展，短视频已经成为人们日常生活中不可或缺的一部分，用短视频传播信息逐渐成为人们的一种生活方式。短视频成为新媒体发展的重要产物。根据中国互联网络信息中心发布的《中国互联网络发展状况统计报告》，"截至 2021 年 6 月，中国网民数达 10.11 亿，短视频用户规模超 8.88 亿，占网民数的 87.8%。同时，数据显示，我国网民 10~49 岁群体占总体网民的 68.7%，30~39 岁网民占比为 20.3%，在所有年龄段群体中占比最高。"[①] 从数据可以分析，这部分群体占据了中国网民的主体。此外，不同年龄段在应用使用上呈现出不同的特点。"20~29 岁年龄段网民对网络音乐、网络视频（含短视频）、网络直播等应用的使用率在各年龄段中最高，分别达 84.1%、97.0% 和 73.5%"。[②] 因此，短视频平台有理由成为高校提升校园媒体传播能力、创新信息发布手段、探索实践网络育人载体、传播优秀传统文化、促进学生全面发展的重要新媒体阵地。当前，抖音、快手、哔哩哔哩等短视频平台不仅仅是视频内容播放平台，更是成为人们分享生活、联系朋友的重要社交方式之一。短视频与社交平台结合之后，逐渐占据社交主流，成为继文字、图片之后的第三极。短视频已经被越来越多的青年学生所认同和接受，因此，借助短视频平台传播中华优秀传统文化是高校适应新媒体时代发展、履行文化传承创新使命的必然要求。高校有必要建立短视频传播中心，推动中华优秀传统文化的内涵发掘与创新发展，创新文化传播方式，促进中华优秀传统文化向网络空间延伸，增强网络影响力，发挥教育作用。

（一）坚持取材优质原则

高校短视频传播中心要坚持从中华优秀传统文化中取材。这就要求高校要善于从中国传统文化资源库中挖掘优质教育资源，善于把中国传统文化中的优质思想进行阐释。"短视频拥有着传统媒介无法比拟的'声音＋

[①] 中国互联网络信息中心：《第 48 次中国互联网络发展状况统计报告》，中国互联网络信息中心官网，2021 年 9 月 15 日，http://www.cnnic.net.cn/hlwfzyj/hlwxzbg/，2021 年 11 月 20 日。

[②] 中国互联网络信息中心：《第 48 次中国互联网络发展状况统计报告》，中国互联网络信息中心官网，2021 年 9 月 15 日，http://www.cnnic.net.cn/hlwfzyj/hlwxzbg/，2021 年 11 月 20 日。

影像+文字'三位一体的立体化传播,但内容为王永不过时。"① 面对着"口味"已经相对固定的短视频群体,以中华优秀传统文化为传播内容的短视频作品能否占有一席之地,最为关键的是高校能否提供优质的产品,获得粉丝的关注和好评,以品质论成败而不是以流量论英雄。内容为王始终是吸引用户、扩大流量的硬道理。高校短视频传播中心要从中华优秀传统文化中不断汲取讲仁爱、重民本、守诚信、崇正义、尚和合、求大同的思想理念,传承自强不息、扶危济困、见义勇为、孝老爱亲等传统美德,弘扬求同存异、文以载道、俭约自守、包容博爱等人文精神。用优秀的文化思想唤醒潜藏在人民内心的文化记忆,影响他们的心灵,改变他们的精神境界。因此,坚持取材优质、内容为王是高校短视频传播中心的第一原则。

(二)坚持团队优秀原则

高校短视频传播中心是一个担负着文化传承创新使命的创新组织。其成员要具有深厚的文化底蕴,同时具有良好的新媒体传播素养。人才是第一生产力,文化创造也不例外。高校短视频传播中心要加快构建一支高素质运营团队。一要加快已有新媒体运营团队转型,锻造中华优秀传统文化短视频传播人才主力军,同时,提升运营团队整体的媒体素养。高校具有丰富的人力资源,培训上岗是最佳的运作方式。高校宜建立由创作队伍和技术队伍相互配合、影响的运营团队,并予以集中培训引导,以此奠定中心人才基础,并实施"老带新"工作制度,维持中心人才平衡,确保有序发展;二要通过邀请短视频平台专业运营操盘手、短视频运营专家进校讲学或线上培训等方式,拓宽新媒体运营师生的视野、丰富知识面、不断提高运营能力;三要邀请高校文化名师做客中心、指导培训学生开展创作。通过培训、学习等方式,高校短视频传播中心要实现文化素养与运营能力的双提升。

(三)坚持作品优良原则

高校短视频传播中心要树立品牌意识,坚持出精品原则,打造具有中华优秀传统文化传播特色的优秀短视频制作品牌。品牌优势一旦形成,就会形成不可估量的教育影响力。当前,高校校园过多的校园媒体造成了短视频生产上的混乱与无序,人财物力量分散,没有形成很好的合力,从而降低了高校短视频生产的质量。因此,"高校应对其校园媒体进行整合,

---

① 郑淇元:《新媒体时代高校短视频传播的路径探析——以微信视频号为例》,《传播力研究》2021年第2期。

吸纳校园拍客和自媒体运营者加入到校园短视频传播中心来，'多化为一'，发挥出各成员的最大优势，实现资源的高效利用"，[①] 创作更多高质量的短视频作品。高校短视频传播中心要致力打造品牌校园媒体，生产出更优质的短视频，用承载着优秀文化基因的优质作品教育师生、发展师生。

三 中华优秀传统文化网络传播公司

当今世界，文化与经济密切相关。经济全球化加剧，必然引发社会文化思潮的激荡交锋，中华优秀传统文化发展自然受到影响和冲击。随着近代工业革命、科技革命的不断发展，文化产业已经对当代社会经济文化生活产生了深远的影响。

在一个开放的全球化的世界里，我们永远回避不了与他国文化产生冲突，要想在冲突中保持住自己的立身之地，我们只有在文化产品中注入本国的优秀文化，用自己本民族的文化去吸引人民、影响人民、凝聚人民，才能够保证我们国家的文化安全，保证我们的文化不被同化。

如今，文化产业化已成为世界潮流，文化强国战略已成为中国的国家战略和全民共识。中国传统文化要在文化全球化中站稳脚跟需要与文化产业结合起来，走传统文化产业化发展道路。这既是弘扬中国传统文化的需要，也是中国文化走向世界的需要。历史和实践证明，中国传统文化产业化发展有利于优化产业结构，形成新的经济增长点，有利于促进中国文化的继承和发展，有利于增强国民对自身文化的认同，守住文化根基。[②] 网络时代也给中国传统文化发展带来机遇和挑战。一方面网络为文化传播提供了便捷的渠道和广阔的空间，另一方面其传播的广度和深度除了受技术、制度等的制约外，更主要取决于文化本身生命力、吸引力及价值引导力的强弱。因此，网络时代推动中国传统文化产业化发展，要充分利用网络工具及现代科学技术，创新思维方式，创作具有吸引力和传播力的、蕴含优秀传统文化精神且彰显时代内涵的文化作品。

创立中华优秀传统文化网络传播公司是推动中国传统文化产业化的第一步。依托现有文化产业基础，融合中国传统文化素材，以复兴中国传统文化为目标，以市场需求为导向，以质量效益为中心，依靠龙头带动和科

[①] 宋湘昱等：《融媒体时代高校短视频新闻生产现状及发展策略探究》，《视听》2019年第7期。

[②] 李琳：《浅议中华传统文化的产业化发展》，《江苏省社会主义学院学报》2011年第4期。

技进步，形成生产销售一体化的文化产品经营和组织形式。中华优秀传统文化网络传播公司是一类以中华优秀传统文化为创作基础、以影音图文等多种载体、结合多种语言和多种表现形式的、致力于中华优秀传统文化数字化传播的文化公司。这类公司是中华优秀传统文化的传播源，许多优质的文化资源通过公司产业化过程推向网络市场。这就要求公司必须具备创作基础，从中国优秀文化资源库中不断汲取营养，加工创作，形成优质作品，服务人类和社会发展。

近年来，中央电视台推出多档弘扬中华优秀传统文化的优质节目——从最初的《百家讲坛》，到《中国汉字听写大会》《中国成语大会》《中国诗词大会》《朗读者》《谢谢我的家》《经典咏流传》《典籍里的中国》等——这些经典的电视文化节目，承载了五千多年积攒下来的文化印记，感染和熏陶着现代人的精神世界。这就是国家文化传播机构系统传播中华优秀传统文化的具体行动。研究不难发现，它们有共同的特征：一是研究团队具有深厚的文化功底，或是来自高校权威的点评嘉宾，或是具有丰富人生阅历的艺术大家。二是对文化源的挖掘透彻，以对文化源头的追溯，探讨其内涵精神对现代人的深刻启示。三是赋予当代价值，作品展示的文化精神能够切合当代人的心理特征，引发极大的心灵共鸣，展示强大的感染力。四是形式上不断创新。从单一讲述到与台下观众互动，随着互联网技术的发展，与场外的直播互动成为新趋势；由最初的讲述，发展成为具有竞争性的比赛，再到具有吸引力的朗读和歌咏传唱；创新还体现在语言的多样性上，仍然以汉语为主，但是多种语言交织的局面初显。五是外国人的参与度明显增强。有关中国传统文化节目吸引了更多的外国友人参与，这也有助于促进传统文化的传播。六是片段化传播特点凸显。适应现代人快节奏的生活特点，短而精的作品节目更具生命力。节目剪辑时确保作品完整性的前提下，时间较短的节目更易在网络中流行传播。

综上，中华优秀传统文化网络传播公司要承担起中国传统文化产业化发展重任，一要加强与高校的合作，借助高校的资源优势和科研优势，准确把握传统文化的精神内核和符合时代特征的精神价值；二要建立强大的创新创意团队，把具有内涵的文化融入作品创作中。因此，企业与高校开展产学研合作，创建中华优秀传统文化作品研发基地，将有利于促进文化产品更新、经营高效和产业化发展。

参考文献

著作类

马克思、恩格斯：《马克思恩格斯选集》（第一卷），北京：人民出版社，1995。

《习近平谈治国理政》，北京：外文出版社，2014。

党的十九大报告辅导读本编写组：《党的十九大报告辅导读本》，北京：人民出版社，2017。

范俊军：《联合国教科文组织关于保护语言与文化多样性文件汇编》，北京：民族出版社，2006。

费孝通：《文化与文化自觉》，北京：群言出版社，2010。

季羡林：《东西文化议论集》，北京：经济日报出版社，1997。

教育部课题组：《深入学习习近平关于教育的重要论述》，北京：人民出版社，2019。

金元浦：《中国文化概论》，北京：中国人民大学出版社，2015。

联合国教科文组织：《世界文化报告——文化的多样性、冲突与多元共存（2000）》，北京：北京大学出版社，2022。

倪健：《文明中国》，北京：中国社会出版社，1997。

石磊：《新媒体概论》，北京：中国传媒大学出版社，2009。

宋蜀华等：《中国民族概论》，北京：中央民族大学出版社，2001。

徐行言：《中西文化比较研究》，北京：北京大学出版社，2004。

赵世林：《云南少数民族文化传承论纲》，昆明：云南民族出版社，2002。

中共中央宣传部：《习近平新时代中国特色社会主义思想学习纲要》，北京：学习出版社、人民出版社，2019。

中共中央宣传部：《习近平总书记系列重要讲话读本》，北京：人民出版社，2014。

朱国华：《权力的文化逻辑》，上海：上海三联书店，2004。

报纸类

《高举中国特色社会主义伟大旗帜　为全面建设社会主义现代化国家而团结奋斗——在中国共产党第二十次全国代表大会上的报告》,《人民日报》2022年10月26日第1版。

《决胜全面建成小康社会　夺取新时代中国特色社会主义伟大胜利——在中国共产党第十九次全国代表大会上的报告》,《人民日报》2017年10月28日第1版。

《习近平出席第七十届联合国大会一般性辩论并发表重要讲话　强调继承和弘扬联合国宪章宗旨和原则　构建以合作共赢为核心的新型国际关系　打造人类命运共同体》,《光明日报》2015年9月29日第1版。

《习近平在北京师范大学考察时号召全国广大教师做党和人民满意的好老师》,《人民日报》2014年9月10日第1版。

《习近平在纪念孔子诞辰2565周年国际学术研讨会暨国际儒学联合会第五届会员大会开幕会上强调　从延续民族文化血脉中开拓前进　推进各种文明交流交融互学互鉴》,《光明日报》2014年9月25日第1版。

《习近平在全国高校思想政治工作会议上强调　把思想政治工作贯穿教育教学全过程开创我国高等教育事业发展新局面》,《人民日报》2016年12月9日第1版。

《习近平在全国宣传思想工作会议上强调　举旗帜聚民心育新人兴文化展形象　更好完成新形势下宣传思想工作使命任务》,《人民日报》2018年8月23日第1版。

《习近平在全国宣传思想工作会议上强调　胸怀大局把握大势着眼大事努力把宣传思想工作做得更好》,《人民日报》2013年8月21日第1版.

《习近平在中共中央政治局第三十六次集体学习时强调　加快推进网络信息技术自主创新　朝着建设网络强国目标不懈努力》,《人民日报》2016年10月10日第1版。

《习近平在中共中央政治局第十二次集体学习时强调　建设社会主义文化强国着力提高国家文化软实力》,《人民日报》2014年1月1日第1版。

《习近平在中共中央政治局第十二次集体学习时强调　推动媒体融合向纵深发展巩固全党全国人民共同思想基础》,《人民日报》2019年1月26日第1版。

《习近平在中共中央政治局第十三次集体学习时强调　把培育和弘扬社会主义核心价值观作为凝魂聚气强基固本的基础工程》,《人民日报》

2014年2月26日第1版。

《习近平在中国文联第十次全国代表大会、中国作协第九次全国代表大会开幕式上强调　高擎民族精神火炬吹响时代前进号角　筑就中华民族伟大复兴时代文艺高峰》,《人民日报》2016年12月1日第1版。

《习近平在中央政治局第二十三次集体学习时强调　建设中国特色中国风格中国气派的考古学　更好认识源远流长博大精深的中华文明》,《人民日报》2020年9月30日第1版。

《习近平主持召开文艺工作座谈会强调　坚持以人民为中心的创作导向　创作更多无愧于时代的优秀作品》,《人民日报》2014年10月16日第1版。

《习近平主持召开哲学社会科学工作座谈会强调　结合中国特色社会主义伟大实践加快构建中国特色哲学社会科学》,《人民日报》2016年5月18日第1版。

《中办国办印发〈关于实施中华优秀传统文化传承发展工程的意见〉》,《人民日报》2017年1月26日第1版。

《中共第十七届六中全会全体会议公报》,《人民日报》2011年10月19日第1版。

《中共中央关于制定国民经济和社会发展第十四个五年规划和二〇三五年远景目标的建议》,《人民日报》2020年11月4日第1版。

陈骏:《大学应积极发挥文化引领作用》,《中国教育报》2007年1月1日第2版。

陈先达:《文化自信中的传统与当代》,《光明日报》2016年11月23日第13版。

宁滨:《提升行业大学文化软实力》,《光明日报》2013年4月10日第16版。

中文期刊类

陈荟词:《中华优秀传统文化网络传播的创新路径》,《青年记者》2019年第32期。

陈庆庆等:《中华优秀传统文化融入大学生思想政治教育的路径创新》,《思想政治教育研究》2020年第4期。

邓凌月:《加强红色文化遗产保护地方立法研究》,《理论学刊》2018年第4期。

杜芳:《中华优秀传统文化与文化自信》,《探索》2017年第2期。

段超：《中华优秀传统文化当代传承体系建构研究》，《中南民族大学学报》（人文社会科学版）2012 年第 2 期。

范玉刚：《以政策引导厚植"中国特色"的文化根脉》，《理论视野》2017 年第 4 期。

费孝通：《对文化的历史性和社会性的思考》，《思想战线》2004 年第 2 期。

冯刚等：《习近平关于中华优秀传统文化重要论述的理论蕴涵》，《湖南大学学报》（社会科学版）2022 年第 1 期。

甘元等：《全媒体时代非物质文化遗产的传播及其学理思考》，《中国文艺评论》2021 年第 5 期。

高龙海：《莱布尼茨与俄国近代科学体系的建立——以科学知识生产、存储和传播为中心的考察》，《科学技术哲学研究》2023 年第 3 期。

高晏庆：《谈传统文化在网络时代的传承与传播》，《神州》2017 年第 5 期。

高昀：《浅谈广播媒体在"融媒体"时代的创新思路》，《新闻研究导刊》2017 年第 3 期。

何勇：《主体责任观下的互联网管理模式转型》，《现代传播（中国传媒大学学报）》2019 年第 4 期。

黄燕：《高校网络文化的育人功能及其实现路径探析》，《思想理论教育》2018 年第 9 期。

黄永林：《乡村文化振兴与非物质文化遗产的保护利用——基于乡村发展相关数据的分析》，《文化遗产》2019 年第 3 期。

简臻锐：《大学生对中华优秀传统文化认同的结构与结果探析——基于北京市 9 所高校大学生的实证调查》，《中国青年社会科学》2020 年第 5 期。

李凤亮等：《新时代中华优秀传统文化现代化转换的价值、路径及原则》，《东岳论丛》2020 年第 11 期。

李琳：《浅议中华传统文化的产业化发展》，《江苏省社会主义学院学报》2011 年第 4 期。

李璐璐等：《关于中华优秀传统文化融入高校思想政治教育的思考》，《学校党建与思想教育》2022 年第 4 期。

李文军等：《改革开放 40 年我国文化产业发展历程及其取向》，《改革》2018 年第 12 期。

林崇德：《构建中国化的学生发展核心素养》，《北京师范大学学报》（社会科学版）2017年第1期。

刘佳：《中华传统文化创新性传播的路径与对策》，《传媒》2021年第10期。

刘婷：《两汉经学浅析》，《长春理工大学学报》2012年第11期。

刘洋等：《"怨恨"概念的可能及其限度》，《社会学评论》2022年第1期。

陆静：《对外传播中文化增值的内涵、目标、变量和策略》，《长白学刊》2023年第2期。

宁海林：《"中华优秀传统文化+短视频"整合传播研究》，《现代传播（中国传媒大学学报）》2018年第6期。

蒲清平等：《移动互联网时代主流意识形态网络传播特征与策略研究》，《思想理论教育导刊》2020年第8期。

石文卓：《文化自信：基本内涵、依据来源与提升路径》，《思想教育研究》2017年第5期。

史少博：《中华文化走向世界与西方文化的"东方转向"》，《兰州学刊》2023年第7期。

舒俊：《大学文化软实力建设的几点思考》，《思想政治工作研究》2017年第8期。

宋歌等：《中医药的非物质文化遗产学分析》，《中华中医药杂志》2014年第6期。

宋湘昱等：《融媒时代高校短视频新闻生产现状及发展策略探究》，《视听》2019年第7期。

苏琪淇：《短视频时代涉农节目主持人的角色转换》，《湘潭大学学报》（哲学社会科学版）2023年第6期。

隋岩：《群体传播时代：信息生产方式的变革与影响》，《中国社会科学》2018年第11期。

孙叔平等：《先秦各家哲学思想发展概论》，《中州学刊》1982年第6期。

谭小宝：《对当今大学生传统文化教育的思考》，《当代教育论坛》2008年第8期。

田克勤等：《坚定文化自信的三个基本维度》，《思想理论教育》2016年第10期。

王福来等：《央视微纪录片发展初探》，《电影新作》2023年第5期。

王景云：《中华文化国际传播效能的提升之策》，《思想理论教育》2023年第12期。

王丽霞:《中华优秀传统文化创造性转化和创新性发展路径探析》,《山东社会科学》2021年第11期。

王晓俊等:《大数据时代文化传播的变革研究》,《新闻爱好者》2022年第2期。

王泽应:《论承继中华优秀传统文化与践行社会主义核心价值观》,《伦理学研究》2015年第1期。

吴德林:《融媒体环境下电视文化节目的传播创新》,《新媒体研究》2018年第12期。

吴增礼等:《中华优秀传统文化创造性转化与创新性发展的维度和限度》,《湖南大学学报》(社会科学版)2020年第1期。

谢新清等:《建构中华民族共同体意识认同的符号机制——基于卡西尔文化符号学的启示》,《晋阳学刊》2020年第4期。

熊海峰等:《基于共生理论的文化和旅游融合发展策略研究——以大运河文化带建设为例》,《同济大学学报》(社会科学版)2020年第1期。

熊莉君:《图书馆阅读推广的"互联网+"应用研究述评》,《图书馆工作与研究》2018年第2期。

徐光木等:《习近平总书记对中华优秀传统文化的创造性转化和创新性发展》,《思想理论教育》2019年第2期。

许烨:《新媒体时代中国文化网络传播的伦理审思》,《湖南省社会主义学院学报》2019年第1期。

闫鑫等:《跨文化视域下黄河文化国际传播策略研究》,《新闻爱好者》2023年第10期。

严三九:《中国传统媒体与新兴媒体融合发展的现状、问题与创新路径》,《华东师范大学学报》(哲学社会科学版)2018年第1期。

阎国华等:《公众网络表达的道德失范及其治理》,《中国矿业大学学报》(社会科学版)2020年第2期。

杨栋明:《古印度佛教石窟空间演变的综合因素》,《四川建材》2019年第5期。

杨落娃:《文化自信:高校思想政治教育的底气》,《红旗文稿》2019年第21期。

杨瑞森:《弘扬中华优秀传统文化四题——学习习近平同志关于弘扬中华优秀传统文化重要论述的几点体会》,《思想理论教育导刊》2014年第12期。

袁莉:《以文化人融媒体时代的文化传播之旅》,《电影评介》2019年第

10 期。

张小平：《当代文化帝国主义的新特征及批判》，《马克思主义研究》2019年第9期。

张滢：《21世纪中华优秀传统文化教育政策发展研究——从"三进"的角度考察》，《湖南师范大学教育科学学报》2020年第5期。

赵士初：《网络时代大学传承中华传统文化路径研究》，《长春师范大学学报》2019年第9期。

赵文润：《略论隋唐文化的主要特点》，《陕西师范大学成人教育学院学报》1999年第1期。

赵艺等：《突发疫情环境下网络舆情传播趋势预测及社会保障应急机制研究》，《情报科学》2021年第11期。

郑洁：《牢牢掌握网络意识形态工作主动权》，《红旗文稿》2019年第3期。

郑敬斌：《网络民粹主义：存在样态、运作模式与治理路向》，《东北师大学报》（哲学社会科学版）2022年第6期。

郑淇元：《新媒体时代高校短视频传播的路径探析——以微信视频号为例》，《传播力研究》2021年第2期。

周晓虹：《自媒体时代：从传播到互播的转变》，《新闻界》2011年第4期。

译著类

〔德〕埃德蒙德·胡塞尔：《欧洲科学危机和超验现象学》，张庆熊译，上海：上海译文出版社，1988。

〔美〕赫伯特·马尔库塞：《单向度的人——发达工业社会意识形态研究》，刘继译，上海：上海译文出版社，2012。

〔美〕克拉克·威斯勒：《人与文化》，钱岗南等译，北京：商务印书馆，2004。

〔美〕克莱德·克鲁克洪：《文化与个人》，高佳等译，杭州：浙江人民出版社，1986。

〔美〕R.M.基辛：《当代文化人类学概要》，北晨译，杭州：浙江人民出版社，1986。

〔美〕罗杰·菲得勒：《媒介形态变化——认知新媒介》，明安香译，北京：华夏出版社，2000。

〔美〕约瑟夫·奈：《软力量：世界政坛成功之道》，吴晓晖等译，北京：

东方出版社，2005。

〔英〕阿·汤因比、〔日〕池田大作：《展望二十一世纪——汤因比与池田大作对话录》，荀春生、朱继征、陈国梁译，北京：国际文化出版公司，1997。

〔英〕爱德华·泰勒：《原始文化》，连树声译，桂林：广西师范大学出版社，2005。

〔英〕马林诺夫斯基：《文化论》，费孝通译，北京：中国民间文艺出版社，1987。

外文期刊类

Cowan, G. et al., 2008: "Moving from Monologue to Dialogue to Collaboration: The Three Layers of Public Diplomacy", *Annals of the American Academy of Political and Social Science*, March.

电子资源类

彭训文：《十九大报告再提及网络强国战略向着目标奋勇前进》，人民网，2017年10月25日，http://media.people.com.cn/n1/2017/1025/c40606-29606978.html，2022年12月2日。

中共教育部党组：《高校思想政治工作质量提升工程实施纲要》，中华人民共和国教育部门户网站，2017年12月4日，http://www.moe.gov.cn/srcsite/A12/s7060/201712/t20171206_320698.html，2021年11月2日。

中国互联网络信息中心：《第44次中国互联网络发展状况统计报告》，中国互联网络信息中心官网，2019年8月30日，http://www.cnnic.net.cn/hlwfzyj/hlwxzbg/，2021年11月30日。

中国互联网络信息中心：《第46次中国互联网络发展状况统计报告》，中国互联网络信息中心官网，2020年9月29日，http://www.cnnic.net.cn/hlwfzyj/hlwxzbg/，2021年9月30日。

中国互联网络信息中心：《第48次中国互联网络发展状况统计报告》，中国互联网络信息中心官网，2021年9月15日，http://www.cnnic.net.cn/hlwfzyj/hlwxzbg/，2021年11月20日。

中国联合国教科文组织全国委员会秘书处：《保护和促进文化表现形式多样性公约》，中华人民共和国教育部政府门户网站，2005年10月21日，http://www.moe.gov.cn/srcsite/A23/jkwzz_other/200510/t20051021_81305.html，2022年12月2日。

后　　记

　　文化是一个复杂的哲学命题，也是一个随处可见的社会历史现象，更是一种精神、一种信念、一种力量。有人说，文化如水，看似柔弱，实质坚强。中华优秀传统文化正因为自身坚强的力量，承载着推动国家进步的厚望。

　　"不忘历史才能开辟未来，善于继承才能善于创新。"弘扬传统文化，首先在于继承、传承好中华优秀传统文化。文化凝结着过去，文化连接着未来。中华优秀传统文化散发着不可抵挡的深远魅力，驱使着我愿如耕者一般，不辞辛劳、孜孜探索、渴求收获。继承、传承、弘扬中华优秀传统文化，当是吾辈之责。

　　互联网时代的到来，给中华优秀传统文化的传播带来了深刻的影响。身在高校工作的我，一直探索着大学与传统文化之间的关系，再推进一层思考，那就是互联网、大学、传统文化之间的关系是如何的？带着这个问题，思考着，探索着。我的结论是，互联网时代，大学要在实现中华优秀传统文化实现创造性转化、创新性发展上做出贡献，而且大学应主动担起中华优秀传统文化传承、发展、传播的重要使命，深入挖掘中华优秀传统文化，并不断赋予其新的时代内涵和现代表达形式，使其不断补充、拓展、完善，大力彰显中华优秀传统文化魅力。

　　具体包括三个方面：一是大学要不断增强传承弘扬中华优秀传统文化的意识，要以科学的精神研究阐发中华优秀传统文化中的思想精华和道德精髓，让其优秀基因更好地植根于人们的思想意识和道德观念；二是要以礼敬的态度对待中华优秀传统文化，重点做好创造性转化和创新性发展，从其中汲取营养和智慧，并赋予其新的时代内涵和现代表达方式，激活其生命力；三是要以兼收并蓄的发展观，学习借鉴其他国家民族的优秀文明成果，坚守本土性，坚持互鉴性，不断丰富和发展中华文化。在人类发展进入网络时代的今天，大学要勇担文化传承使命，不断增强中华优秀传统文化和革命文化、社会主义先进文化的生命力，加快推进中国特色社会主义文化与其他文化的交流、交融、交锋，以文会友、以文交友，促进世界各族人民相互尊重、包容共鉴、友好和谐。中国特色社会主义文化必将与世界其他优秀文化成果一道，撑起人类又一个文化高峰。

　　作为一个耕耘者，最幸福的事情，莫过于收获。如今，《互联网时代中华优秀传统文化传播的大学使命与实践》行将付梓，从问题思考、资料搜集，到实践调研、分析研究，再校稿改稿、定稿成册，其中的辛苦只有身在其中的人感受最深。值得欣慰的是，我并不是一个人在奋斗，感谢与我相伴相行的领导、同事、家人。感谢王占仁，我们有共同的研究爱好，占仁教授提出了许多中肯且具有建设性的意见和建议；感谢参与书稿写作的各位同事，陈亮、王佳、朱明仕、赵古月、钱立贤、刘义飞、田宜国、赵士初、董信泽，我们一同思考、分工协作，不断总结、整体推进，大家为此书的完成做出了极大的贡献；感谢赵士初参与项目研究的同时，对项目管理工作付出较多心血和精力；感谢家人的支持，让我拥有强大的后盾，以使我全身心投入研究。所有这些，我将永远铭记在心，衷心感谢。终于，经过努力，完成了这本书。这是我们思考研究的阶段总结，如有不当之处，恳请读者及时指正。

　　一本书的出版，是其生命的刚刚开始，还需要经过读者、实践、历史的多重检验。希望这本书能够得到广大读者的青睐，能够引起文化研究者的思想共鸣，让我们共同推进中华优秀传统文化研究的伟大事业；也希望这本书为中华优秀传统文化研究提供参考，实现其更大的研究价值、社会价值。

迟海波
2023 年 5 月